La collection THÉORIE ET LITTÉRATURE
est dirigée par Simon Harel.

cadeau de ma fille Sara
mai 2013

Cioran ou Les vestiges du sacré dans l'écriture

À ma petite maman
Merci pour ton
soutien indéfectible
pendant mes études
et encore aujourd'hui!

Je t'aime,

Sara

Sara Danièle Bélanger-Michaud

Cioran ou Les vestiges du sacré dans l'écriture

XYZ
éditeur

Catalogage avant publication de Bibliothèque et Archives nationales du Québec et Bibliothèque et Archives Canada

Bélanger Michaud, Sara Danièle, 1980-

Cioran ou Les vestiges du sacré dans l'écriture

(Collection Théorie et littérature)

Présenté à l'origine par l'auteur comme thèse (de doctorat--Université de Montréal), 2011 sous le titre : Cioran ou le mal de foi.

Comprend des réf. bibliogr.

ISBN 978-2-89261-762-7

1. Cioran, E. M. (Emile M.), 1911-1995. 2. Sacré. 3. Sacré dans la littérature. I. Titre. II. Titre : Vestiges du sacré dans l'écriture. III. Collection : Collection Théorie et littérature.

B4825.C564B44 2013 199'.498 C2013-940337-X

Les Éditions XYZ bénéficient du soutien financier des institutions suivantes pour leurs activités d'édition :

- Conseil des Arts du Canada ;
- Gouvernement du Canada par l'entremise du Fonds du livre du Canada (FLC) ;
- Société de développement des entreprises culturelles du Québec (SODEC) ;
- Gouvernement du Québec par l'entremise du programme de crédit d'impôt pour l'édition de livres.

Cet ouvrage a été publié grâce à une subvention de la Fédération canadienne des sciences humaines de concert avec le Prix d'auteurs pour l'édition savante, dont les fonds proviennent du Conseil de recherches en sciences humaines du Canada.

Conception typographique et montage : Édiscript enr.
Graphisme de la couverture : René St-Amand
Photographie de la couverture : Kevin Key, shutterstock.com
Photographie de l'auteure : Martine Doyon

ISBN version imprimée : 978-2-89261-762-7
ISBN version numérique (PDF) : 978-2-89261-763-4

Dépôt légal : 2e trimestre 2013
Bibliothèque et Archives nationales du Québec
Bibliothèque et Archives Canada

Diffusion/distribution au Canada :
Distribution HMH
1815, avenue De Lorimier
Montréal (Québec) H2K 3W6
www.distributionhmh.com

Diffusion/distribution en Europe :
DNM-Distribution du Nouveau Monde
30, rue Gay-Lussac
75005 Paris, FRANCE
www.librairieduquebec.fr

Imprimé au Canada

www.editionsxyz.com

Table des matières

Liste des abréviations utilisées [1]

AA	*Aveux et anathèmes*
C	*Cahiers 1957-1972*
CD	*Sur les cimes du désespoir*
CP	*Le crépuscule des pensées*
CT	*La chute dans le temps*
E	*Écartèlement*
EA	*Exercices d'admiration*
En	*Entretiens*
I	*De l'inconvénient d'être né*
LL	*Le livre des leurres*
LS	*Des larmes et des saints*
MD	*Le mauvais démiurge*
PD	*Précis de décomposition*
SD	*Solitude et destin*
TE	*La tentation d'exister*

1. Les références complètes des ouvrages cités se trouvent dans la bibliographie, p. 295.

Avant-propos

> Le besoin pressant de prier, et l'impuissance de s'adresser quand même à quelqu'un... Et ensuite : de se coucher par terre, la mordant avec furie et déversant la rage ou la religiosité négative de la chair.
> Lorsque j'aperçois le ciel, j'ai envie de me dissoudre en lui et lorsque je regarde la terre, de m'enterrer dans ses entrailles. Alors pourquoi s'étonner que l'un et l'autre se décomposent dans mon esprit et dans mon cœur ? J'ai tourmenté mes espoirs entre une géologie du ciel et une théologie de la terre.
>
> EMIL CIORAN, *Le crépuscule des pensées,* p. 408

La réflexion qui s'amorce avec ces pages concerne deux pôles centraux : le sacré et l'écriture, et les différentes relations qui s'établissent entre eux dans l'œuvre de Cioran. L'actualité du problème du sacré est réelle à une époque où, en Occident, les institutions qui en étaient traditionnellement les gardiennes et les gestionnaires tendent à s'effriter. Où peut-on encore le penser et le trouver aujourd'hui ? La réponse à cette question n'existe pas ou plus ; c'est-à-dire qu'on ne peut plus lui trouver une réponse unique ou simplement générale, considérant, justement, l'usure et la transformation des grandes institutions qui en assuraient principalement le « contrôle de qualité » (l'Église, l'État, l'Université). La réponse ne peut être que personnelle ; or un sacré individuel, non partagé, peut-il toujours être dit « sacré » ? Il existe un problème réel à penser un sacré de nature idiosyncratique dans la mesure où le sacré a été traditionnellement conçu, pensé et vécu comme le fruit d'une institutionnalisation. On ne sait pas comment penser le sacré en dehors d'un cadre institutionnel, quel qu'il soit. Partir en quête du sacré, dans un contexte où on peine à le définir en dehors des institutions, équivaut à mettre en action la question qu'il représente pour l'esprit. Cette quête peut se manifester de plusieurs façons et chez plusieurs auteurs (qu'on pense à Kafka, à Michaux, à Bataille, à Kerouac, et surtout à Cioran), elle se produit dans et par l'écriture.

L'œuvre de Cioran est exemplaire dans le contexte de cette réflexion littéraire sur le sacré. Elle a pour moi la valeur d'un calice textuel qui reçoit les gouttelettes éparses d'un sacré dont la source, sous sa forme traditionnelle, s'est tarie. Sa pensée concerne un écartèlement entre ciel et terre, entre une immanence qui, en elle-même (c'est-à-dire coupée d'une transcendance), n'a pas ou plus de sens, et une transcendance qu'on conçoit encore selon le modèle chrétien traditionnel, mais qu'on n'arrive plus à appréhender avec la foi. Il s'agit d'un parcours spirituel en quête de sacré, d'un exercice de rejet, d'intégration ou de reconfiguration des traces du sacré qui restent, dans un éparpillement qui en a évacué le sens, en dehors de l'institution. Cet exercice s'accomplit dans l'écriture ; c'est-à-dire que l'écriture en est la matrice comme l'outil. L'écriture n'est pas que le médium de cette quête, elle est aussi la forme, unique, qu'elle prend, de même que le réceptacle qui en conserve les traces éparpillées à recevoir et à recomposer par un lecteur. Ce dispositif de dissémination et de réagencement du sacré et de ses traces est donc construit et porté par l'écriture. En tant qu'espace et mode d'inscription de la pensée, l'écriture se laisse appréhender, dans le contexte cioranien, comme une modalité spirituelle qui conduit et qui contient une quête d'un sacré qui n'est jamais, ou presque, explicitement nommé. Cette quête apparaît pourtant dans toutes sortes de formulations parfois sophistiquées, parfois détournées, parfois très simplement exprimées. Qu'il soit question de sa quête spirituelle (ou de son ratage spirituel), de ses rencontres avec l'absolu, de ses expériences d'extase, de son obsession pour le doute ou encore de sa nature religieuse à rebours, c'est toujours en même temps du sacré dont il est question, de sa lutte personnelle, spirituelle et littéraire, pour tenter pour et par lui-même une reconfiguration des résidus institutionnels du sacré. Ses textes nous sont offerts eux-mêmes sous la forme d'un éparpillement, par fragments. Ils forment eux-mêmes la trace textuelle des traces du sacré à enregistrer, à manipuler, à balayer ou à cumuler. L'œuvre de Cioran, en tant que trace littéraire de traces spirituelles issues d'une conception du sacré qui s'épuise, est un espace où se déploie une forme de positionnement existentiel. Ce tissu textuel se file ou se défile comme une série d'exercices et de mises en scène de soi qui ont toujours comme fondement une recherche spirituelle qui se déplie par tâtonnement, en déplaçant les morceaux d'un puzzle irrémédiablement incomplet.

Si Cioran parle aussi souvent de son entreprise spirituelle comme d'un échec, c'est qu'il s'agit d'abord et fondamentalement d'une *tentative* – une tentative de réorienter ou de recomposer, pour soi, les traces d'un sacré qui s'est désagrégé avec les institutions qui l'ont construit et balisé. En ce sens, la tentative de Cioran est exemplaire et symptomatique d'une tendance moderne et contemporaine à sortir du cadre et à repenser pour soi ces vestiges laissés par la tradition occidentale. Les rayons « spiritualité » des librairies regorgent en effet de textes qui concernent un réaménagement des résidus laissés par différentes traditions occidentales et orientales : des textes sur les anges y côtoient des adaptations occidentales de la pratique du yoga ou du zen, de même que des textes qui, à travers une nouvelle pratique de la transcendance, visent à « retrouver, par-delà les formes sclérosées des religions traditionnelles, les sources d'une authenticité spirituelle[1] ». Ce texte et sa description sont révélateurs d'un *Zeitgeist* qui caractérise notre époque autant que celle de Cioran. En effet, pour la plupart de ces textes, l'objectif reste le même : retrouver, ranimer ou recomposer une pratique spirituelle authentique à partir des restes de traditions occidentales desquelles le sacré s'est dissipé précisément parce qu'on ne les appréhende plus autrement que comme des cadavres institutionnels. Ce type de production littéraire, qui mise sur l'enseignement d'une pratique spirituelle aussi authentique qu'hors cadre, est donc très présent aujourd'hui, ce qui indique l'actualité du problème de la reconfiguration du sacré – un problème qui implique aujourd'hui de penser dans une sorte d'état d'exception. L'état d'exception est un concept qui, pour moi, concerne une vision de l'universel et du particulier et une tentative de repositionnement à l'intérieur de ces catégories. Dans la pensée d'Agamben, l'état d'exception est associé à la figure de l'*homo sacer*, l'homme sacré, qui n'est sacré que dans la mesure où il a été placé en dehors du droit humain et du droit divin, et devient dès lors insacrifiable. Repositionnée dans le contexte cioranien, la figure de l'*homo sacer* exprime la position de l'homme coupé des formes traditionnelles du sacré, cherchant à repenser un sacré pour soi en dehors de ces formes surannées.

Malgré tout, il est évident que les textes de Cioran n'appartiennent pas au genre littéraire visant un enseignement spirituel. Le lecteur n'y trouve ni recette spirituelle ni consolation, sinon peut-être celle de se sentir moins seul dans sa détresse ou sa recherche. La question du genre est justement ambiguë chez Cioran et, en cela, elle représente un véritable problème pour la critique. Sa teneur philosophique a souvent conduit à la classer parmi ces textes philosophiques d'un genre plus libre ; ces textes dits philosophiques, mais dont le contenu non théorique, fragmentaire, éparpillé, difficile à saisir, fait en sorte qu'on le laisse à l'écart des corpus des départements de philosophie. Lorsque la critique considère ses textes comme philosophiques, elle doit donc

1. Karlfried Graf Dürckheim, *L'expérience de la transcendance*, Paris, Éditions du Cerf, 1987, quatrième de couverture.

aussi reconnaître qu'ils sont tout de même « sous-philosophiques » selon les critères de l'institution du savoir. Cette forme, particulière à ses textes, fait aussi hésiter à les classer comme littéraires : on ne saurait dire à quel genre littéraire répertorié ils appartiennent. Quel que soit l'angle par lequel elle aborde l'œuvre cioranienne, la critique arrive toujours, à un moment ou un autre, à ce carrefour. À droite la philosophie, à gauche la littérature. Même si certains choisissent de se tracer un sentier en zigzaguant au milieu, il faut généralement s'enfoncer dans le carrefour et trancher, à moins de parvenir à extraire l'œuvre de ce carrefour pour la penser autrement ou pour penser autrement l'alternative, par exemple en considérant différemment les catégories en jeu. On restreint trop souvent la littérature à ses genres les plus fréquents sans considérer que l'écriture littéraire représente une façon de penser avant tout (en dehors de ses objets et de ses formes), soit un amalgame de pensée, philosophique ou spirituelle, et d'affect. Or c'est exactement ce dont il est question dans l'écriture de Cioran. La littérature en général – la cioranienne en particulier – est chargée d'une pensée qui n'est pas abstraite mais bien animée et transportée par les affects. La pensée et l'écriture cioranienne sont justement marquées par un malaise qui se décline en plusieurs tonalités affectives allant de la mélancolie à l'angoisse, au dégoût, au désespoir, et il importe de prendre conscience du fait que ce malaise n'est pas accessoire à la pensée. Au contraire, un rapport complexe s'établit entre les affects, la pensée, l'écriture et le savoir, au point où il devient nécessaire d'envisager un savoir qui fait place aux affects.

La quête cioranienne elle-même, à travers un rapport conflictuel avec les discours du savoir consacrés – tels que le discours philosophique, par exemple –, laisse entrevoir une quête qui vise un savoir qui n'en serait pas un selon les critères habituels. Afin de se situer en dehors de l'opposition traditionnelle entre le discours du savoir et la littérature – la littérature qui demeure une expérience unique et incarnée, contraire à la généralisation qu'exige le savoir –, il faudrait tenter de trouver une troisième voie, une façon de penser le « savoir » propre à la littérature, un « savoir » que, faute de mieux, j'appelle « petit savoir ». C'est-à-dire que bien que traditionnellement la littérature ait été à l'opposé du spectre du savoir, elle se trouve être le réceptacle, toujours particulier, d'une forme de savoir, lui aussi particulier: un «petit savoir» qui se produit précisément dans l'expérience de l'écriture, dans sa mise en scène. Donc non seulement l'écriture est-elle porteuse d'une pensée littéraire mise en forme par les affects, mais en cela, elle est aussi porteuse de quelque chose qui touche, trouble, met en marche la pensée et aide à vivre – quelque chose qu'on a du mal à nommer, mais qui se trouve indirectement, c'est-à-dire par le détour de l'affect, lié au savoir.

De façon générale, le savoir associé aux affects et au sacré, parce qu'il est plus ou moins digne du savoir scientifique (surtout dans le contexte où il tend de plus en plus à s'extraire des institutions et des cadres théoriques que celles-ci ont mis en place pour le saisir), est relégué à la sphère littéraire qui devient facilement le refuge de tous les types de pensée particulière, incarnée, affective. C'est donc la littérature qui accueille la pensée en quête d'un sacré hors cadre ou plutôt, c'est l'écriture qui se fait le moyen d'une recherche plus libre, plus personnelle, du sacré. Parce que la littérature se fait le réceptacle de l'expérience, elle devient le point de départ d'une quête pleinement existentielle, une quête qui n'est ni représentée ni confessée, mais bien mise en scène, c'est-à-dire dramatisée. En termes littéraires: le *je* narratif de Cioran n'équivaut pas au *je* de l'écrivain, c'est-à-dire que le testament spirituel de Cioran est d'autant plus vrai, authentique et personnel qu'il décolle de Cioran lui-même en entrant dans le domaine littéraire. C'est précisément dans cet éloignement lié à la dramatisation qu'apparaît le paradoxe propre au «petit savoir» que porte le littéraire: soit ce caractère personnel, incarné, particulier qui devient le véhicule d'une expérience universelle dans la mesure où elle a le pouvoir ou le potentiel d'abriter l'expérience personnelle d'un lecteur.

Dans ce contexte, la lecture doit se penser comme une véritable performance et c'est en cela qu'elle correspond à l'écriture conçue comme dramatisation d'affects et d'expériences. Performer un texte, c'est ainsi résister à la tentation herméneutique de la lecture critique, ancrée dans la tradition, pour le recevoir plutôt comme un écho aux expériences et pensées qui nous sont personnelles. Il faudrait penser la lecture au-delà d'une esthétique de la réception, soit comme un phénomène qui serait de l'ordre d'une « spiritualité de la réception » et qui s'inscrirait comme une phénoménologie à laquelle on aurait injecté la dimension du sacré qu'elle ne permet pas, normalement, de penser. Le modèle de la *lectio divina* permet justement d'appréhender le phénomène de la lecture dans ce contexte de quête du sacré et de penser ce moment étrange où, après la lecture, on dépasse la contemplation du texte en atteignant un état où on peut penser avec le texte sans le texte, où on achève pour soi le livre en réalisant son sacré dans sa propre psyché sans être guidé par des traces textuelles. En réalité, cette réflexion concernant la lecture participe d'une certaine prise de conscience concernant ma propre incursion dans les textes de Cioran. C'est-à-dire que l'écriture de cet essai est une forme de parcours spirituel. J'ai lu, médité et contemplé ces textes. Je m'en suis imprégnée et j'ai pensé à travers cette assimilation. Je m'en suis détachée et j'ai pensé à travers cet abandon. Ce travail d'écriture m'a permis de réfléchir à ce qu'on fait avec les textes quand on y est, et aussi quand on n'y est plus, quand, le livre fermé, on chemine par soi-même, ses résidus entremêlés à nos propres pensées et rêveries.

Introduction

> L'expérience fondamentale que j'ai faite ici-bas est celle du Vide – du vide de tous les jours, du vide de l'éternité. Cependant c'est à cause d'elle que j'ai entrevu des états qui feraient pâlir de jalousie le mystique le plus pur et le plus forcené.
>
> Emil Cioran, *Cahiers 1957-1972*, p. 612

> Indirectement, par ses conséquences, la connaissance est un acte religieux.
>
> Emil Cioran, *Le crépuscule des pensées*, p. 350

Le sacré comme objet de pensée

Le fait même de se poser la question du sacré – de ce que c'est, de ce qui le constitue et du type de savoir qu'il incarne, de comment il représente et exprime un rapport particulier à soi, au monde, au divin – n'est pas un problème nouveau, précisément aujourd'hui, alors qu'on remarque, depuis plusieurs années déjà, les traces de ce patient travail de sécularisation, achevé au XXe siècle, qui a entraîné la corrosion de certaines assises traditionnelles de la pensée, valeurs et institutions de la société occidentale. On n'a pas besoin de prendre une posture nostalgique à l'égard de la tradition chrétienne pour concevoir et admettre que cette désagrégation laisse un vide – qui peut être qualifié de moral, d'existentiel, de spirituel ou de métaphysique – là où auparavant certains contenus associés au sacré permettaient de se positionner face à l'universel, c'est-à-dire d'occuper une place dans le monde et les institutions qui l'organisent et d'imprégner cette place d'un sens compris, accepté et partagé autant individuellement que collectivement. De toute évidence, un tel processus d'effritement ne s'opère pas sans restes, sans produire des résidus ou des traces qui, justement, permettent de retracer tout le trajet de l'entreprise laïcisatrice de la modernité. Encore une fois, examiner ces traces n'implique pas de souscrire à une conception prônant un retour aux traditions – conception qui serait aussi vaine que de choisir de nier qu'il existe un certain vide et un malaise qui se fait sentir à la suite de ce que beaucoup comprennent comme une fuite du sacré ou du pouvoir des institutions qui l'incarnaient. Ce vide souvent mal défini – qu'il soit lié au sacré ou à son effritement – qui imprègne les sociétés occidentales et qu'on retrouve dans le geste de consommer massivement des textes qui présupposent ce mal spirituel, des textes tels que ceux de Paolo Coelho, James Redfield ou William Paul Young (parmi tant d'autres), il faut s'y intéresser sans nostalgie, mais avec une certaine gravité. Ce malaise est fondamental, il est existentiel et spirituel et il vient également envahir la littérature, qui est l'espace où sont recueillies les traces du sacré, de son effritement et du malaise face à cet effritement.

Dans ce contexte, se poser la question du sacré ou prendre le sacré comme objet de pensée signifie reconnaître l'importance et la fécondité, pour le savoir philosophique et littéraire, de ce vide spirituel et de la quête – pouvant s'exprimer de diverses façons – qui s'y rattache en tant que conséquence. Dans une pensée qui met l'accent sur le processus plutôt que sur la finalité, une telle quête ne se conçoit pas autant comme la recherche d'une plénitude apte à combler un manque que comme la substance même qui remplit le vide, mais pas complètement, pas à ras bord ou à satiété. C'est le mouvement de pensée plus que la réponse, si réponse il y a, qui fait l'intérêt de l'interrogation existentielle, spirituelle et littéraire concernant le sacré, dans l'œuvre de Cioran. S'interroger au sujet du sacré implique donc nécessairement de réfléchir à un vide, à cette béance spirituelle, existentielle, que laisse derrière elle la bourrasque sécularisatrice de la modernité ayant conduit ou contraint à renoncer au registre supraterrestre comme source transcendante d'un sens qui, autrefois, avait le pouvoir de marquer ou d'imprégner le domaine immanent que nous habitons. Mais le fait même d'accoler ce terme de vide au contexte de la sécularisation – qui a cessé d'être nouveau depuis un bon demi-siècle – peut sembler signifier qu'on pense encore dans les termes de la tradition, dans les termes du sacré. Ce qui n'est pas tout à fait faux dans la mesure où le paradigme de la pensée moderne est un produit historique. Il prend la valeur d'un palimpseste et, en cela, constitue le document fragile qui laisse déchiffrer un passé, une tradition, et leurs transformations. C'est-à-dire que la pensée moderne, dans sa laïcité, n'a pas évacué les traces du paradigme chrétien, elle les a plutôt réaménagées. Parler d'un vide, ce n'est donc que se concevoir comme l'effet spirituel et intellectuel transitoire d'une surimpression ou d'une superposition de traces de plus en plus détachées de leur source. Le sacré n'est pas disparu ; il s'est plutôt dispersé. Il demeure sous les configurations de pensée laïques avec lesquelles on l'a recouvert ou masqué ; il demeure dans les vides et les interstices engendrés et que sont ses traces, ses vestiges, qui nous sont laissés à récupérer et à scruter. Il reste donc présent dans la littérature : c'est-à-dire dans la trace que représente l'écriture mais également dans le mode de pensée que constitue le littéraire.

Cette entreprise interprétative s'inscrit dans une vision de l'histoire toute benjaminienne, c'est-à-dire dans une optique interprétative mise en forme par un matérialisme dialectique teinté de messianisme, qui commande de saisir les traces de la tradition dans une œuvre – toujours conçue comme un document historique, comme un palimpseste – avant qu'elles ne s'effacent. Il s'agit, pour moi, de nourrir une réflexion inquiète, voulant s'inscrire directement dans la conception de la recherche dialectique, dont parle Benjamin dans son essai sur Eduard Fuchs comme de cette « inquiétude à propos de l'exigence, à laquelle le chercheur doit se soumettre, d'abandonner l'attitude sereine, contemplative, à l'égard de son objet, pour prendre conscience de la constellation critique dans laquelle tel fragment du passé entre avec tel présent[1] ». L'inquiétude est une attitude de pensée déterminée par l'urgence d'un problème, l'urgence d'entrer en relation avec ce problème, « car c'est une image irrécupérable du passé qui risque de s'évanouir avec chaque présent qui ne s'est pas reconnu visé par elle[2] ». Dans le cas présent, l'image qui deviendra irrécupérable si on omet de la récupérer est celle du sacré et de sa quête surtout. L'écriture cioranienne nous livre certains vestiges du sacré à travers sa quête ; elle nous livre une expérimentation faite à partir de restes, comme le note Sloterdijk dans son essai *Tu dois changer ta vie*. Ce sont ces vestiges et cette expérimentation qu'il importe de recueillir et d'interroger. Il s'agit donc bel et bien de se reconnaître visé par ces vestiges, qui apparaissent plutôt comme des traits saillants venant interpeller – puisque c'est moi qui écris – *mon* présent, *ma* réalité, qui, elle aussi, jongle avec un certain vide, avec des questions sur ce que Kierkegaard appellerait le *ce que* et le *comment* du sacré, des questions qui impliquent aussi bien l'expérience vécue que le savoir littéraire.

S'impliquer dans son objet de pensée, c'est suivre le modèle kierkegaardien du « penseur subjectif », c'est-à-dire renoncer au désintéressement qu'on prend souvent à tort pour de l'objectivité, puisque comme le souligne Jean Wahl, kierkegaardien enthousiaste, « il n'y a pas de vérité qui soit vérité si on la prend indépendamment de l'effort de l'être existant pour la penser et du temps pendant lequel s'exercera cet effort[3] ». En remplaçant le terme « vérité » par celui de « réflexion », moins ambitieux, on rencontre quand même cette idée, impérative, de se reconnaître appelé ou

1. Walter Benjamin, *Œuvres III*, Paris, Gallimard, 2003 [2000], p. 174-175.
2. *Œuvres III*, p. 175.
3. Jean Wahl, *Kierkegaard. L'Un devant l'Autre*, Paris, Hachette Littératures, 1998, p. 133.

interpellé par un problème. Ce qui rejoint l'attitude inquiète que propose ou qu'inspire Benjamin dans « Sur le concept d'histoire », attitude impliquant de problématiser son objet par l'arrêt de la pensée sur une constellation de tensions qui concerne notre propre présent ou pointe vers lui, de communiquer à cette constellation « un choc qui la cristallise en monade[4] ». La monade, c'est précisément cette constellation de tensions ramassées par un sujet dans un présent, c'est une problématique inscrite dans un espace de pensée, dans une œuvre, dans laquelle se reconnaît l'historien matérialiste (autant dire ici le comparatiste). La monade, c'est donc l'équation que forme le problème avec l'œuvre ; c'est le fait même de percevoir l'œuvre qui parle, qui nous adresse dans notre présent, comme l'incarnation de la problématique ou comme son récipient.

Qu'en est-il plus précisément de ce problème ? Il peut s'avérer difficile à cerner dans la mesure où, déjà, le terme « sacré » représente en lui-même un problème de taille. En effet, qu'est-ce que le sacré, quelles sont ses modalités, quelles sont et comment saisit-on ses manifestations et ses traces, comment l'appréhende-t-on, comment le vit-on aujourd'hui, alors que la notion tend à se détacher des institutions religieuses et sociales qui l'incarnaient, qui l'orientaient, qui le canalisaient ? La « réalité » du sacré étant multiple et fuyante, il n'y a pas d'orientation univoque ou même d'élaboration homogène à donner avec de telles questions pour point de départ. Il faut la restreindre en mettant l'accent ou le point d'interrogation sur le sacré comme paradoxe, comme rapport existentiel et spirituel concret, incarné subjectivement, et qui, lorsqu'il est vécu en dehors du cadre serré des institutions, religieuses, sociales, politiques ou autres, s'exprime dans un tiraillement de l'esprit qui se questionne sur la place qu'il occupe à l'intérieur ou à l'extérieur de ces institutions. Dans un contexte d'effritement des instances de contrôle et de régulation du sacré, donc dans un contexte où les traces du sacré nous sont données à interpréter plus ou moins librement, sans tout l'attirail conceptuel

4. *Œuvres III*, p. 441.

particulier aux diverses institutions, la vision dualiste qui place le sacré dans le champ symétriquement opposé au profane semble faillir à rendre compte du sacré, de l'espace qu'il occupe, tel qu'il se manifeste de nos jours. Lorsqu'elles sont opposées dans le spectre de l'expérience humaine, ces deux catégories apparaissent moins aptes à qualifier ou à représenter ce qu'il y a de spécifique à la réalité spirituelle actuelle qu'on s'évertue à tenter de saisir. En appréhendant le sacré comme une zone grise, comme un espace paradoxal qui se définit par les tensions qui le constituent plutôt que comme un des deux termes du conflit binaire qu'on tente de mettre en scène, on se rapproche d'une interprétation plus adéquate de l'expérience contemporaine du sacré, qui se fait sur le mode de la quête (dans la perspective qui est la mienne, évidemment) et qui doit plus à un penseur comme Agamben qu'aux théoriciens du sacré auxquels on réfère habituellement (qu'on parle de ceux qui proposent une interprétation plutôt anthropologique comme Girard, sociologique comme Caillois, ou associée à la phénoménologie du religieux comme chez Otto). Il importe donc de voir comment le sacré, à partir des miettes, des traces et des vestiges qui sont le legs d'une agonie historique – celle d'institutions (religieuses, entre autres) pourvoyeuses de sens –, se conçoit et se constitue aujourd'hui comme un espace paradoxal, un lieu de tiraillement ou, plus justement, comme une relation d'exception.

Désamarré des vecteurs de sens traditionnels, le sacré peut sembler vaguer à la dérive. Si c'est effectivement le cas, cette dérive est intéressante et féconde dans la mesure où elle déplace les pôles traditionnels de la pensée et s'avère créatrice de rapports différents entre le fait immanent et l'élément transcendant qui le croise ponctuellement, « perpendiculairement », dans un schéma en forme de croix. Cette dérive donne à penser. Elle contient en plus un intérêt supplémentaire, un intérêt méta-réflexif, dans la mesure où elle donne à penser à partir d'un auteur qui vit et réfléchit lui-même à ce repositionnement face au sacré, aux nouvelles modalités qui sont les siennes et qui apparaissent maintenant sous une forme plus diffuse. L'œuvre de Cioran trace en effet un paysage textuel chargé jusqu'à saturation de ces miettes ou de ces vestiges d'un sacré en transformation. N'employant que très rarement le mot « sacré » lui-même, jonglant plutôt avec toute une gamme de notions qui apparaissent liées tout en différant substantiellement les unes des autres – des notions telles que celles d'Absolu, de Dieu, de Néant, de Rien –, ses textes se présentent comme le vécu réflexif d'un rapport tiraillé au sacré. Le sentiment de vide spirituel et le désir, la quête qui lui sont associés chez Cioran, sont un effet d'une expérience du sacré comme relation d'exception, comme appréhension singulière – en dehors des institutions – du sacré comme problème. En fait, non seulement l'effritement des instances traditionnelles du sacré laisse-t-il des traces, mais le vide auquel il donne lieu laisse aussi des traces, qu'elles soient cachées sous d'autres idées ou sujets de préoccupation, sous d'autres désespoirs ou d'autres vides, ou qu'elles soient criées et souvent tragiques, comme dans le cas problématique et emblématique de Cioran. Ce vide, moteur d'une recherche parfois lyrique, parfois cynique, est de toutes parts interrogation sur le sacré. Il correspond aussi, dans une vision allégorique, avec ce non-lieu ou ce *no man's land* qu'occupe Cioran dans la scène littéraire, cet *espace entre* littérature et philosophie ; cet espace exclu de l'une, exclu de l'autre, et paradoxalement inclus, de façon périphérique, par cette exclusion même, entre autres parce que, malgré qu'on ne sache pas *où* le classer, le savoir institutionnalisé commande et réclame une grille disciplinaire avec laquelle on puisse l'interpréter. Cioran pense dans cet *espace entre*, dans ce rapport d'exclusion/inclusion, dans ce paradoxe qui correspond aussi au sacré, à l'« espace » qu'il occupe, sorte de zone grise ou de *no man's land*, n'appartenant tout à fait ni au profane ni au divin. Si le lexique utilisé laisse un arrière-goût doux-amer de théologie négative, c'est un peu par choix et beaucoup parce que la nature du sujet, de la problématique et du corpus résiste assez fortement aux entreprises de délimitation et exige par là même une approche parfois un peu détournée.

Le sacré pensé négativement

Le mot sacré est devenu – a peut-être toujours été – un terme fourre-tout, un concept dont on abuse, avec lequel on pimente notre réalité, notre interprétation de la réalité. Le « sacré », employé comme nom ou comme adjectif, sert en général à marquer une expérience du monde ou dans le monde qui n'est pas plane ; il sert à lui attacher un poids, une profondeur et une portée qui permettent de placer l'expérience ou la vision du monde en saillie par rapport au reste du vécu ordinaire. Cette « définition » n'est qu'une caractérisation structurelle minimale et, en ce sens, elle ne répond pas aux critères d'une définition qui serait satisfaisante parce que positive et précise. Que doit-on entendre dans le mot « sacré » ? Le terme résonne comme une abstraction floue construite autour des « choses sacrées », le nom semblant forgé à même l'adjectif. Ce que j'entends dans le mot « sacré », c'est l'élan inspiré, la profondeur, l'ancrage (moins clairement identifié lorsqu'il s'agit de penser en dehors des institutions) et le relief qu'on veut donner au discours. Je ne comprends pas le sacré parce qu'il est employé ou résonne à mes oreilles comme un signifiant pur dont le référent ne semble jamais dévoilé, seulement évoqué, jamais pointé du doigt, jamais placé sous le faisceau lumineux, et parfois aveuglant, du savoir. Je ne comprends pas le sacré parce que je n'ai pas de prise pour l'escalader, je n'ai pas de point d'entrée intellectuel, scientifique, religieux, anthropologique, sociologique, linguistique, herméneutique ou que sais-je, pour accéder à un contenu qui soit minimalement tangible, ou simplement positif. J'assume ma méfiance à l'égard des présupposés disciplinaires uniques qui ont tendance à étrangler leur objet en tentant de le saisir par le cou. En tant qu'agnostique, j'observe de l'extérieur les institutionnalisations du sens et de la foi, je n'ai donc pas accès à une compréhension interne du sacré. Comme le K. de Kafka, je cherche quand même une façon d'accéder au château. La seule porte qui me soit entrouverte est celle d'en arrière : la littéraire. Fort heureusement, il s'agit d'une porte dont le cadre n'est pas fixé à l'avance. Le littéraire est non seulement un angle d'approche, mais aussi le lieu qui reçoit les traces de ce sacré d'autant plus difficile à saisir qu'il subit depuis un certain temps un processus de dissolution et de reconfiguration. C'est-à-dire que c'est dans l'écriture que cette fuite est racontée et c'est aussi dans l'écriture qu'on peut repêcher les vestiges, sous leur forme traditionnelle ou reformulée, de ce qui en reste. C'est en ce sens que l'écriture et la littérature sont un moyen et un lieu privilégiés où explorer le problème du sacré.

Le sacré en tant que réalité fuyante oblige parfois, au premier abord du moins, à une approche marquée par la théologie négative. En retranchant des prédicats, on ne délimite ou ne circonscrit pas de façon serrée la réalité qu'on tente de saisir, on décrispe plutôt certaines associations et, par là, on crée de l'espace pour penser en dehors de ces articulations rigides que la tradition tient en place comme une attelle. Certains, comme Pierre Hadot, préfèrent à l'expression « théologie négative » celle de « méthode apophatique » (*apophasis* : négation) ou de « méthode aphairétique » (*aphairesis* : abstraction)[5]. Hadot considère que la méthode de la théologie négative rapportée à Dieu, qui fonctionne en révoquant tous les prédicats concevables, implique ultimement la négation de la divinité même de Dieu, ce qui contribue à démanteler le « discours sur Dieu » qu'est la théologie. Pourtant, s'il est question de penser le sacré, l'expression même de « théologie négative » peut être utile si elle conduit de la même façon à extraire la divinité de son concept, à faire le vide de Dieu dans le sacré. Évidemment, il faut aussi pouvoir dire quelque chose à un moment ou à un autre du parcours, après avoir accompli cette première étape qui implique de penser ce que le sacré n'est pas et de défaire certains assemblages hérités de la tradition chrétienne pour libérer un espace de pensée, et réassembler, s'il y a lieu, les éléments retirés dans une structure au tracé différent qui trouverait son point d'appui dans une expérience subjective.

Le sacré, ce n'est pas l'absolu – si on pense l'absolu, très simplement, comme ce qui existe indépendamment de toute condition.

5. Pierre Hadot, *Exercices spirituels et philosophie antique*, Paris, Albin Michel, 2002, p. 239.

Les connotations du terme ont clairement un arrière-goût chrétien dans la mesure où il est associé de très près au divin, à l'infini. En tant que prédicat du divin, l'absolu désigne le principe créateur, le fondement premier, originel, au-delà duquel il est impossible de remonter. L'absolu qualifie ce qui a sa source en soi, c'est le « Je suis celui qui suis » ou le nom propre de Dieu. On entend également dans le terme « absolu » le sens de toute-puissance qui relève aussi du divin ou qu'on retrouve sous une forme atrophiée dans ses dérivés temporels, comme hyperbole du pouvoir qui n'admet pas de reste, de dehors ou d'exception. Le sacré ne recoupe pas tout à fait ces acceptions de l'absolu, bien qu'on puisse admettre que le sacré apparaisse dans une expérience de type mystique qui, malgré qu'elle soit souvent qualifiée d'inénarrable, pousse néanmoins celui ou celle qui écrit à la décrire comme une plénitude qui rappelle une vision de l'absolu. Un peu comme dans le sentiment océanique dont parle Freud (suivant Romain Rolland), qu'il décrit comme le fait pleinement subjectif à la source de la religiosité. Si le sacré peut impliquer une idée, un désir ou une expérience qui rappellent l'absolu, cette idée, ce désir ou cette expérience restent inscrits dans le domaine de l'immanence parce qu'appartenant à une subjectivité. Au final, pour statuer sur l'évidence, le sacré et l'absolu figurent deux ensembles qui peuvent se rencontrer en certains points sans être congruents.

Le sacré, ce n'est pas la religion. Même si l'adjectif « sacré » qualifie entre autres des idées et des choses qui font partie de la religion, lorsqu'on parle du texte sacré par exemple pour faire référence à la Bible. La parole de Dieu est dite sacrée, l'église est un lieu sacré, les rites et les objets du culte sont sacrés, les symboles qui viennent incarner dans l'immanence une représentation de la transcendance sont aussi sacrés. Qualifier tous ces aspects liturgiques de « sacrés » signifie entre autres qu'on cherche à établir une valeur et un respect absolus autour des assises et des symboles de la religion, qu'on situe toutes les pratiques qui découlent d'une foi particulière dans une sphère qui se conçoit négativement comme diamétralement opposée au profane, lieu de l'« ordinaire ». Par cette opposition traditionnelle du sacré et du profane, on exprime un besoin de donner du relief au réel, de faire en sorte que l'existence individuelle et collective ne soit pas limitée à deux dimensions. Dans ce contexte, le domaine des choses sacrées représente cette troisième dimension, celle de la profondeur, qualitativement supérieure aux autres. Donc le domaine du religieux doit s'appuyer sur le sacré qui exprime une saturation de significations, qui est aussi, dans le christianisme, un lieu où on situe une vérité éternelle, et qui incarne par là une autorité commandant le respect. Mais est-ce véritablement du sacré dont il est question dans la religion et dans la foi dont elle procède ? Ne serait-il pas plus approprié de parler de *sanctus* (saint) plutôt que de *sacer* (sacré) ? Otto parle du sentiment du *sanctum* comme du « sentiment de quelque chose qui exige un respect incomparable et en quoi l'on doit reconnaître la valeur objective suprême[6] ». Il poursuit :

> « *Tu solus sanctus* » n'est pas l'exclamation de la peur, mais une salutation de louange pénétrée de respect, ce n'est pas le simple balbutiement de l'homme en face de ce qui ne représente qu'une puissance supérieure, mais c'est aussi la parole par laquelle l'homme veut reconnaître et exalter ce qui possède une *valeur* qui dépasse toute notion. Ce qu'il exalte, ce n'est pas simplement la puissance absolue qui fait valoir ses exigences et qui contraint, mais c'est la puissance qui dans son essence possède le droit souverain de faire valoir les plus hautes exigences, de prétendre être servie, qui est exaltée parce qu'elle est digne de l'être. « Tu es *digne* de recevoir la louange, l'honneur et la puissance »[7].

Évidemment, Otto pense le sacré comme un mouvement entre les deux pôles que sont le *mysterium tremendum* et le *mysterium fascinans*. Le *sanctum*, quant à lui, semble être plutôt associé à la reconnaissance de la valeur supérieure, surnaturelle, transcendante d'une puissance, celle de Dieu et des vérités éternelles dont l'Église se fait la gardienne et la messagère. Il y aurait donc

6. Rudolf Otto, *Le sacré. L'élément non rationnel dans l'idée du divin et sa relation avec le rationnel*, Paris, Éditions Payot & Rivages, 2004 [2001], p. 101.
7. *Le sacré. L'élément non rationnel dans l'idée du divin et sa relation avec le rationnel*, p. 101-102.

peut-être plus de *sanctum* que de *sacer* dans la religion quand on considère la forme de révérence qu'elle suscite. Cependant, pour qu'on puisse penser la religion comme un vecteur de sens qui ne tire pas son rôle uniquement du fait de sa puissance en tant qu'institution, il doit y avoir çà et là du sacré qui parvienne à percer la paroi uniforme du saint dont s'entoure la religion; il doit y avoir quelque chose de sacré dans certains aspects du religieux, quelque chose qui aille même au-delà d'un simple balancement entre effroi et fascination dont parlent les théoriciens du sacré, et qui serait de l'ordre d'un sentiment de proximité avec une transcendance. C'est justement quelque chose de tel qui se produit dans le texte sacré, par exemple, qui est bien plus sacré que saint dans la mesure où il doit s'y produire à la lecture une sorte de communion qui dépasse la simple communication d'un contenu que la religion considère saint. C'est en ce sens d'ailleurs qu'on peut interpréter l'insistance de Cioran sur l'importance de la mystique dans le christianisme. Dans la mesure où l'expérience mystique est une expérience du sacré, elle toucherait à quelque chose de plus vrai ou de plus profond que le discours religieux d'essence théologique qui cherche à transmettre un savoir de Dieu ou sur Dieu. Concernant le rapport inverse entre le sacré et le religieux, on peut considérer que s'il peut y avoir du religieux dans le sacré, c'est du fait que la religion a été traditionnellement le lieu d'expression privilégié du spirituel, c'est-à-dire l'institutionnalisation particulière d'une quête de sens et d'un désir de positionnement de l'esprit humain dans le monde. Cet élément spirituel fait partie du sacré, ou constitue un appel au sacré à tout le moins. En ce sens, la religion représenterait une des formes de canalisation du sacré, du désir de sacré qui habite l'esprit humain, sans qu'on puisse toutefois plaquer le religieux sur le sacré dans la mesure où le sacré déborde des cadres de l'institution (c'est-à-dire qu'on peut entrevoir qu'il ne soit pas dépendant d'une institutionnalisation).

Le sacré, ce n'est pas la foi. Si le sacré peut tout à fait se conjuguer avec la foi, il n'est toutefois pas dépendant d'une foi religieuse, d'une foi dans l'objet institué qui fait le noyau d'une religion. Notre conception occidentale chrétienne du fait religieux est intimement liée à la foi et ne tient pas vraiment compte du fait que certaines religions, comme le bouddhisme, n'entretiennent pas un rapport aussi serré à la foi dans la mesure où le postulat d'un Dieu créateur n'y est pas admis. Le bouddhisme se fonde en effet sur une position critique, basée sur l'expérimentation spirituelle, plutôt que sur la foi, ce qui n'implique pas pour autant que toute dimension sacrée en soit exclue. Précisément parce la foi n'est pas intrinsèque au sacré et inversement, parce que leur rapport est plutôt accidentel qu'essentiel. Par exemple, même si on considérait le bouddhisme comme une « science de l'esprit » plutôt que comme une religion (en raison du fait qu'elle laisse une large place à l'esprit critique, voire à l'attitude sceptique, une place plus importante encore que celle accordée aux enseignements du Bouddha), cela n'impliquerait pas qu'il soit impossible d'y trouver du sacré. En fait, l'expérience de libération enseignée par le bouddhisme peut être vécue comme une expérience du sacré. De la même façon que l'éthique et l'esthétique du scepticisme de Cioran ne s'opposent en rien à une vision ou à une expérience du sacré, ces deux obsessions s'affirmant conjointement dans la vaste quête spirituelle que figure son œuvre. Peut-être peut-on décrire très simplement leur rapport en disant de la foi qu'elle est accessoire au sacré alors que le sacré est, non pas tout à fait essentiel à la foi – dans la mesure où il est impossible de restreindre dans une telle généralisation la diversité des expériences religieuses –, mais qu'il peut jouer un rôle important, à tout le moins, dans une optique de profondeur. Plusieurs théoriciens ont montré qu'il était possible de penser le sacré sans la foi, même en étant chrétiens eux-mêmes : Schleiermacher par exemple, qui, sans référer à l'institution qu'est la religion, fait plutôt du sacré un « instinct religieux », qui serait « ouvert sur la perspective de quelque chose d'infini, et vécu à travers un sentiment de dépendance à l'égard d'une force non maîtrisable[8] ». Cette définition a l'avantage de tracer un lien entre le sacré et le religieux n'impliquant pas nécessairement la foi ou l'adoption du cadre religieux (de l'*institution*

8. Jean-Jacques Wunenburger, *Le sacré*, Paris, Presses universitaires de France, 1981, p. 10.

religieuse). Mais en ramenant le sacré au rang d'un instinct, elle réduit tout de même l'expérience à un simple état affectif, à ce mélange d'effroi et de fascination de la créature devant ce qui la dépasse, ce qu'Otto appelle le « sentiment du numineux ».

Le sacré, ce n'est pas Dieu. Il peut être tentant de tracer une équivalence entre le domaine du sacré et ce qu'on conçoit comme se rapportant à Dieu ou émanant de Dieu dans la mesure où, dans la tradition chrétienne, on pense le Dieu créateur comme le principe suprême, l'Être absolu, comme la source du sacré dans le monde. Même si l'esprit occidental est pétri de christianisme, il faut désactiver ce genre d'association restreinte, et penser, hors de ce cadre, le sacré comme excédant le concept ou la réalité de Dieu. On connaît justement toute une littérature laïque du sacré qui tente de penser le sacré en dehors du cadre chrétien, par le biais de ses manifestations dans d'autres cultures – cultures souvent qualifiées d'« archaïques » –, et donc qui en articule une théorie d'inspiration anthropologique. Cette voie d'interprétation, qui est représentée entre autres par René Girard, permet d'extraire la pensée du sacré d'une association trop serrée avec le Dieu créateur des monothéismes. Ce faisant, soit elle demeure engoncée dans cette pensée de l'ambivalence constitutive du sacré qui tire la vision du sacré dans le champ du tabou, soit elle compose une idée du sacré qui puise dans tout ce qui dépasse l'être humain, entendant par là toutes les forces (naturelles ou surnaturelles) qui lui donnent un sentiment d'impuissance, ou encore dans un instinct auquel il serait soumis en s'imaginant le maîtriser (ex. : la violence chez Girard). Cela dit, ces tentatives de penser un sacré qui ne soit pas un pur dérivé de Dieu ou du divin restent intéressantes dans la mesure où elles ont permis d'en élargir la vision au-delà des cadres traditionnels. En montrant qu'il était possible de ramener la source du sacré dans l'espace humain, terrestre, temporel, de le vider jusqu'à un certain point de son contenu divin, on a déconstruit l'alliance trop étroite entre Dieu et le sacré, on a fait de Dieu un aspect plutôt accidentel du sacré. Ce qui nous laisse avec un constat assez peu inédit depuis, entre autres, la *Somme athéologique* de Bataille, à savoir que le sacré peut être pensé avec ou sans l'idée de Dieu.

Maintenant, qu'en est-il du rapport qui s'établit à la transcendance? La transcendance se révèle-t-elle, de la même manière, accessoire au sacré? Si le sacré n'est pas la transcendance, la transcendance me semble pourtant essentielle pour penser le sacré, à défaut de pouvoir affirmer qu'elle soit toujours nécessairement présente de façon consciente dans l'expérience même du sacré. Il apparaît difficile de penser le sacré en le situant sur un plan immanent exclusivement, sans faire intervenir une quelconque forme de transcendance qui viendrait croiser la ligne horizontale de l'existence, qui surgirait dans l'expérience. Le sacré peut-il être vécu sur un pur plan d'immanence sans un croisement quelconque avec la transcendance, non comme contenu, mais comme catégorie, même laissée vide? Je ne sais pas. Chose certaine, nier qu'il y ait un rapport, conscient ou non, entre transcendance et sacré ou que la transcendance participe de la réalité ou de l'expérience du sacré, signifierait qu'on soit prêt, non simplement à laïciser cette réalité ou cette expérience, puisqu'il existe des versions laïques de la transcendance, mais à la renommer de façon à illustrer la facticité de cette association (je ne peux donner d'exemples d'une telle entreprise tellement je peine à la concevoir). L'« expérience intérieure » de Bataille ou les expériences des drogues de Michaux ne sont pas, à mon sens, à placer au rang des tentatives de ce type puisqu'on peut considérer qu'elles jouent elles aussi à leur façon avec la notion de transcendance, sur un territoire, renouvelé, du sacré. Nier qu'il y ait un rapport entre transcendance et sacré conduit un peu, selon moi, à nier le sacré, comme concept et comme réalité. Et même si on souhaitait s'opposer aux connotations religieuses du sacré en resituant l'expérience dans un contexte esthétique – où on pourrait parler de « sublime » par exemple – ou dans un contexte éthique – où il pourrait être question d'« impératif catégorique » (pour éviter l'exemple du « Bien moral », trop teinté de platonisme et de christianisme) –, on aurait du mal à éviter l'écueil ou l'incontournabilité de la transcendance. Il ne devrait pas être nécessaire ici de préciser que la transcendance est pensée comme une structure plutôt que comme un contenu, « Dieu » n'étant qu'un des noms avec lesquels on

« remplit » le concept. Présenté succinctement, mon présupposé est donc que si le sacré n'est pas réductible à la catégorie de la transcendance, cette dernière semble pourtant primordiale, sous une forme ou une autre, pour penser le sacré.

Toutes les formes de transcendance découlent d'un travail de la pensée qui nie le sensible ou s'en détache dans une projection suprasensible. Cette structure n'est qu'accidentellement ou accessoirement religieuse, il s'agit avant tout de l'économie normale de la pensée, fondamentalement liée au langage qui, nécessairement, opère une négation de la chose dans le mot, une négation des réalités visibles, individuelles, dans le concept. Soutenir que le sacré dépend d'une transcendance équivaut à dire qu'il dépend de cette structure, qui est celle de la pensée, sans prendre en compte les couleurs ou les noms (religieux, politiques ou autres) qui l'ont habillée et investie. Par ailleurs, si le sacré implique mais aussi déborde de cette structure propre à la transcendance, comment penser sa spécificité ? Qu'est-ce qui, dans le sacré, s'ajoute à cette structure pour en faire quelque chose de non congruent au transcendant ? On pourrait considérer que ce qui distingue le sacré, c'est une sorte de réinsertion du domaine immanent dans ou à côté de cette économie du transcendant. C'est-à-dire que le sacré pourrait être ce pont entre l'élément transcendant et ce dans quoi il se représente dans l'immanence, ce qui transporte matériellement son sens, sa flamme ou son étincelle. Avec ou dans le sacré, c'est la chose, l'objet ou l'être – bref, l'incarnation particulière, immanente – qui semble venir se réinsérer dans l'économie de pensée de la transcendance. Le sensible, qui, dans l'économie de la transcendance, a été nié au profit du suprasensible, revient, mais cette fois investi de cette supraréalité transcendante, investi d'un sens extérieur ; le sensible revient dans cette structure sous la forme de la *chose sacrée* justement. Le sacré est le lieu, le point, la chose, le personnage, l'espace de pensée (sa forme ou son incarnation n'est visiblement pas unique ni arrêtée) où s'effectue un croisement entre transcendance et immanence. Ce que je décris ici sous cette représentation spatialisante du sacré est tout à fait lié sinon calqué sur la notion d'aura qu'a développée Benjamin.

L'aura est définie, dans « L'œuvre d'art à l'époque de sa reproductibilité technique », de façon assez énigmatique, comme « l'unique apparition d'un lointain, si proche soit-il[9] ». Sans ce rapport paradoxal de proximité/distance, l'aura se désintègre, et la chose, ou l'expérience de la chose, se fond dans la masse des objets standardisés et des expériences banales qui en sont faites. Le processus de « désauratisation » est littéralement ce processus de désacralisation qui se produit quand on veut « rendre les choses spatialement et humainement "plus proches" de soi[10] », quand on veut « sortir de son halo l'objet[11] ». L'objet auratique ou l'objet sacré est *autre* que ce qu'il semble être. Il signifie autre chose, il contient un élément transcendant et, dès lors, reste lointain même dans une proximité physique. C'est dire que tout rapport particulier à cet objet est nécessairement imprégné de cette distance *à même la proximité*, de cette distance sans laquelle l'objet se désintègre dans une banalité immanente. Ce paradoxe – que je choisis de me représenter en termes spatiaux mais qui pourrait tout aussi bien être lu dans un paradigme temporel – rappelle le paradoxe (spatial également) de l'état d'exception agambenien, soit celui du *no man's land* qui illustre ce rapport d'inclusion/exclusion dans lequel est plongé l'*homo sacer* ou l'homme sacré. Ce qui ne fait qu'accentuer le fait que le paradoxe du sacré se raconte de plusieurs façons, sur plusieurs tons. Le sacré (sous-entendu la chose sacrée), comme l'aura (sous-entendu l'objet auratique), implique au bout du compte qu'un rapport puisse s'établir entre une matérialité et une transcendance, un rapport reçu, ressenti ou compris par une subjectivité comme proche et lointain à la fois.

C'est ce qui m'amène à considérer qu'à travers ce court-circuit que porte une certaine matérialité signifiante, le sacré implique, par extension, qu'un rapport existe entre un *je*, une subjectivité, et une transcendance – en pensant la transcendance comme une structure ou une catégorie, que peut incarner une figure particulière (celle de Dieu par exemple) ou qui peut être vidée de ses

9. *Œuvres III*, p. 278.
10. *Œuvres III*.
11. *Œuvres III*, p. 279.

contenus traditionnels (comme dans la quête « mystique » par l'expérimentation des drogues de Michaux). Cette version du sacré, trop minimale pour servir de véritable définition, a tout de même le potentiel de constituer une sorte de dénominateur commun qui peut servir à grouper et à comparer certaines manifestations modernes ou contemporaines du sacré, dont certaines s'éloignent justement du contexte traditionnel dans lequel était vécue et interprétée l'expérience du sacré avant la modernité. Ce rapport à deux termes – subjectivité et transcendance – se révèle difficile à penser et à décrire dans la mesure où on n'y trouve pas un troisième terme déjà donné, un point d'extériorité ou de médiation, qui permettrait d'en livrer le sens et, par là, de transformer l'expérience en savoir. On reste en quelque sorte coincé soit à l'intérieur, soit à l'extérieur de ce rapport. C'est précisément parce qu'il y a cette incommunicabilité apparente qu'il importe de tenter de rapprocher le sacré du savoir, ou le savoir du sacré, de tracer un pont entre le vécu de la première personne et l'observation de la tierce personne, afin d'examiner quel type de savoir peut émerger du sacré.

Chose certaine, le sacré n'est pas qu'une réalité mythologique à caractère folklorique des temps primitifs où toutes les manifestations naturelles incomprises étaient liées à la volonté ou à la vengeance d'un dieu. Les cataclysmes ne sont plus quelque chose de sacré (sauf pour une poignée de fondamentalistes qui persistent à y voir le signe avant-coureur d'une apocalypse prochaine). Même les enseignements du Christ perdent une part de leur caractère sacré du moment qu'ils cessent de parler à un *je*, qu'ils cessent de l'interpeller dans sa subjectivité, dans son intériorité ; du moment qu'ils ne font plus partie d'une relation qui est aussi une quête existentielle. C'est qu'il n'y a pas de sacré « de toute éternité ». La chose ou l'expérience sacrée a un statut organique, on en intègre la « vie » comme une partie de nous et on l'expulse quand elle se tarit. Le sacré comme concept se pense précisément à partir de l'adjectif et de la collection des choses qu'il qualifie. C'est dire que, puisqu'il est formé à partir d'un prédicat qui ne s'attache à aucune réalité unique, il ne possède pas un contenu immuable. Un peu comme pour ce qui a été dit de la transcendance, il s'agit plutôt d'une structure, dans ce cas-ci une structure de mise en rapport partant d'une subjectivité et pouvant supporter plusieurs réalités et formes de transcendance. Il s'agit donc d'une structure existentielle et spirituelle en ce qu'elle exprime ou contient en elle une quête de sens. Il se peut même que l'objet de la quête et la quête elle-même en viennent à se confondre, comme lorsque la fin et le moyen s'embrouillent jusqu'à s'assimiler. Ce qui semble se produire chez Cioran : son œuvre, siège d'un *je* qui se pense, qui se rumine, fait figure de quête et accueille, dans le doute et la contradiction, *un* sacré, *du* sacré, *le* sacré, *son* sacré (aucun déterminant unique ne semble pleinement approprié ici).

Si on s'attarde à penser l'œuvre de Cioran dans l'optique benjaminienne formulée plus tôt, on peut dire qu'elle constitue une sorte de constellation saturée de tensions qui vise un présent, le nôtre, le mien. Elle est le prisme dans lequel se réfracte en plusieurs traits ou aspects le problème du sacré à la dérive des institutions, qui se donne à penser, à « accoster », par le biais d'une relation paradoxale : une relation d'exception. En fait, le « cas » de l'œuvre cioranienne recoupe en quelque sorte la seule vision positive du sacré que je puisse émettre à ce point, qui concernerait une sorte de constellation de tensions spirituelles, existentielles, institutionnelles ou contre-institutionnelles. Les textes de Cioran reprennent ces tensions et les réaménagent. On pourra aller jusqu'à dire, dans une formulation qui renvoie à la thèse XVII dans « Sur le concept d'histoire », qu'il existe une courbe ascendante/descendante qui consiste pour Benjamin en un réseau d'imbrications bivalentes qui va de l'histoire à l'époque, à la vie particulière, à l'œuvre d'une vie, à l'ouvrage particulier, et qui repart dans l'autre sens, puisque à son tour l'ouvrage particulier contient tout le reste des éléments qui l'englobent. Dans le contexte précis de cette recherche, on retrouve aussi cet amalgame avec, en plus, un rapport très étroit, voire fusionnel, entre un problème qui occupe toute une époque, une vie particulière qui jongle avec ce problème, et l'œuvre de cette vie particulière qui le parle. En effet, on ne peut pas penser la vie et l'œuvre de Cioran sans interroger la crise qui les parcourt et qui exprime le problème du sacré comme relation d'exception. De la même façon qu'à l'inverse, on ne peut saisir avec justesse toute la portée et les implications de cette nouvelle forme de participation au sacré sans se pencher sur l'œuvre de cet auteur qui s'est révélé être le précurseur de quelque chose qui s'est répandu dans la modernité et sa postérité. Ce *quelque chose* difficile à définir se manifeste comme un réagencement des vestiges que nous laisse la tradition chrétienne à l'intérieur d'un rapport très personnel, très conflictuel aussi, qui représente *son* sacré. Ce qui s'est construit dans l'entreprise critique dissolvante de Cioran, c'est bel et bien une nouvelle façon, misant sur l'exclusion (subie *et* recherchée), d'habiter l'« espace » du sacré. Les anathèmes qu'il lance participent à une sorte de mise en scène spirituelle et contribuent à ériger ce paradigme de l'exception qu'on peut entrevoir dans ce passage : « Dieu même ne pourrait dire où j'en suis en matière non pas de foi, mais de religion. J'adhère si peu à ce monde qu'il m'est impossible de me considérer comme un incroyant ! *Par cette inadhésion j'appartiens* [je souligne] au "religieux" (pour parler comme Kierkegaard). » (*C*, 247 ; voir la liste des abréviations, p. 9) À travers l'idée de l'inadhésion et la réalité de l'exil, Cioran investit bel et bien le paradigme de l'exception, et l'écriture devient également l'espace, l'outil et le résidu exceptionnels de cette quête d'un sacré.

L'incarnation du problème dans l'œuvre de Cioran

La pensée de Cioran, même si elle a donné lieu à une masse critique relativement importante, reste difficile à situer, à classer, à interpréter. La plupart des commentateurs s'entendent là-dessus, même si plusieurs succombent à la pression ou à la tentation de lui trouver une niche herméneutique confortable. Pourtant, autant la forme de son œuvre que son objet s'imposent par leur singularité, et les éléments équivoques qui y sont disséminés forcent en fait à reconsidérer continuellement son analyse. De telle sorte que les contradictions inhérentes à son œuvre autorisent une variété d'interprétations, ce qui se révèle en définitive aussi fertile que problématique.

On ne peut nier l'importance de ce problème que pose la forme même du texte, problème qui forcera à s'imposer un exercice visant à définir la nature, les spécificités et les implications de cette forme particulière de textualité que produit Cioran. Plus précisément, il importera d'interpréter ce que signifie penser, comme lui, par l'intermédiaire ou par la médiation de l'écrit, et de comprendre le rôle de cette écriture cioranienne si difficile à classer – ni tout à fait essai ni fiction ni confession, son écriture se présente comme un amas de formules discontinues, d'aphorismes et d'anathèmes. L'analyse de cette zone d'ombre concernant sa forme semble particulièrement pertinente dans la mesure où cette incertitude qu'elle présente pourrait correspondre exactement au processus même de la pensée pour Cioran, soit, si on en croit Patrice Bollon, être le lieu où la forme « se confond avec l'acte de penser, s'équivaut à son processus, *n'est que* le rendu de son propre mouvement[12] ». À la forme singulière, discontinue, correspond un contenu accidenté, désordonné, qui surprend parfois par la somme de ses contradictions, de ce croisement de tentations et de condamnations portant sur les mêmes objets, les mêmes idées. Autrement dit, l'exception caractérise autant une forme inclassable qu'un contenu tiraillé. Ce rapport très étroit entre la forme et le contenu de la réflexion découle de son caractère entièrement subjectif, du fait qu'elle s'incarne dans un «*je* personnel», dirait Kierkegaard. On retrouve d'ailleurs dans les *Cahiers* un passage qui rappelle fortement le parti pris kierkegaardien pour la pensée subjective :

> Tout le monde parle de théories, de doctrines, de religions ; d'abstractions en somme ; personne de quelque chose de vivant, de vécu, de direct. C'est une activité dérivée, abstraite dans le pire sens du mot, que la philosophie et le reste. Tout y est exsangue. Le temps y devient temporalité, etc. Un ensemble de sous-produits.
>
> Sur un autre plan, les hommes ne cherchent plus le sens de la vie *à partir de leurs expériences*, mais à partir des données de l'histoire ou de telle et telle religion. S'il n'y a pas en moi de quoi

12. Patrice Bollon, *Cioran l'hérétique*, Paris, Gallimard, 1997 [1977], p. 158.

> parler de la douleur ou du néant, à quoi bon perdre son temps en étudiant le bouddhisme. Il faut tout chercher en soi, et si on n'y trouve pas ce qu'on cherche, eh bien ! il faut abandonner la recherche.
> Ce qui m'intéresse, c'est ma vie, et non les doctrines sur la vie. J'ai beau parcourir des livres, je n'y trouve rien de direct, d'absolu, d'irremplaçable. C'est partout le même radotage philosophique. (*C*, 134)

Justement, une grande part de l'intérêt de l'œuvre de Cioran réside dans le caractère très personnel de sa réflexion, dans ce « choix obligé », pourrait-on dire, de l'intériorité comme point d'ancrage de la pensée, de la quête, de l'œuvre. En ce sens, l'écriture peut s'y révéler aussi nuisible que thérapeutique ; elle prend un statut qu'on qualifiera, en empruntant à Derrida, de « pharmaceutique ». C'est dire que l'œuvre de Cioran, pour Cioran, sert d'exutoire à un trop-plein, elle lui permet de se vider temporairement de son mal-être, jusqu'à ce que ses questions reviennent le hanter ou le narguer, disproportionnées, comme si elles lui réapparaissaient à travers un miroir amplifiant. L'écriture l'allège, tout en l'écrasant sous le poids de ses négations et des ruines qu'elle produit. C'est cette texture résolument existentielle de l'œuvre de Cioran, dans cette mise en scène que constitue son écriture, qui m'intéresse principalement et qui me semble devoir être à la source de toute interprétation qu'on puisse proposer de ses textes.

Cette écriture, tout entière imprégnée de ses propres préoccupations existentielles et métaphysiques, prend la valeur d'un questionnement essentiel général dans le contexte – institué par la modernité et persistant encore aujourd'hui – d'une remise en question des instances traditionnelles du savoir. Même si, en se mettant continuellement en scène, il a tendance à universaliser son propre rapport au monde, il touche, peut-être en raison de cette approche même, à des points sensibles de l'existence, significatifs aujourd'hui, précisément à l'ère de tous les discours « post ». À travers cette tendance à gratter, à ruminer, à revenir sans cesse sur des idées qu'il a déjà condamnées, si Cioran parle du sens de l'existence, des idéologies, des mythes, des croyances, de Dieu – et il en parle constamment –, c'est pour nier, liquider, châtrer toute tentation pour les illusions directrices ou salvatrices. Ce qui ne règle rien, parce que le besoin ou le désir de voir ou de créer du sens reste, parce que le constat d'absurde comme conclusion n'est pas une solution véritable : il est l'aboutissement incontournable *et* insatisfaisant. Cioran est condamné et se condamne à ressasser cette aporie, il l'exploite dans tous les sens, il en abuse au point d'en faire le noyau de chacun de ses textes. C'est pourquoi on peut avancer qu'il nous livre une pensée du mal dans l'existence, d'un mal qui s'élabore autour d'un sentiment de vide que laisse l'effondrement d'une tradition investie des traces du sacré et, plus fondamentalement encore, de la signification qu'on attribue à ces traces – signification qui, à son tour, produit (ou produisait) du sens, des effets concrets dans l'existence. Un des problèmes en face desquels il bute constamment au fil de ses écrits accuse, malgré l'incapacité à croire, une fascination même négative pour Dieu ou le divin, qu'il soit abordé comme mythe, comme concept ou comme réalité spirituelle. Il écrit dans *La tentation d'exister* :

> Ce ne sont là que mots, péchés du Verbe. Je vous ai recommandé la dignité du scepticisme : voilà que je rôde autour de l'Absolu. Technique de la contradiction ? Rappelez-vous plutôt le mot de Flaubert : « Je suis un mystique et je ne crois à rien. » J'y vois l'adage de notre temps, d'un temps infiniment intense, et sans substance. Il existe une volupté qui est nôtre : celle du conflit *comme tel*. Esprits convulsifs, fanatiques de l'improbable, écartelés entre le dogme et l'aporie, nous sommes aussi prêts à bondir en Dieu par rage que sûrs de n'y point végéter. (*TE*, 890)

Ce passage, hautement représentatif de sa pensée, révèle en fait l'authenticité et la profondeur du tiraillement qui l'habite et qu'inspire le problème du sacré. Cette attitude spirituelle peut être très simplement condensée par une formule de Cioran lui-même : « le drame *religieux* de l'incroyant » (*C*, 66).

Le rapport ambigu au sacré développé chez Cioran se base de plus sur une série de paradoxes et d'oppositions qui empêchent un positionnement définitif. Parmi ces paradoxes existentiels et conceptuels, on peut noter la nécessité, pour apaiser l'angoisse, de la mystification et de l'illusion dans l'existence, nécessité qui côtoie son contraire sous la forme de l'impératif de lucidité, d'une conscience insomniaque de soi et du monde qui tire souvent vers l'autodestruction. On peut parler également du jeu conceptuel qu'il établit entre Dieu et le Néant, qui deviennent les deux termes, à la fois opposés et identiques, exprimant l'idée de l'absolu, ou celle de l'expérience limite, quasi mystique, d'une accession à ce qu'il appelle la « vacuité du vide ». Ou encore de sa tendance, imprégnée de la pensée gnostique, à inverser les prédicats traditionnellement associés au divin, à parler d'un mauvais démiurge ou d'un dieu taré plutôt que d'un Dieu bon, idée qui implique, selon Sylvain David, que, puisque ce dieu sans scrupule est placé à la source de la création, « la négativité n'est plus une transgression mais, au contraire, fait office de principe fondateur du monde[13] ». Tout ce réseau de conceptions conflictuelles alimente cet écartèlement existentiel auquel il attribue déjà une antériorité radicale à l'intérieur de sa propre genèse, tout en embrouillant et en obscurcissant encore ce rapport, toujours déjà tiraillé, au divin, à l'absolu, à la transcendance, au sacré.

La plupart des théoriciens qui ont réfléchi à la question du sacré ont misé justement sur son ambivalence, jusqu'à en faire le trait fondamental leur permettant de définir cette chose vague et insaisissable qu'est le sacré par le biais du rapport que différentes communautés humaines entretiennent à son égard. Sans souscrire entièrement à cette façon de définir le sacré, qui, si elle semble juste au premier abord, se révèle pourtant insuffisante pour rendre compte de toute la complexité de l'expérience du sacré, force est d'admettre qu'on retrouve chez Cioran plusieurs ambivalences, ambiguïtés et contradictions qui font écho à cette même ambivalence que plusieurs situent au cœur du sacré. Afin de dépasser l'aspect plus ou moins statique de cette idée d'ambivalence qui empêche en fait de projeter l'analyse au-delà d'un constat, même élaboré et savant, de balancement entre attitudes ou réalités contraires, je choisirai d'interpréter ce tiraillement

13. Sylvain David, *Cioran. Un héroïsme à rebours*, Montréal, Presses de l'Université de Montréal, 2006, p. 129.

comme la manifestation d'un paradoxe et d'une quête qui s'avérerait plutôt, à mon avis, le nœud véritable du sacré.

Je ne cherche pas à proposer une définition pointue ou générale du sacré, mais à parvenir à une conception du sacré qui soit ancrée dans l'espace littéraire choisi. Le premier pas de ce parcours a déjà été souligné : il s'agit du sacré abordé par le biais du paradoxe. Le sacré serait, selon le paradigme spatial, le lieu, ou, selon l'axe temporel, l'instant où se produit le choc d'un entrecroisement de l'horizontal et du vertical, de l'immanence et de la transcendance, du profane et du divin. Pensé dans ces termes, le sacré ne peut être tout à fait compris dans son « essence », c'est-à-dire qu'on ne parvient pas au *ce que* du sacré, on atteint plutôt son *comment* en le dépeignant à peu près comme une structure, comme un paradigme ou encore comme un principe de conjugaison entre réalités opposées. Mon présupposé conceptuel, qui implique un rejet de la doctrine traditionnelle de l'ambiguïté du sacré, a été signalé plus tôt. Ce rejet ne conduit pas pour autant à nier certaines ambivalences associées au sacré et qui se révèlent intéressantes en tant qu'effets, attitudes ou réactions possibles devant ou dans l'expérience du sacré, et qu'on retrouve très clairement chez Cioran. Renoncer à définir le sacré en parlant de cette ambiguïté qui émane de ces nombreux couples d'opposés qui servent à le représenter – tels que pur/impur, saint/souillé, faste/néfaste, attirance/effroi, divin/démoniaque, etc. – et qui peuvent aussi décrire la structure du tabou, veut dire entre autres qu'on cherche à éviter un rapprochement trop étroit entre le sacré et le tabou. Le sacré devrait être compris plutôt comme un *rapport paradoxal* que comme une attitude ambivalente, c'est-à-dire plus comme une économie spirituelle que comme une composante psychologique, sociologique, anthropologique de l'individu confronté à ce sentiment envahissant que Rudolf Otto qualifie de numineux et qu'il décrit comme le « *sentiment de l'état de créature* », soit « le sentiment de la créature qui s'abîme dans son propre néant et disparaît devant ce qui est au-dessus de toute créature[14] ». Le sacré,

14. *Le sacré*, p. 31.

ce n'est pas pour moi une réponse, subjective bien que socialement codifiée, au sentiment de dépendance face à une puissance transcendante, c'est plutôt une sorte de syntaxe à la fois existentielle et spirituelle, participant du terrestre et du métaphysique, qui ne s'élabore pas autant dans les termes d'une ambivalence mais plutôt à la façon d'un court-circuit. S'il y a bien un conflit, une tension, ou un rapport de contradiction au cœur du sacré, c'est le paradoxe qui permet de le saisir à la source, en permettant de produire quelque chose de plus significatif peut-être qu'un simple inventaire de ses manifestations.

Cela dit, il faut tout de même préciser comment est conçu le paradoxe, car il n'y a pas qu'une façon de le circonscrire. Dans la pensée kierkegaardienne, le paradoxe est intimement lié à la foi, jusqu'à la fusion ; en effet, par moments, Kierkegaard affirme que la foi *est* précisément le paradoxe. Dans les *Miettes philosophiques*, il en fait une « passion de la pensée » :

> Il ne faut pas penser du mal du paradoxe, cette passion de la pensée, et les penseurs qui en manquent sont comme des amants sans passion, c'est-à-dire de piètres partenaires. Mais le paroxysme de toute passion est toujours de vouloir sa propre perte, et c'est également la suprême passion de l'intelligence que de rechercher le choc, nonobstant que ce choc d'une façon ou d'autre mène à sa propre ruine. C'est là le paradoxe suprême de la pensée, que de vouloir découvrir quelque chose qu'elle-même ne peut penser[15].

Cet accent mis sur l'idée du choc qui peut s'avérer le point de départ d'une chute, d'une perte de soi, s'accorde avec une vision de la pensée comme risque subjectif, comme danger qui découle de la réflexion obsédée – ce qu'on retrouve indéniablement chez Cioran. Penser est véritablement un exercice délicat, peut-être même funeste, si on conçoit comme lui que « réfléchir c'est faire le vide autour de soi, c'est évacuer le réel, c'est ne conserver du monde que le prétexte nécessaire aux interrogations et aux tourments de l'esprit » (*C*, 62).

15. Søren Kierkegaard, *Miettes philosophiques. Le concept de l'angoisse. Traité du désespoir*, Paris, Gallimard, 2003 [1990], p. 74.

Le paradoxe semble être le trait fondamental du penseur subjectif, il est la forme que prend la pensée incarnée qui s'attarde à ce qui l'affecte et la dépasse, ce que Kierkegaard appelle l'Inconnu (et qui peut prendre toutes sortes de noms, positifs ou négatifs). On peut dès lors comprendre le paradoxe comme le rapport que forme la pensée avec ce qui l'excède, avec cet inaccessible sur lequel ou en direction duquel elle s'acharne. Le paradoxe apparaît donc comme un *rapport d'essence religieuse*, un rapport par lequel l'être pensant se réfléchit et se risque en poursuivant un Inconnu, un sens extérieur à la surface immanente sur laquelle il se tient: « dès qu'on cherche le sens de la vie au-delà d'elle-même, elle acquiert aussitôt un autre poids. Cette recherche, par elle-même, est d'essence religieuse, même si on l'entreprend sans aucune arrière-pensée théologique » (*C*, 167). Le paradoxe participe à cette vision du religieux détaché de la théologie, plus vaste que la foi, plus vaste que la religion. Il est aussi indissociable du sacré qui représente un véritable problème subjectif, existentiel, qui engage à interroger un inconnu, une réalité ou un sens radicalement extérieurs. Le paradoxe est cette « passion de l'incompréhensible[16] » de laquelle procède le sacré, il est le moyen terme grâce auquel on peut mettre ensemble ou mettre en tension subjectivité et sacré et qui contribue aussi par là à une compréhension de la structure du sacré allant dans le sens d'un *rapport* qui s'introduit dans l'immanence. Le paradoxe apparaît ainsi comme une clé conceptuelle permettant d'aborder l'idée du sacré, permettant d'évoquer ce rapport contradictoire qui intervient dans l'immanence, cette rupture qui s'y produit en vertu d'une obsession pour l'incompréhensible ou pour l'inconnu (avec ou sans majuscule). Dans un élan kierkegaardien, Jean Wahl nous livre ce passage où, sans que le terme » sacré » soit mentionné, on pressent une proximité entre subjectivité, paradoxe et sacré tel qu'il est pensé ici:

> Nous ne pourrons atteindre le paradoxe que par la tension de notre subjectivité, et il n'y a tension de notre subjectivité que parce que l'éternel s'est rendu temporel, parce que la vérité

16. *Kierkegaard. L'Un devant l'Autre*, p. 198.

> est le paradoxe. L'individu mis en contact avec l'*autre* absolu se retourne vers son intériorité, la creuse, s'enfonce en elle. La tension entre le contact avec l'autre et le retour sur soi, c'est la croyance – intériorité absolue, union avec l'extériorité. L'immanence s'est rompue, s'est fragmentée en deux tronçons ; et dans la torsion de l'un d'eux sur lui-même, nous voyons le signe de sa réunion future avec l'autre[17].

L'intérêt principal de cet extrait se trouve dans cette idée de l'immanence comme ligne brisée, dont un fragment se tord sur lui-même, devenant ainsi le présage ou l'indice d'un possible croisement avec l'« autre » – qu'on parle ici de l'autre tronçon, ou de l'*autre* absolu –, autrement dit d'une conjugaison virtuelle entre deux lignes, réalités, sphères différentes. Cette figure ou ce schéma étrange d'une immanence faite de segments discontinus, dont certains sont enroulés sur eux-mêmes, traçant la base d'un éventuel carrefour, correspond approximativement à l'idéogramme associé ici, dans cette prémisse de pensée, au sacré. Sans trop vouloir anticiper sur ce qui sera développé dans le premier chapitre, il faut tout de même mentionner que ce schéma rudimentaire simplement décrit ici convient comme point de départ d'une illustration du rapport d'exception que représente le sacré. C'est dire que la rupture dans la ligne de l'immanence et cet entortillement sur soi d'un des segments de la ligne brisée permettent de représenter le retrait ou l'exclusion et le retour sur soi qui constituent les éléments premiers, fondamentaux, de la relation d'exception. Cette fracture peut prendre la forme d'un exil dont les implications vont bien au-delà du simple aspect culturel ou de la rupture d'appartenance qu'entraîne nécessairement l'exil géographique et linguistique, chez Cioran en tout cas. Sylvie Jaudeau, dans son essai *Cioran ou le dernier homme*, a très bien noté cette tonalité métaphysique de l'exil chez Cioran :

> L'exilé s'installe dans une situation anthropologique favorable à l'expérience de la spiritualité et de la nudité intérieure [...]. L'exil géographique affirme la nécessité de l'exil intérieur et

17. *Kierkegaard. L'Un devant l'Autre*, p. 193.

> le redouble. Cioran y reconnaît le sens spirituel de la destinée humaine. Il a rompu avec l'unité primordiale. La conscience est brisure, désaccord avec le monde[18].

Si on cherchait à comprendre cet extrait par une image, on serait probablement amené à reproduire ce même idéogramme tracé par Jean Wahl. C'est-à-dire que l'exil qu'on dit « redoublé » implique un retour ou une torsion sur soi consécutive d'une brisure, d'un désaccord, d'un retrait en marge du monde. Pour Cioran, il n'y a pas de recherche ou de réflexion spirituelle honnête – ou même possible – sans assumer une exclusion préalable. Le retour sur soi, la conscience et la poursuite de l'inconnu commandent une rupture face au général, une discontinuité radicale dans l'immanence. On pourrait croire que cette idée de la conscience qui s'expérimente en retrait s'insère dans une définition de la médiation. Pas tout à fait cependant, dans la mesure où ce dehors, cet état d'exception n'est pas vraiment un espace de transition vers le divin, l'Esprit, l'Inconnu (ou autre réalité métaphysique). Cet espace de retrait reste paradoxal en ce qu'il est pris entre un dehors et un dedans, voire, par extension, entre une représentation ou peut-être un mirage du divin et un abandon partiel du profane. Cette position subjective correspond à celle de l'*homo sacer* dont s'occupe Agamben dans sa trilogie. Justement, Jaudeau, à sa façon, souligne cette volonté, impérative chez Cioran, de se constituer en *homo sacer* :

> Héraclite lui-même n'avait-il pas déjà enseigné qu'« être sage, c'est être séparé de toutes choses ». Cioran, animé par le désir de devenir « l'homme en dehors de tout », perpétue une sagesse traditionnelle qu'il nourrit de la conscience moderne du déracinement. L'homme actuel, ayant perdu le sens de la transcendance, perd aussi celui de ses racines. L'homme antique voyait dans la rupture d'avec le monde le signe d'une plus grande liberté spirituelle, l'homme moderne, né séparé du monde et de ses dieux, n'y reconnaît plus qu'une profonde déréliction qu'il voile en s'engageant volontairement dans une communauté

18. Sylvie Jaudeau, *Cioran ou le dernier homme*, Paris, José Corti, 2001 [1990], p. 31.

> humaine. Adhérer à quelque chose est une manière pour lui de fuir sa solitude existentielle et de s'aventurer sur sa véritable destinée d'exilé de l'éternel[19].

L'engagement dans la voie du retrait semble donc renouer avec la perspective antique, tout en rompant avec cette tendance moderne à se perdre ou à se dissoudre dans le monde par l'engagement. Ce parti pris implique indéniablement et nécessairement une conception du sacré qui, sans être livrée noir sur blanc, en toute netteté, se décèle et s'interprète par le biais des indices qu'elle laisse et des effets qu'elle produit dans l'écriture, dans ce paysage textuel propre à Cioran. La conception du sacré que transporte la textualité cioranienne transforme la compréhension habituelle de son œuvre dans la mesure où elle permet de l'interpréter comme un véritable exercice spirituel qui, s'il peut sembler tirer sa source d'un modèle antique, se révèle emblématique d'un rapport ou d'une pratique spirituelle hors cadres qui s'est répandue dans la modernité récente.

---

19. *Cioran ou le dernier homme*, p. 33.

Chapitre 1

Le sacré et l'espace d'exception

> Dieu même ne pourrait dire où j'en suis en matière non pas de foi, mais de religion.
> J'adhère si peu à ce monde qu'il m'est impossible de me considérer comme un incroyant !
> Par cette inadhésion j'appartiens au « religieux » (pour parler comme Kierkegaard).
>
> EMIL CIORAN,
> *Cahiers 1957-1972*, p. 247

Homo sacer: un détournement

La meilleure critique à toute la théorie de l'ambiguïté du sacré est peut-être celle qu'Agamben a adressée, de façon très générale et succincte, à cette vision du sacré qui a nettement dominé tout le XXe siècle, se retrouvant en toile de fond d'œuvres très différentes, dont celles de Durkheim, d'Otto, de Boyer, de Wunenburger, d'Eliade, de Caillois, de Bataille, de Girard, pour ne nommer que quelques-uns des penseurs qui ont réfléchi au sacré. Cette fameuse ambiguïté est devenue un présupposé – prenant sa source dans le discours anthropologique – duquel il est devenu difficile de s'extraire, tant son rayonnement est vaste. Il faut pourtant parvenir à s'en dégager, au moins minimalement, d'une part parce que cette définition générale du sacré ne donne pas les bases pour penser au-delà des couples de notions contradictoires qu'elle oppose, c'est-à-dire pour penser véritablement les *effets* et la *signification* des diverses expériences du sacré et non simplement leur manifestation, d'autre part parce qu'elle tend à se confondre avec la structure du tabou, ce qui réduit considérablement le concept, la réalité ou l'expérience du sacré, son sens et ses implications. Afin d'illustrer cette association, qui frise la fusion, Agamben reprend un passage du texte fondateur de Fowler, *The Original Meaning of the Word Sacer* :

> Sacer esto *is in fact a curse ; and the homo sacer on whom this curse falls is an outcast, a banned man, tabooed, dangerous... originally the word may have meant taboo, i.e. removed out of the region of the profanum, without any special reference to a deity, but "holy" or accursed according to the circumstances*[1].

L'*homo sacer* représente ce point focal qui condense une catégorie juridique avec un phénomène d'essence religieuse. Agamben met en lumière toute la circularité de cette association qui fonctionne comme une définition en vase clos, c'est-à-dire une définition qui reste enfermée dans le réseau des ambiguïtés qu'elle postule :

> Une figure énigmatique du droit romain archaïque, qui semble réunir en elle des traits contradictoires et qui dès lors avait elle-même besoin d'être expliquée, entre ainsi en résonance avec la catégorie religieuse du sacré, au moment où celle-ci est soumise à un processus de désémantisation irrévocable qui l'amène à assumer des significations opposées. Cette ambivalence, mise en rapport avec la notion ethnographique de tabou, est utilisée à son tour pour expliquer, selon une parfaite circularité, la figure de l'*homo sacer*. Il existe un moment dans la vie des concepts où ceux-ci perdent leur intelligibilité immédiate et peuvent, comme n'importe quel terme vide, se charger de sens contradictoires[2].

1. Giorgio Agamben, *Homo sacer. Le pouvoir souverain de la vie nue*, Paris, Seuil, 1997, p. 89.
2. *Homo sacer. Le pouvoir souverain de la vie nue*, p. 90.

Dans ce texte premier de sa trilogie, Agamben cherche donc à déconstruire cette association des sphères politico-juridique et religieuse qui semble avoir embrouillé notre compréhension de la notion de sacré. Je n'ai pas l'intention de retracer tout le parcours réflexif d'Agamben qui vise en définitive à proposer une analyse du paradigme moderne de l'état d'exception en démystifiant l'association paradoxale du droit et de l'exception dans l'État moderne. Je souhaite plutôt détourner ce concept de l'état d'exception de même que cette figure de l'*homo sacer* dans le champ du littéraire et utiliser ces notions à l'intérieur d'une interprétation de la spécificité de l'expérience moderne du sacré. Il ne s'agit pas d'ajouter une pierre à l'édifice chambranlant de cette entreprise de désémantisation que critique Agamben, ni de contribuer au brouillement des pistes en réassimilant le politique au religieux, mais plutôt de faire de l'*homo sacer* et de la notion d'exception le prisme à partir duquel on peut comprendre le rapport au sacré tel qu'il se présente dans la modernité, soit sous sa forme désinstitutionnalisée. En insérant cette figure dans le domaine littéraire, on s'ouvre à de nouvelles possibilités d'interprétation et à de nouvelles significations qui peuvent surgir lorsqu'on en teste l'élasticité ou lorsqu'on opère des rapprochements avec certaines autres notions et réalités, qu'on pense au reste ou au résidu, à l'exil, à l'exclusion, à la distance. Dans ce contexte de pensée, la figure de l'*homo sacer* devient plus fondamentalement existentielle que politique, elle se déplace au point de devenir le cœur d'un rapport subjectif qui inclut toujours les dimensions politique et religieuse, mais cette fois comme objets avec lesquels jongle – activement ou passivement – le sujet, et non pas comme sphères monolithiques qu'il faudrait s'appliquer à bien distinguer et à classer dans une cartographie des rouages ou des structures du « réel ». L'utilisation qui m'intéresse ici de cette notion d'exception ainsi que de cette figure de l'*homo sacer* implique nécessairement un détournement, voire une certaine déterritorialisation, c'est-à-dire que, de catégorie juridique, elle doit devenir une position subjective, une forme d'être au monde ou une façon d'*être en rapport*.

Comment donc caractériser les traits de cette position subjective ? On y trouve évidemment une forme d'exclusion qu'Agamben comprend, dans ce contexte politico-juridique qui est le sien, comme la structure même par laquelle se constituent et se légitiment le droit, le pouvoir et la souveraineté.

> Ce qui est dehors se trouve ici inclus non pas simplement à travers une interdiction ou un internement, mais en suspendant la validité de la règle, c'est-à-dire en permettant qu'elle se retire de l'exception, qu'elle l'abandonne. Ce n'est pas l'exception qui se soustrait à la règle, mais la règle qui, en se suspendant, donne lieu à l'exception. De sorte que c'est seulement en restant en relation avec l'exception qu'elle se constitue comme règle. La « vigueur » particulière de la loi consiste précisément en cette capacité de se maintenir en relation avec une extériorité. Appelons *relation d'exception* cette forme extrême de la relation qui n'inclut quelque chose qu'à travers son exclusion[3].

Cette mécanique (celle des institutions), n'intéresse pas Cioran, qui tente plutôt de se positionner radicalement en dehors de ces dispositifs institutionnels. On en retrouve la logique dans un grand nombre de pratiques étatiques et religieuses, objets de la critique cioranienne. Le christianisme ne fait certainement pas exception, avec sa formule d'excommunication (qui vient de *ex-communicare* : placer hors communauté), il vient départager le dedans du dehors en excluant ce qui ne se conforme pas au dogme prescrit. C'est là une des raisons pour lesquelles une penseuse comme Simone Weil choisit, malgré sa foi catholique, de refuser le baptême, et donc refuse d'appartenir à ce *nous* de l'Église, justement parce qu'il assoit sa légitimité sur son pouvoir d'exclusion, pouvoir que résume la formule *anathema sit*. Dans une lettre au père Perrin, elle explique ce parti pris en faveur de l'exclusion qui est le sien :

> Il existe un milieu catholique prêt à accueillir chaleureusement quiconque y entre. Or je ne veux pas être adoptée dans un milieu, habiter dans un milieu où on dit « nous » et être une partie de ce « nous », me trouver chez moi dans un milieu humain quel qu'il

3. *Homo sacer. Le pouvoir souverain de la vie nue*, p. 26.

> soit. En disant que je ne veux pas je m'exprime mal, car je le voudrais bien ; tout cela est délicieux. Mais je sens que cela ne m'est pas permis. Je sens qu'il m'est nécessaire, qu'il m'est prescrit de me trouver seule, étrangère et en exil par rapport à n'importe quel milieu humain sans exception.
> Cela semble en contradiction avec ce que je vous écrivais sur mon besoin de me fondre avec n'importe quel milieu humain où je passe, d'y disparaître ; mais en réalité c'est la même pensée ; y disparaître n'est pas en faire partie, et la capacité de me fondre dans tous implique que je ne fasse partie d'aucun[4].

Ce désir de se positionner en dehors du *nous* institutionnel participe en un sens de cet état d'exception (*ex-capere* signifiant « prendre dehors ») : il s'agit d'une exclusion qui implique clairement une vision de l'universel. Simone Weil se place en état ou en position d'abandon (*à bandon*), dans ce qu'Agamben appelle l'« *espace du ban* » qui est carrément une *ban-lieue* – ou lieu du ban – où le dehors et le dedans ne sont plus là où on les attendrait, où l'inclusion ne dépend plus d'une appartenance à l'institution mais peut coïncider avec son rejet. Je fais référence à cette exclusion que recherche et accomplit Simone Weil parce qu'elle rappelle, mais jusqu'à un certain point seulement, celle de Cioran qui, même s'il n'a aucune aspiration à l'universel, se complaît aussi dans une forme d'entre-deux, dans un rejet intellectuel des institutions qui, concrètement, l'incluent malgré lui. Cette position devient son purgatoire personnel. Dans ce contexte, l'intérêt de la réflexion d'Agamben concerne le fait que l'exclusion y est comprise comme double, ce qui inaugure une forme d'indistinction, ou plutôt un rapport paradoxal, entre un dehors et un dedans, c'est-à-dire que le rapport d'appartenance est brouillé, l'exclusion impliquant, malgré tout, une forme d'inclusion, une prise en compte à tout le moins. En fait, l'image du purgatoire illustre assez bien l'état d'exception dont il est question, cet espace mitoyen qu'on trouve entre deux ensembles qui persistent à se rapprocher sans s'incorporer l'un à l'autre ; cet espace qui est celui

4. Simone Weil, *Attente de Dieu*, Paris, Fayard, 1966, édition numérique établie par Gemma Paquet, Chicoutimi, 2007, p. 24.

de la *sacratio* qui « représente une double exception, aussi bien vis-à-vis du *ius humanum* que du *ius divinum*, aussi bien de la sphère religieuse que de la sphère *profane*. La structure topologique que désigne cette double exception est à la fois celle d'une double exclusion et d'une double capture [...][5] ».

Cette position d'exclusion, que j'ai choisi de considérer comme une position existentielle subjective, n'est pas vraiment, ni pour Cioran ni pour Weil, quelque chose de subi, qui proviendrait d'une force extérieure. Ce n'est pas – ou ce n'est plus – le *nomos* souverain d'Agamben ou, plus simplement, l'institution qui l'impose. L'état d'exception ou la position d'exclusion est recherchée, pas pour elle-même, mais parce qu'elle participe d'une quête plus vaste, une quête d'essence spirituelle, une quête du sacré justement, mais d'un sacré libéré des institutions, soit délocalisé, à la dérive des cadres traditionnels où il s'inscrivait. Cette double exclusion n'est pas en elle-même le sacré, qui nécessite une forme d'inscription temporelle, matérielle, de la transcendance. Elle représente ou inaugure plutôt un espace (désertique), un champ (nu), où se place l'*homo sacer* – cet être qui, pour Agamben, habite l'espace des limbes juridiques – et où peut surgir du sacré. Il faut réitérer ici que la figure de l'*homo sacer* trouve sa pertinence, dans le cadre précis de mon propos, en dehors du contexte politico-juridique d'Agamben, soit lorsqu'il s'agit de penser une position existentielle, une quête autour de laquelle ou dans laquelle peut surgir du sacré. L'*homo sacer*, dans ce contexte, n'est l'*homme sacré* que parce qu'il se trouve dans l'intervalle, dans cette position de quête et non parce qu'il représente cette vie sacrée, soit cette « *vie insacrifiable, et pourtant exposée au meurtre licite*[6] » qui rappelle un peu la structure du tabou, transposée sur un plan social, politique, juridique (et non pas religieux), et ce, en dépit de la critique claire d'Agamben à l'endroit des associations trop serrées entre le sacré et le tabou. Il serait vain de s'en cacher : il s'agit là d'un détournement conceptuel ou figuratif évident, mais potentiellement fertile en ce qu'il peut orienter la réflexion sur la

5. *Homo sacer. Le pouvoir souverain de la vie nue*, p. 92.
6. *Homo sacer. Le pouvoir souverain de la vie nue*.

piste des conditions modernes de l'expérience du sacré. En clair, la figure de l'*homo sacer* est, pour moi, simplement ce sujet qui pense et cherche (le sens, la transcendance) à partir d'un espace d'exception ou d'exclusion – une figure qui se réfléchit et qui se déploie sur un mode littéraire.

Si la figure de l'*homo sacer* se pense en référence à toute une structure juridique et religieuse chez Agamben – soit entre le *ius humanum* et le *ius divinum* –, la déterritorialisation que je propose implique plutôt une relocalisation plus près du champ de l'immanence, plus spécifiquement par le biais du littéraire. L'*homo sacer* chez Cioran, ce n'est plus tout à fait l'« homme sacré » dès lors qu'on se déplace en dehors des institutions, ou qu'on constate simplement leur usure ; l'*homo sacer* devient plutôt l'homme, coupé du sacré, de sa forme institutionnelle traditionnelle, qui cherche à trouver ou à bâtir un autre rapport, dans l'immanence, à quelque chose de transcendant. Cette longue périphrase sert à reterritorialiser la figure de l'*homo sacer* dans le contexte de la modernité, dans le contexte cioranien plus précisément qui en est, sur ce plan, emblématique. Et elle laisse entrevoir du même coup la nécessité d'inventer pour soi de nouvelles façons de se mettre en rapport avec un sacré qui reste à identifier, puisque l'absence ou le rejet des institutions ont fait du sacré un objet soumis à l'arbitraire.

Penser en dehors

La figure de l'*homo sacer* ainsi travestie s'insère de façon très commode dans le contexte cioranien, soit dans l'œuvre elle-même ainsi que dans ce qui lui sert de moteur. En fait, toute l'œuvre résulte d'une posture, d'une position existentielle endossée assez radicalement, qu'on peut comprendre comme une volonté de rupture, un écart, même faible, à la norme du *nous* face à laquelle il s'agit de se constituer en reste : « J'essaie de m'arracher à tout, de m'élever en me déracinant ; pour devenir futiles, nous devons couper nos racines, devenir métaphysiquement *étrangers*. » (*TE*, 888) On retrouve clairement dans ce désir de retrait le symptôme du rapport conflictuel de Cioran à son époque ; constat banal que je ne souligne qu'en espérant mettre le doigt sur ce qu'il cache, soit quelque chose de plus profond peut-être, qui cadrerait avec une vision du monde très teintée de métaphysique, mais aussi intimement liée aux affects de celui qui pense, à ses maux habillés en mots. La critique a justement abondamment glosé au sujet de l'exil métaphysique de Cioran, idée qui peut lasser à la longue mais qui permet tout de même de cerner un aspect important du problème de la posture cioranienne : celui de l'élément gnostique et de ce qu'il implique, soit un désir d'évoluer en retrait, sous-tendant une dévaluation du réel et un besoin existentiel d'accéder à un savoir autre, supra-réel peut-être. Sylvie Jaudeau s'est intéressée à l'exil et au déracinement qui ressorttent de son œuvre, dans un esprit apparenté à celui de la critique roumaine en général, laquelle s'attarde entre autres au fond de nostalgie et de mélancolie qui s'y trouve. En fait, le magma d'affects en ébullition qui contribue à faire de l'écriture un impératif peut prendre une tonalité métaphysique, et l'interprétation y gagne souvent en profondeur. Tout semble concorder pour faire de Cioran cet « homme en dehors de tout[7] », ce déraciné qui cultive sa nostalgie, qui crache au monde le venin de ses anathèmes, ou encore ce « penseur privé » qui pense par négation, comme s'il cherchait continuellement à se soustraire à un monde qui l'inclut malgré tout, à perpétuer cette image de l'émigré dans le temps. On pourrait trouver encore toutes sortes de caractérisations poétiques, on ne ferait par là qu'imaginer des épithètes, plus évocatrices les unes que les autres, s'attachant au fond à la figure de l'*homo sacer* dont l'« habitat naturel » rappelle celui des gnostiques, véritables marginaux vivant à l'écart de la société, refusant toute compromission avec les institutions, qu'il s'agisse de pouvoirs religieux ou temporels. Si les gnostiques sont dans le monde, ils n'appartiennent pourtant pas à ce monde et c'est cette étrangeté métaphysique qui est en quelque sorte « rédupliquée » existentiellement, dans ce refus d'appartenir étendu à d'autres sphères. Les gnostiques vivent dans les marges, ils représentent l'exception d'un monde régi par certaines normes ou institutions.

7. Sylvie Jaudeau, *Cioran ou le dernier homme*, Paris, José Corti, 2001 [1990], p. 33.

À sa façon, Cioran reprend cet héritage gnostique ; il en reprend un certain contenu, certes, mais, peut-être plus fondamentalement encore, il en adopte le mouvement de pensée. Jaudeau écrit :

> Cioran, marginalisé, errant, portant un regard discriminateur sur le monde, s'interdit cette complicité harmonisante et vit dans le perpétuel sentiment de l'irréalité. Le monde se vide de sa substance, le nihilisme exerce ses ravages. Tout devient simulacre, illusion où se dénonce ce mouvement initial. En exerçant ce regard néantisant sur tout ce qui l'entoure et sur lui-même, Cioran marque son appartenance au système gnostique. Tournant son esprit vers un au-delà dédaignant le réel, le gnostique en effet effectue une démarche nihiliste et s'inscrit dans la sphère qu'a analysée Nietzsche[8].

Ce rappel de l'analyse nietzschéenne du nihilisme à l'intérieur du contexte cioranien s'avère intéressant dans la mesure où, effectivement, le réel n'a presque aucune consistance pour Cioran, il apparaît plus ou moins sans aspérités et est nié comme tel, c'est-à-dire comme immanence. Sur la ligne égale et continue du temps, tous les instants se valent, rien ne ressort ou ne s'élève, rien ne signifie si on ne peut postuler aucune extériorité transcendante, extérieure au monde, au temps, au langage, qui puisse produire de la texture, du sens, des aspérités, du discontinu :

> Les instants se suivent les uns les autres : rien ne leur prête l'illusion d'un contenu ou l'apparence d'une signification ; ils se déroulent ; leur cours n'est pas le nôtre ; nous en contemplons l'écoulement, prisonniers d'une perception stupide. Le vide du cœur devant le vide du temps : deux miroirs reflétant face à face leur absence, une même image de nullité... (*PD*, 591)

Notre « perception stupide » nous contraint à l'immanence. S'en extraire, ou simplement chercher à s'en extraire, implique ce geste négateur à l'endroit du réel qui ne supporte en lui-même aucun sens qui lui serait inhérent, geste qu'on peut rattacher également à l'attitude gnostique. Il y a pourtant du désir et un certain pathos

8. *Cioran ou le dernier homme*, p. 77.

dans le nihilisme ; il y a une impulsion véritablement créatrice qui perce dans ce besoin de s'arracher à la nullité normale sans pour autant consentir à assujettir sa conscience à une illusion. En ce sens, la figure d'*homo sacer* qu'on trouve chez Cioran ne peut pas tout à fait être assimilée à celle du dernier homme qui, chez Nietzsche, représente l'état passif du nihilisme. Sous la négation se trouve une quête. En marge de cette étrangeté métaphysique, cultivée et ressassée jusqu'à l'écœurement, se trouve une quête. Derrière la nostalgie d'une union à l'absolu antérieure à la brisure, d'une plénitude initiale, se trouve aussi une quête, à rebours soit, mais une quête tout de même. Cette quête se présente comme une tentative de circonscrire un espace où trouver du sacré, où penser ou encore gérer son éparpillement. La nostalgie exprime une conscience de cet éparpillement, même si elle semble exprimer quelque chose de plus radical, quelque chose de l'ordre de la perte :

> Être arraché au sol, exilé dans la durée, coupé de ses racines immédiates, c'est désirer une réintégration dans les sources originelles d'avant la séparation et la déchirure. La nostalgie, c'est justement se sentir éternellement loin de chez soi ; et, en dehors des proportions lumineuses de l'Ennui, et de la postulation contradictoire de l'Infini et de la *Heimat*, elle prend la forme du retour vers le fini, vers l'immédiat, vers un appel terrestre et maternel. Ainsi que l'esprit, le cœur forge des utopies : et de toutes la plus étrange est celle d'un univers *natal*, où l'on se repose de soi-même, un univers, – oreiller cosmique de toutes nos fatigues.
>
> Dans l'aspiration nostalgique on ne désire pas quelque chose de palpable, mais une sorte de chaleur abstraite, hétérogène au temps et proche d'un pressentiment paradisiaque. Tout ce qui n'accepte pas l'existence comme telle, confine à la théologie. La nostalgie n'est qu'une théologie sentimentale, où l'Absolu est construit avec les éléments du désir, où Dieu est l'Indéterminé élaboré par la langueur. (*PD*, 609)

Ce passage contribue à mettre en lumière le lien entre la nostalgie et le sacré, à partir du désir à rebours qui y perce. D'une façon plus immédiate encore, on peut penser que la forme particulière de nihilisme qui transparaît dans la recherche d'un *Heimat*, d'une patrie métaphysique perdue pourrait-on dire, et qui veut rompre le plan d'immanence, représente précisément cet état d'entre-deux, ces limbes d'une pensée qui, tout en tendant à s'affranchir d'un réel plat, immanent, ne parvient pas à l'autre bout du spectre, principalement peut-être parce qu'il faudrait avoir la foi pour s'en approcher. La posture nihiliste, celle qui cherche le retour à des origines réelles ou irréelles et donc qui cherche, au fond, par extension, un au-delà ou une *surnature*, un paradis initial, antérieur à la Chute, devient effectivement un lieu de pensée intermédiaire, une force de négation propulsée par un désir indéfini. Dans la nostalgie – dans l'expérience cioranienne de la nostalgie –, on trouve une forme d'état d'exception centrée précisément sur l'exclusion qui résulte du mouvement négateur, exclusion de l'ici-bas, de l'au-delà, et en même temps désir de cet au-delà. L'inconfort de ce « purgatoire » est indissociable d'une vision de la conscience d'inspiration gnostique – une vision qui est aussi éminemment nostalgique –, soit cette conscience comme rupture, comme non-coïncidence. L'image d'un état d'exception nostalgique transparaît ici : « je n'ai jamais eu de religion (dans le sens étymologique) puisque je n'ai jamais été *relié* à rien. Je n'ai eu que la nostalgie de la religion, le *soupir* religieux ». (*C*, 283) On trouve dans cette phrase la tension qu'Eliade décrirait comme celle de l'« homme areligieux » qui se définit par rapport et par opposition au religieux. Dans la modernité, la tendance semble être à l'« homme areligieux » justement, à l'être qui vit dans la continuité historique, qui « se reconnaît uniquement sujet et agent de l'Histoire », et qui « refuse tout appel à la transcendance[9] ». « Mais cet homme areligieux descend de l'*homo religiosus* et, qu'il le veuille ou non, il est aussi son œuvre, il s'est constitué à partir des situations assumées par ses ancêtres. En somme, il est le résultat d'un processus de désacralisation[10]. » Dans un schéma très simple, voire simpliste, l'homme religieux serait lié au sacré, et l'homme areligieux, à sa

9. Mircea Eliade, *Le sacré et le profane*, Paris, Gallimard, 2008 [1965], p. 172.
10. *Le sacré et le profane*, p. 173.

perte ou à sa liquidation. Ces deux catégories anthropologiques sont en tension chez Cioran. La crise religieuse qu'il subit, alimente, voire envenime par l'écriture, prend place dans cette tension. Eliade définit l'homme religieux comme celui qui entretient un rapport avec le sacré, qui parvient à percevoir du sacré dans sa réalité : « Quel que soit le contexte historique dans lequel il est plongé, l'*homo religiosus* croit toujours qu'il existe une réalité absolue, le *sacré*, qui transcende ce monde-ci, mais qui s'y manifeste et, de ce fait, le sanctifie et le rend réel[11]. » Cioran, qui se dit non religieux, non lié, incarne pourtant quelque chose de l'*homo religiosus* si on transforme ce rapport au sacré que transporte le verbe « croire » en rapport de désir plutôt, et conséquemment, de quête. Il se sait appartenir au religieux par son areligiosité même. Toute la complexité de cette tension entre religieux et areligieux recoupe la forme bivalente de ce nihilisme qui lui est particulier. Elle est entremêlée à cette position subjective, existentielle et métaphysique inconfortable qui est la sienne. Et c'est la littérature qui devient le mode et l'espace d'approfondissement et d'expression privilégié de cette tension.

En fait, dans le cas de Cioran, la conscience, brisée, correspond à l'espace spirituel qu'elle se donne, un espace d'entre-deux, de tension approfondie, un espace de doute qui s'agrandit en procédant à un perpétuel travail de sape des certitudes, fonctionnant à contresens du savoir institué. Pourquoi se créer cet espace sinon parce qu'il s'agit, dans ou par cet espace d'exception nostalgique, négateur, de creuser une distance, une *juste* distance par rapport au réel, et donc parce qu'il y a un impératif de penser en retrait, de se penser en retrait, d'interroger cette place dans le monde qui est la nôtre ? « Nous ne sommes réellement nous-mêmes que lorsque, dressés en face de soi, nous ne coïncidons avec rien, pas même avec notre singularité. » (*CT*, 1071) Ce rapport déterritorialisant, qui vient (comme chez bien d'autres penseurs de l'époque) saboter la vision monolithique de l'identité, de la subjectivité, recoupe encore une fois un mode de réflexion *à côté* – ou, dans la nostal-

11. *Le sacré et le profane*, p. 171-172.

gie, *en arrière* –, de toute façon un peu *en dehors* ou en décalage avec une réalité incomplète, produit d'une déchirure, « insubstantielle » dirait Cioran. Dans cet esprit, il faut être, encore une fois, un peu nihiliste pour éviter le consentement aux choses, au devenir, à l'histoire – elle-même un peu vicieuse ou viciée, collection d'« insincérités » – et donc pour choisir de sonder ce hiatus entre soi et soi-même plutôt que d'accomplir le mouvement contraire, soit l'extériorisation, la fausse adhésion, la transposition de ses souillures.

> Au lieu de s'évertuer à se retrouver, à se rencontrer avec soi, avec son fond intemporel, il [l'homme, l'animal raisonnable] a tourné ses facultés vers l'extérieur, vers l'histoire. Les eût-il intériorisées, en eût-il modifié l'exercice, qu'il eût réussi à assurer son salut. Que n'a-t-il fourni un effort opposé à celui qu'exige l'adhésion au temps ! (*CT*, 1078)

Adhérer c'est, dans cette vision radicale, se fondre, renoncer à tirer le profit ou la ruine spirituels de ses gouffres personnels en choisissant de les extérioriser, de les ajouter impudiquement au catalogue de l'histoire. Il faut penser à l'inverse, s'extraire des apparences et se constituer un « cachot de pensée » comme chez Bernhard, un espace inconfortable où se creuser par le biais d'une interrogation de l'*ailleurs*.

> Spécialisé dans les apparences, exercé aux riens [...], il amasse des connaissances qui en sont le reflet, mais de vraie connaissance, il n'en a point : sa fausse science, réplique de sa fausse innocence, le détournant de l'absolu, tout ce qu'il sait ne mérite pas d'être su. L'antinomie est complète entre penser et méditer, entre sauter d'un problème à l'autre et entre creuser un seul et même problème. Par la méditation, on ne perçoit l'inanité du divers et de l'accidentel, du passé et de l'avenir, que pour mieux s'engouffrer dans l'instant sans bornes. Il est mille fois préférable de faire vœu de folie ou de se détruire en Dieu que de prospérer à la faveur de simulacres. Une prière inarticulée, répétée intérieurement jusqu'à l'hébétude ou l'orgasme, pèse plus lourd qu'une idée, que toutes les idées. (*CT*, 1079)

Plus que d'un « cachot de pensée », il est question d'un « cachot de méditation ». Et peut-être faudrait-il penser cet entortillement dont il a été question à la fin de l'introduction, ou cette torsion de la pensée sur elle-même consécutive d'une rupture dans la ligne de l'immanence, comme une forme de méditation – la méditation comme mode de pensée intériorisé, propre à l'état d'exception, ou à la *relation* d'exception, puisqu'un Indéterminé transcendant y est impliqué, qu'on l'appelle « autre », « ailleurs », « absolu », « néant ». Le « méditer » serait cependant, dans le cas précis de Cioran, proche du « ruminer », qui contient de l'affect : c'est-à-dire qu'il y a ressassement de la même idée, du même problème, contraction de l'attention sur une chose, incarnée ou désincarnée, et retour sur cette chose, après chaque déviation ou distraction, cette chose qui ne sera, malgré l'effort, peut-être pas circonscrite, peut-être même pas atteinte. Il s'agit de produire une longue rumination autour du sacré et par l'écriture surtout, soit une rumination qui se trouve incarnée dans une forme de matérialité et qui déborde, par sa réception, les frontières de l'individu Cioran.

Penser (méditer) l'impalpable

Ce chapitre a commencé à se déployer, il a pris une direction, mais il faut reculer un peu, revenir là où le texte cioranien, par le détour de la nostalgie, a mis sur la piste d'une quête, et ruminer ce passage déjà cité :

> Dans l'aspiration nostalgique on ne désire pas quelque chose de palpable, mais une sorte de chaleur abstraite, hétérogène au temps et proche d'un pressentiment paradisiaque. Tout ce qui n'accepte pas l'existence comme telle, confine à la théologie. La nostalgie n'est qu'une théologie sentimentale, où l'Absolu est construit avec les éléments du désir, où Dieu est l'Indéterminé élaboré par la langueur. (*PD*, 609)

Chacun des mots de ce passage me semble lourd de sens. Il est question d'une quête, métaphysique, puisqu'elle s'élabore en dehors du temps, de l'histoire, du visible, mais également profondément ancrée étant donné qu'elle surgit du désir, qui, lui, est toujours incarné, particulier. Entre incarnation et immatérialité donc. Entre-deux. En fait, la nostalgie est peut-être l'affect le plus métaphysique qui soit. Elle ressemble au ressouvenir dont parle Kierkegaard, cette reprise en arrière; reprise dont il faut changer la direction, qu'il faut transformer en saut (risqué) vers l'avant. La quête qui peut s'amorcer dans l'attitude nostalgique est soumise à l'affect qui la féconde et à l'indétermination qu'elle rencontre. Enclenchée par un refus – de l'immédiat, de l'immanent –, elle peut prendre le chemin d'une théologie « sentimentale » : la théologie, comme discours sur Dieu, n'étant qu'une abstraction autour des diverses institutionnalisations de ce que Cioran appelle ici l'« Indéterminé ». Elle peut aussi prendre une tout autre direction, s'installer dans le résidu de l'institution, pas à la façon de Weil qui rejette le *nous* en conservant le dogme et la foi, mais plus radicalement, selon différents sillages de pensée athéologiques, expérimentaux, ceux qu'empruntent Cioran, Michaux, Artaud, Bataille, Benjamin, par exemple. Ces sillages *littéraires* sont le tracé d'une quête qui excède le religieux comme institution, qui vise la transcendance en scrutant ses traces, donc en cherchant du sacré ailleurs que dans les choses et les rites consacrés. Il s'agit de sonder le lien que transporte le sacré – et qui n'est pas le lien de la religion qui, elle aussi, relie (religion – *re-ligare*), mais le fait à l'intérieur d'un *nous*, d'un ensemble. Ce lien n'est pas évident ou tangible, forcément. Il faut que le penseur, le méditant ou le ruminant puisse se placer dans un espace d'exception où « ça » communique, où le courant peut passer, où il risque l'électrocution. Il faut garder ouvert le passage, il faut, comme l'écrit Artaud, que l'esprit « ne cloue pas le ciel dans le ciel et la terre sur la terre[12] » mais réalise ce point de contact ou d'exception entre les deux et entre les éléments épars, désordonnés de la réalité abstraite; point de contact qui reste accidentel, imprévisible.

Certains textes, tels que *Des larmes et des saints* et *Précis de décomposition*, par leur charge hautement critique, procèdent à

12. Antonin Artaud, *Héliogabale ou L'anarchiste couronné*, Paris, Gallimard, 1999 [1979], p. 52-53.

ce nécessaire mouvement d'ouverture. Ils initient un détachement à l'égard de l'institution, entaillent à leur façon ce lien de la tradition, de la filiation, qui rattache Cioran, souvent malgré lui, à l'institution chrétienne. Sylvie Jaudeau souligne d'ailleurs cette charge hautement critique que porte le *Précis de décomposition* spécifiquement à l'endroit de l'institution religieuse comme instance de gestion du sacré, laquelle consacre une certaine torpeur existentielle, provoquant un engourdissement des angoisses et des inquiétudes autrement fécondes. Elle note à ce propos dans *Cioran ou le dernier homme*:

> [Cioran] distingue Dieu de la foi religieuse pour laquelle il n'a que mépris: cette dernière nous prive du commerce avec nos abîmes. Il stigmatise dans le *Précis de décomposition* cet absolu institutionnalisé vécu dans une certitude narcotique: elle n'est qu'« une façon d'escamoter les problèmes», «un chômage de l'âme, faute d'inquiétude», «un non-sens consolateur». Elle s'avère le plus grand renoncement à notre vérité et équivaut à un athéisme béat et obtus [...][13].

Cette équivalence posée entre religion et athéisme n'est pas aussi étrange qu'elle peut le paraître au premier abord: tous deux cherchent à se débarrasser du poids de l'incertitude et, corrélativement, de la charge créatrice qui l'accompagne. Tout faux-semblant religieux est, pour Cioran, un irritant, comme tout facteur d'inertie porté par une « carence en doute », qu'elle repose ou se repose sur une croyance non questionnée, ou sur une absence de foi trop fermement assise. La certitude *achève*, elle bloque les flux et reflux de la pensée, ce qui équivaut pour quelqu'un comme Cioran, dont la pensée, toute personnelle, incarnée, se déploie dans l'excès, sur un ton souvent véhément, par à-coups passionnels, à une sorte de stérilisation, voire de mort de la pensée. Compte tenu de cette quête d'insécurité ou de cette « avidité de vacillations » qui est la sienne, et malgré un parti pris général pour le non-sens, le repos dans le vacuum métaphysique de l'athée ne représente plus une option, mais un autre faux-fuyant, une tentative d'éclipser les

13. *Cioran ou le dernier homme*, p. 117.

tribulations d'une conscience qui se vit comme manque. Plusieurs passages du *Précis* mettent en garde contre l'extinction spirituelle à laquelle conduit la certitude, celui-ci entre autres :

> Quel plus grand renoncement que la foi ? Il est vrai que sans elle on s'engage dans une infinité d'impasses. Mais tout en sachant que rien ne peut mener à rien, que l'univers n'est qu'un sous-produit de notre tristesse, pourquoi sacrifierions-nous ce plaisir de trébucher et de nous écraser la tête contre la terre et le ciel ? Les solutions que nous propose notre lâcheté ancestrale sont les pires désertions de notre devoir de décence intellectuelle. Se tromper, vivre et mourir dupe, c'est bien ce que font les hommes. Mais il existe une dignité qui nous préserve de disparaître en Dieu et qui transforme tous nos instants en prières que nous ne ferons jamais. (*PD*, 588)

Ce désir de se vautrer dans l'impasse en refusant la certitude qui achève tout, de faire de la pensée une succession de prières inabouties, renouvelle cette impulsion, cet impératif pour Cioran, de chercher du sacré en dehors des cadres connus et étouffants, dans une sphère de l'indéterminé. On constate que malgré que la pensée cioranienne, mue par ses refus, semble plaider pour l'impasse, son écriture contient encore des traces d'un « sacré institutionnel » ; traces ou résidus plus ou moins impurs dont elle cherche à se départir en les disséminant çà et là. Il faut s'en extraire jusqu'à un certain point pour qu'un rapport de tâtonnement puisse s'établir entre la conscience et le sacré, se déployant sur le mode de l'indécision et de la quête, en vertu d'un parti pris pour l'inachèvement ou pour la mobilité de l'esprit, contre le dogme encore une fois, contre la canalisation institutionnelle du transcendant. C'est là le propos du texte *Des larmes et des saints* en entier, de ce passage par exemple :

> La théologie est la négation de Dieu. L'idée saugrenue d'aller chercher des arguments pour prouver son existence ! Tous ces Traités ne valent pas une exclamation de sainte Thérèse. Depuis que la théologie existe aucune conscience n'y a gagné une certitude de plus, car la théologie n'est que la version athée de la foi. Le dernier bredouillage mystique est plus proche de Dieu

> que la *Somme théologique*. Tout ce qui est institution et théorie cesse d'être vivant. L'Église et la théologie ont assuré à Dieu une agonie durable. Seule la mystique l'a ranimé de temps en temps. (*LS*, 311)

Voilà pourquoi il faut articuler une autre économie du sacré, ce qui implique une autre façon de l'aborder et d'être affecté. Les dispositifs que sont l'Église et la théologie, s'ils reposent sur toute une série de choses sacrées (objets, livres, paroles, prières, etc.), ne sont plus aussi aptes, dans la modernité, à orienter ou à déterminer notre façon d'être affectés, c'est-à-dire que le sacré s'est figé en eux et ne communique plus un sens ou une signification, ou plutôt qu'on a cessé d'entendre ou de percevoir ce qu'il contient (ou contenait). La mystique, parce qu'elle est essentiellement tâtonnement, inquiétude et bouleversement de l'esprit, reste, quant à elle, parlante.

L'exilé métaphysique, excentré du cœur de la tradition, ou l'*homo sacer*, qui se positionne dans cet excentrement, sont les figures de cette quête, vivante, d'un impalpable. Le martèlement que je fais du mot « quête » n'est pas innocent. Chez Cioran principalement, la question importe plus que sa réponse, le désir, plus que ce qui le comble, le processus, plus que sa finalité. Si Cioran (ou d'autres *homines sacri*) mettait le gain ou la réponse à l'avant-plan, il serait plus aisé d'admettre le dogme, de se propulser dans la foi et de faire partie d'une religion comme institutionnalisation du lien avec le transcendant. Mais clairement, ce qui est cherché n'est pas de cet ordre-là : c'est plutôt le chemin de pensée, le *Holzweg*, le parcours qu'on prend pour arriver, ou ne pas arriver, qui est créateur. Autrement dit, c'est le mouvement par lequel on trace, en général sans le savoir, les contours d'une autre façon de gérer le sacré qui devient au bout du compte ce nouveau dispositif. Cioran parvient à créer une autre approche du sacré dans l'acte même de chercher cette approche. Une recherche qui n'a rien de purement intellectuel, on le sait, puisque le mal et le désir qui sont à la source de ce parcours revêtent une importance capitale, en tant que données créatrices. L'absence de salut ou l'indélivrance fait le pont entre spiritualité et art :

> Le tort de toute doctrine de la délivrance est de supprimer la poésie, climat de l'inachevé. Le poète se trahirait s'il aspirait à se sauver : le salut est la mort du chant, la négation de l'art et de l'esprit. Comment se sentir solidaire d'un aboutissement ? Nous pouvons raffiner, jardiner nos douleurs, mais par quel moyen nous en émanciper sans nous suspendre ? Dociles à la malédiction, nous n'existons qu'en tant que nous souffrons. – Une âme ne s'agrandit et ne périt que par la quantité d'*insupportable* qu'elle assume. (*PD*, 604)

Ce passage laisse apparaître, de façon brève mais explicite, un fond commun qui relie spiritualité et poésie : ce dénominateur commun, c'est l'esprit ou l'âme (pour utiliser un terme suranné), point de départ de la crise et de la quête existentielles, point de départ de la création, existentielle elle aussi. La quête spirituelle et la quête poétique se rejoignent dans ce fond d'indélivrance qui guide en quelque sorte le processus créateur. Cela dit, comment penser ce déploiement créateur de l'esprit troublé, extérieur aux cadres et à l'obsession du salut, qui se manifeste dans une démarche spirituelle et littéraire ? Ou plutôt : comment le penser autrement que comme une attirance, plus ruminatrice que démystificatrice, pour l'impalpable, pour ce sacré qui n'a peut-être pas été montré déjà, dont il faut soi-même faire l'expérience, qu'il faut soi-même tenter de tâter ? Il faut ici rappeler le lien, que j'ai brièvement tracé dans l'introduction, entre la *chose sacrée* et l'aura. L'aura est le lieu ou l'instant d'un croisement entre un proche et un lointain, une immanence et une transcendance. Il est difficile à saisir entre autres parce que sujet à une perception dominée par l'affect plus que par l'intellect. Le concept d'aura condense cet impalpable qui ressort, pour Cioran, du sentiment nostalgique, toujours teinté de métaphysique. Le concept apparaît pour la première fois chez Benjamin dans « Petite histoire de la photographie », illustré avec une image :

> Qu'est-ce au juste que l'aura ? Une trame singulière d'espace et de temps : l'unique apparition d'un lointain, si proche soit-il. Un jour d'été, en plein midi, suivre du regard la ligne d'une chaîne de montagnes à l'horizon ou d'une branche qui jette son ombre

> sur le spectateur, jusqu'à ce que l'instant ou l'heure ait part à leur manifestation – c'est respirer l'aura de cette montagne, de cette branche[14].

L'aura n'est pas tout à fait, comme la nostalgie, orientée vers un passé immémorial, vers ces origines pleines d'avant la chute. L'aura dépend ou est, littéralement, un ici-maintenant (*hic et nunc*) et pas un *Jetztzeit* (temps-maintenant ou temps d'à-présent) qui participe au temps messianique. L'aura comme le sacré n'ont rien de messianique sinon l'apparente suspension d'un continuum. L'aura comme le sacré sont tout à fait incarnés, apparaissant ou se produisant quelque part à un moment donné. Plus fondamentalement encore, la comparaison entre aura et sacré se fait en impliquant le registre de l'expérience. L'aura n'appartient peut-être ni au sujet ni à la chose, mais plutôt au rapport qui peut s'établir entre les deux. Même chose pour le sacré. Et comment, justement, parler de ce rapport qui s'établit sur de l'insaisissable, qui se présente paradoxalement comme une proximité et une distance devant l'impalpable ? Le concept et sa définition sont glissants. Il n'y a peut-être que l'idée d'expérience qui puisse nous offrir un point d'entrée concret. Si l'aura et le sacré sont des rapports, c'est-à-dire un croisement entre matérialité et immatérialité, une insertion du transcendant dans l'immanent qui déplace son sens au-delà d'une matérialité, on ne peut en parler que parce qu'il y a expérience de ce rapport chez un sujet, et donc ultimement parce qu'il y a cet autre rapport, ce méta-rapport en quelque sorte. Ce qui n'équivaut pas à dire que l'aura ou le sacré seraient en soi dépendants d'une subjectivité, mais simplement que la subjectivité est une présence qui, occasionnellement, reçoit ce rapport impalpable, ce croisement qui, pour elle ou en elle, produit du sens – un sens qui devient de plus en plus arbitraire en l'absence des institutions qui le régissaient. Dans « Sur quelques thèmes baudelairiens », on retrouve quelque chose qui se rapproche du lien suggéré ici :

> Quand Novalis écrit que « la perceptibilité est attention », il songe à celle de l'aura. L'expérience de l'aura repose donc sur

14. Walter Benjamin, *Œuvres II*, Paris, Gallimard, 2002 [2000], p. 310-311.

> le transfert, au niveau des rapports entre l'inanimé – ou la nature – et l'homme, d'une forme de réaction courante dans la société humaine. Dès qu'on est – ou qu'on se croit – regardé, on lève les yeux. Sentir l'aura d'une chose, c'est lui conférer le pouvoir de lever les yeux[15].

Autrement dit, sentir l'aura d'une chose, c'est décider de la recevoir comme quelque chose de significatif, c'est accepter ce qu'elle représente et ce dont elle témoigne en tant que rapport, c'est aussi en faire ou en *éprouver* l'expérience. La source n'est pas subjective mais la réception, elle, évidemment, l'est. Ou peut-être est-elle subjective quand il ne s'agit pas de sentir l'aura d'une chose perçue, d'éprouver le sacré de cette chose dans l'instant où elle se manifeste, mais de se prendre soi-même pour point focal d'une expérience de la transcendance. Cette vision prend son ancrage dans une version toute-puissante de l'esprit humain, comme ici: « Quand je crie: Seigneur! – Il *existe* l'espace de mon cri. Cela suffit: que puis-je souhaiter de plus? » (*C*, 380) Ce type de rapport plus direct, très imprégné de ce que Jaudeau appelle le « souci chrétien de la relation », lui aussi manifeste quelque chose du sacré, même si on a l'impression d'y perdre l'intermédiaire, la chose matérielle qui incarne une transcendance, pour se propulser tout de suite dans cette transcendance, en l'inventant s'il le faut. On peut tout de même trouver dans ce rapport étrange un élément de cet échange de regards dont parle Benjamin. Si on considère par exemple ce passage de *Des larmes et des saints*: « Toute version de Dieu est autobiographique. Elle est non seulement issue de nous, elle est aussi notre propre *interprétation*. Il s'agit d'une double vision introspective, qui nous découvre la vie de l'âme comme un *moi* et comme *Dieu*. Nous nous reflétons en lui et il se reflète en nous » (*LS*, 313). Le jeu de regards, de reflets, est bivalent même si, en définitive, le point d'ancrage est subjectif.

Or l'importance de la subjectivité est beaucoup plus diffuse chez Benjamin. Si elle représente un des termes de ce qu'on pourrait qualifier le « rapport au rapport » que représente l'aura,

15. Walter Benjamin, *Charles Baudelaire*, Paris, Petite Bibliothèque Payot, 2002, p. 199-200.

elle n'invente rien, mais perçoit : c'est-à-dire que l'aura n'est pas « autobiographique », au sens où elle serait le réceptacle d'une conscience subjective. En fait, le rapport de proximité et de distance qui lui est inhérent empêche ce genre de transposition. Ce paradoxe se retrouve dans la référence à la mémoire involontaire qui, pour Benjamin, coïncide avec ce pouvoir de lever les yeux qu'implique la perception de l'aura d'une chose. Voici la suite du passage cité plus haut :

> (Elles [les trouvailles de la mémoire involontaire] ne se produisent d'ailleurs qu'une seule fois ; elles échappent au souvenir qui prétend les assimiler ; ainsi elles confirment une conception de l'aura qui voit en elle « l'unique apparition d'une réalité lointaine ». Cette définition a le mérite d'éclairer le caractère cultuel de l'aura. Le *lointain* par essence est l'inapprochable ; pour l'image qui sert au culte, il est, en effet, capital qu'on ne puisse pas l'approcher[16].)

Cette comparaison avec la mémoire involontaire rappelle le sentiment nostalgique de Cioran : le désir nostalgique d'un impalpable, d'une « chaleur abstraite », correspond à cet « inapprochable », à ce « lointain » qui fait partie de la mémoire involontaire, de ce qu'elle régurgite et évoque ponctuellement, de façon imprévisible. En un sens, pour Cioran, l'attitude mélancolique peut être intégrée à cette comparaison dans la mesure où elle apparaît comme une forme de méditation – au XVe siècle, le terme « mélancoliser » était d'ailleurs synonyme de penser[17] – qui contient ce rapport proche-lointain, et contribue à cette distance étrange, impossible à mesurer, qui sépare le sujet de la chose, du souvenir, voire de l'Absolu : « La mélancolie exprime toutes les possibilités célestes de la terre. N'est-elle pas le rapprochement *le plus lointain* de l'Absolu, une réalisation du divin par la fuite de Dieu ? » (*CP*, 438) La mélancolie aussi donc, dans sa dimension métaphysique entre autres, est initiatrice et conservatrice de la distance – dans le temps, l'espace, la pensée – que porte aussi l'aura et, par extension encore, le sacré, qu'il soit question de son « caractère cultuel »

16. *Charles Baudelaire*, p. 200.
17. Cf. Simona Modreanu, *Cioran*, Paris, Oxus, 2003, p. 111.

ou non. L'échange de regards qui appartient à l'aura se fonde donc sur une certaine lacune de vision, une sorte de myopie qui voile les contours du lointain, qui ne laisse à contempler que la chose immédiate derrière ou dans laquelle on entrevoit un ailleurs sans le saisir. Pour souligner ce lien entre l'aura et le regard, Benjamin se rapporte à Proust :

> Faut-il souligner à quel point le problème était familier à Proust ? On remarquera, cependant, qu'il le formule parfois en des termes qui en contiennent la théorie : « Certains esprits, écrit-il, qui aiment le mystère et veulent croire que les objets conservent quelque chose des yeux qui les regardent... [*Oui certes, le pouvoir de répondre à leur regard !*]... que les monuments et les tableaux ne nous apparaissent que sous le voile sensible que leur ont tissé l'amour et la contemplation de tant d'adorateurs pendant des siècles »[18].

Un courant passe à travers l'objet auratique dont la signification transcende le temps, acquiert un poids plus important à mesure que des regards s'y posent, lui conférant du même coup le pouvoir de lever les yeux. Ce courant que transporte l'aura, bien qu'il soit difficile à définir, reste bien ancré dans une configuration de pensée pré-moderne ; c'est-à-dire qu'il représente un dispositif déterminant notre façon d'être affectés par quelque chose. L'aura, parce qu'il engage ou provoque un affect, appartient à la catégorie des dispositifs qu'Agamben, suivant Foucault, décrit de la façon la plus englobante possible : « J'appelle dispositif tout ce qui a, d'une manière ou d'une autre, la capacité de capturer, d'orienter, de déterminer, d'intercepter, de modeler, de contrôler et d'assurer les gestes, les conduites, les opinions et les discours des êtres vivants[19]. » Si l'aura semble quelque peu décalée par rapport à cette définition du dispositif, c'est probablement en raison du ton implicitement contraignant ou de la relation de pouvoir que cette dernière implique, mais reste qu'à sa façon l'aura entretient un rapport à la perception, elle oriente aussi la pensée d'une certaine

18. *Charles Baudelaire*, p. 200-201.
19. Giorgio Agamben, *Qu'est-ce qu'un dispositif ?*, Paris, Payot & Rivages, 2007, p. 31.

manière. Le courant auratique qui connecte l'objet au sujet s'insère lui-même dans un contexte plus vaste, où on trouve encore des institutions et des traditions qui en orientent le sens. Cioran voudrait bien avoir accès à ce courant, il voudrait bien voir se dissoudre le mode de pensée aporétique qu'il exalte pourtant ; mais lorsqu'il est question du sacré, vouloir n'est pas pouvoir. C'est que Cioran est assujetti à un contexte, auquel il participe activement, littérairement, celui du déclin de l'aura, celui de la dissémination du sacré.

Crise spirituelle

Que se passe-t-il quand les yeux ne se lèvent plus ? Benjamin situe le « déclin de l'aura » dans le contexte d'une crise de la reproduction qui elle-même implique une crise de la perception : « Dégager l'objet de son enveloppe, détruire son aura, c'est la marque d'une perception qui a poussé le sens de tout ce qui est identique dans le monde au point qu'elle parvient même, au moyen de la reproduction, à trouver de l'identique dans ce qui est unique[20]. » C'est aussi ce qu'il remarque chez Baudelaire, qui devient justement pour lui le penseur de cette crise, celui qui a peut-être su le mieux illustrer et tirer les conséquences de ce déclin de l'aura, déclin qui équivaut aussi à une certaine désacralisation. Baudelaire « décrit des yeux qui ont perdu, pour ainsi dire, le pouvoir de regarder[21] » et ce faisant, il décrit l'effacement de ce rapport paradoxal de proximité et de distance qui formulait un type particulier de perception, transformant la myopie en cécité. Mais peut-être n'est-ce pas vraiment d'une perte de vision dont il s'agit, mais simplement, et plus fondamentalement, d'une perte de cette zone critique, tampon, où ce qui est proche côtoie ce qui est distant ; autrement dit une perte de cet espace fait d'impalpable, d'indéterminé, qui donne tout de même, et précisément dans ce flou, à sentir, à voir, à penser. Pour reprendre la métaphore associée à l'état d'exception d'Agamben, j'irai jusqu'à parler du retrait ou de la suppression

20. *Œuvres II*, p. 311.
21. *Charles Baudelaire*, p. 201.

du *no man's land*, comme espace entre-deux n'appartenant ni à la chose ni au sujet qui l'observe mais participant de ces deux dimensions. Avec cet espace ou cette distance disparaît aussi cet impalpable ou cet inapprochable constitutif de l'objet auratique, et aussi d'un rapport à la chose sacrée. C'est pourquoi il a été question de désacralisation, c'est-à-dire que dans ce contexte l'objet, la matière, cesse de représenter ou de signifier cet ailleurs lointain. « La Croix penche : de symbole, elle redevient matière..., et rentre dans l'ordre de la décomposition où périssent sans exception les choses indignes ou honorables. » (*PD*, 700) Cette décomposition du symbole, réalité moderne que Cioran ne manque pas de commenter de diverses manières, représente en quelque sorte cette perte d'un espace mitoyen. Le fait de s'y intéresser l'amène peu à peu à baliser en quelque sorte son propre parcours, sa propre recherche d'une économie du sacré qui tente de contourner une série de symboles en loques.

C'est peut-être à ce moment de la crise de la perception que l'image du miroir doit remplacer la métaphore de la myopie. La distance se résorbant, le regard court le risque de devenir transposition, ce qui conduit à une resubjectivation des « choses ». Elles peuvent aussi, comme le souligne Cioran, sombrer dans la banalité ou dans l'insignifiance du fait de ne pas signifier ou transporter autre chose qu'elles-mêmes. De la crise de la perception, il n'y a qu'un pas à faire vers la crise spirituelle : quand la « Croix penche », quand « de symbole, elle redevient matière », c'est l'objet sacré qui se dérobe comme entité, qui se disloque en deux parties qu'on ne peut plus recoller : l'objet et le sacré. L'objet se vide de sa signification lointaine et le sacré devient quelque chose de désincarné, donc se désintègre puisqu'il est de son essence d'être l'incarnation d'une transcendance dans la matière. Lorsqu'on perd l'intermédiaire, soit le point extérieur, matériel, où se reflétait la transcendance, que reste-t-il sinon ces deux pôles que sont la transcendance et la subjectivité ? Deux pôles qu'on ne sait pas tout à fait comment relier, sinon par le court-circuit d'une relation schizophrénique ou mystique, où l'interpellation que lance le sujet lui revient en écho, où le regard est soumis à un effet de miroir.

L'« animal métaphysique » de Cioran est justement cette subjectivité qui se transpose sur une transcendance, sur l'idée qu'elle s'en construit, n'arrivant plus à saisir ses traces, à s'imprégner de la distance qu'elles contiennent :

> Je suis de bonne humeur : Dieu est bon ; je suis morose : il est méchant ; indifférent : il est neutre. Mes états lui confèrent des attributs correspondants : lorsque j'aime le savoir, il est omniscient, et quand j'adore la force, il est tout-puissant. Les choses me semblent-elles exister ? il existe ; me paraissent-elles illusoires ? il s'évapore. [...] Nous ne saurions former image plus variable : nous le craignons comme un monstre et l'écrasons comme un insecte ; nous l'idolâtrons : il est l'Être ; le repoussons : il est le Rien. [...] Je l'ai vécu sous toutes ses formes : il ne *résiste* ni à la curiosité ni à la recherche : son mystère, son infini, se dégrade ; son éclat se ternit ; ses prestiges s'amoindrissent. C'est un costume râpé dont il faut se dévêtir : comment s'envelopper encore d'un dieu en loques ? (*PD*, 701)

On se transpose sur Dieu parce qu'on ne reconnaît plus d'intermédiaire sacré entre Dieu – la transcendance – et nous. Le passage, s'il semble plus direct, devient aussi plus difficile, il nécessite une sorte de saut de l'esprit qui cherche en quelque sorte à se comprendre en se projetant dans une figure d'absolu. Faute de quoi reste une béance qui ne dit rien ; une béance qui n'a rien à voir avec le rapport de distance-proximité que porte la chose sacrée ; une béance abstraite que Cioran comble, surtout dans ses premiers textes, par un dialogue qui se déploie sur le ton de l'interpellation, de la plainte, de la prière négative, de l'anathème. Ce rapport sans intermédiaire rappelle en un sens celui de l'Unique ou de l'Exception (*den Enkelte*) kierkegaardienne, qui est justement celui de la subjectivité qui se pose en exception *devant Dieu*, qui, tout en s'appliquant à creuser son intériorité, cherche aussi un dépassement de la subjectivité dans l'expérience religieuse, un dépassement non dialectique, dans un saut sans intermédiaire. La subjectivité pour Kierkegaard ne peut devenir exception que par ce mouvement qui implique une intériorisation consécutive à une tentative de se rapporter à Dieu :

> Le moi est la synthèse consciente d'infini et de fini qui se rapporte à elle-même et dont la tâche est de devenir soi, ce qu'elle ne peut qu'en se rapportant à Dieu. Mais devenir soi, c'est devenir concret. Et devenir concret, ce n'est devenir ni fini, ni infini, puisque ce qui doit devenir concret est la synthèse de ces deux choses. Le développement doit donc consister à s'éloigner infiniment de soi en rendant le moi infini, et à revenir infiniment à soi en rendant le moi fini[22].

Or s'il arrive à Cioran de se rapporter effectivement à Dieu, c'est presque toujours négativement, à la suite d'une déroute intérieure : puisque « quand on risque de perdre la raison rien qu'en pensant au fait d'exister, – c'est alors qu'on est tout près de faire un saut en Dieu » (*C*, 234). Ou c'est en l'*inventant* : « il n'y a qu'un seul remède au désespoir : c'est la prière – la prière qui peut tout, qui peut même créer Dieu... » (*C*, 234) Que ce soit dans *La tentation d'exister* où il mentionne qu'« à nos limites, un dieu surgit, ou quelque chose qui en tient lieu » (*TE*, 890), ou dans le *Précis* où il signale que « lorsqu'on parvient à la limite du monologue, aux confins de la solitude, on invente – à défaut d'autre interlocuteur – Dieu, prétexte suprême de dialogue » (*PD*, 659), Dieu apparaît comme ce point de fuite du regard intérieur, comme une personnalisation, une figuration ou une conceptualisation qui, ayant son siège dans l'esprit, dépasse paradoxalement la pensée, et par laquelle elle cherche à repousser les frontières de ce qui, justement, la dépasse, à faire sens du non-sens. Il observe dans *Le mauvais démiurge* qu'« il ne sert à rien de soutenir qu'il [Dieu] n'existe pas, quand nos stupeurs quotidiennes sont là pour exiger sa réalité et la proclamer. Opposera-t-on qu'il a peut-être existé mais qu'il est mort comme les autres ? elles ne se laisseraient pas décourager, elles s'emploieraient à le ressusciter » (*MD*, 1178). Fiction inadmissible qui doit pourtant être admise, il dit quelques pages plus loin : « Comment concevoir qu'une prière soit autre chose qu'un monologue, qu'une extase ait une valeur au-delà d'elle-même, que notre salut ou notre perte importe à un dieu ?

22. Søren Kierkegaard, *La maladie à la mort*, Paris, Nathan, 2006, p. 81.

Et cependant c'est ce qu'il faudrait pouvoir admettre, ne fût-ce qu'une seconde par jour » (*MD*, 1214). Dans ce dialogue qui prend par moments le ton de la prière, la distance entre la subjectivité et la transcendance, pourtant infranchissable, semble se résorber, peut-être parce que c'est toujours d'un retour sur soi qu'il s'agit, parce que, l'intermédiaire manquant, le parcours n'est pas balisé et ramène toujours au point de départ, à la conscience, décalée, étrangère, *en quête*, de l'*homo sacer*. Il manque à cette relation un espace, un point ou un objet de médiation, ce qui fait qu'elle demeure engoncée dans une sorte d'aporie ; entre Cioran et Dieu, il n'y a rien, Dieu est à portée de voix – à portée de prière ou de blasphème –, mais il ne se manifeste pas ou plus dans un intermédiaire : « Au fond, il n'y a que Lui et moi. Mais son silence nous infirme tous les deux. » (*LS*, 310) La « juste » distance supprimée, il reste ce déséquilibre avec lequel jongle Cioran, déséquilibre entre une proximité qui ne permet pas de sortir du moi et un éloignement abyssal. Ce déséquilibre diffère donc du rapport paradoxal de proximité-distance qui permettait, dans la chose auratique ou sacrée, un regard myope mais chargé d'images, de sens. La crise spirituelle est là entre autres, dans ce déséquilibre de la distance, dans ce rapport abstrait à la transcendance qui en découle, dans la quête d'une autre expérience du sacré qui reste à trouver, et qui reste à trouver en dehors des institutions et des symboles religieux traditionnels, éculés.

Le désir du sacré

> (Seigneur, donnez-moi la faculté de ne jamais prier, épargnez-moi l'insanité de toute adoration, éloignez de moi cette tentation d'amour qui me livrerait pour toujours à Vous. Que le vide s'étende entre mon cœur et le ciel ! Je ne souhaite point mes déserts peuplés de votre présence, mes nuits tyrannisées par votre lumière, mes Sibéries fondues sous votre soleil. [...] Je ne demande à votre stupide omnipotence que le respect de ma solitude et de mes tourments. Je n'ai que faire de vos paroles ; et je crains la folie qui me les ferait entendre [...].) (*PD*, 660)

La prière négative dit quelque chose de ce travail de la pensée qui part dans une autre direction, la direction inverse, pour inventer pour soi une autre façon de se mettre en rapport avec la transcendance. Et on sait que la volonté d'aller en sens inverse, de procéder par négations, vaut, pour Cioran, bien au-delà de l'opposition athéisme-croyance. Cioran se décrit comme un esprit religieux sans la foi – un « esprit religieux areligieux » pourrait-on dire. La nuance de sa religiosité est conflit, contradiction ; en cela, il apparaît en accord avec son temps, en accord avec ce désenchantement qui s'y manifeste en filigrane : « une religiosité *athée*, telle est la *Stimmung* des contemporains » (*C*, 277). Cioran, en ne faisant peut-être que généraliser son propre rapport au religieux, saisit un des traits principaux de cette *Stimmung* contemporaine, de cette spiritualité sans port d'attache (hors dogme), profondément ambivalente, qui garde présente à l'esprit les pôles traditionnels – moi, Dieu – sans trouver d'incarnation de la transcendance dans l'immanence.

> Sur moi je ne sens que trop les stigmates de mon temps : je ne puis laisser Dieu en paix ; avec les snobs, je m'amuse à rabâcher qu'Il est mort, comme si cela avait un sens. Par l'impertinence, nous croyons expédier nos solitudes, et le fantôme suprême qui les habite. En réalité, augmentant, elles ne font que nous rapprocher de ce qui les hante (*TE*, 889).

Un rapport de hantise s'installe, guidé par une sorte de parti pris pour l'indélivrance, c'est-à-dire qu'il semble y avoir une utilité ou une nécessité à perpétuer le conflit. Du fait probablement que le conflit est porté par un désir, celui de chercher (et accessoirement trouver) ailleurs, soit dans un autre champ, en dehors de l'institution et des dogmes, du sacré. Si Cioran s'époumone à crier le nom de Dieu, ce n'est pas dans le but de l'atteindre, ni de s'en émanciper d'ailleurs, mais plutôt afin d'alimenter une tension qui lui permet de se réfléchir. On pourrait même croire qu'à sa façon Cioran produit un long texte mystique, un roman sans récit, dont les personnages principaux sont lui et Dieu, entre lesquels s'établit un rapport monologué où il zigzague : chemin de croix, expérience sacrée ou plutôt tracé d'un désir du sacré. Par moments même, Cioran refuse le qualificatif d'écrivain: « Je ne suis pas un écrivain. Je suis quelqu'un qui cherche ; je mène un combat spirituel ; j'attends que mon esprit s'ouvre à quelque lumière qui n'a pas de nom dans nos langues. » (*C*, 306) Reste que s'il n'est pas un écrivain mais « quelqu'un qui cherche », c'est à travers l'écriture qu'il cherche, qu'il poursuit sa quête spirituelle. Le rapport entre la littérature et la quête spirituelle ressemble à celui qu'on retrouve chez Kafka, même si, au premier abord, lorsqu'on s'arrête à leur formulation, ils semblent contradictoires. Kafka déclare dans une lettre qu'il projette d'envoyer au père de sa fiancée : « Ma situation m'est insupportable parce qu'elle contredit mon unique désir et mon unique vocation, la littérature. Comme je ne suis que littérature et que je ne peux ni ne veux être rien d'autre, ma situation ne pourra jamais me séduire, elle ne pourra au contraire que me détruire totalement[23]. » En fait, chez Kafka, l'entreprise ou la vocation littéraire est enchâssée dans un cadre plus large, celui d'une quête spirituelle qui, comme l'écrit Pierre Klossowski dans son introduction au *Journal intime*, s'exprime « en dehors de la communauté religieuse d'où Dieu semble s'être retiré[24] », en dehors de la Loi patriarcale qui l'attire et le repousse. Le rapport semble bivalent en réalité, c'est-à-dire que, autant chez Kafka que chez Cioran, le littéraire est un moyen du spirituel, tout comme le spirituel apparaît comme le contenu du littéraire. Tout en refusant, par moments, le qualificatif d'écrivain, Cioran fait de la littérature le lieu d'une quête du sacré, un lieu qui supporte tout ce par quoi Cioran cherche à la mener, c'est-à-dire l'implication de soi, l'affect, le savoir, la lutte, le désespoir, bref, tout ce qui s'y exprime et qui peut la mettre en mouvement. Il serait fautif de penser qu'à cette fin il se *sert* de la littérature. Sans affirmer dramatiquement comme Kafka qu'il est « fait de littérature », il faut au moins admettre qu'il a besoin de la littérature, et pas seulement de manière instrumentale.

La littérature n'est donc pas simplement le terrain ou le moyen de sa recherche. Certes, elle est un médium d'expression,

23. Franz Kafka, *Journal intime*, Paris, Payot & Rivages, 2008, p. 168.
24. *Journal intime*, p. 19.

mais elle apparaît aussi comme un espace à investir, un espace où ont été traditionnellement (dans le christianisme et ailleurs) déposées les traces du sacré[25]. La littérature est l'espace idéal de réception du sacré dans la mesure où son essence à la fois matérielle – dans l'objet livre – et spirituelle – dans le fait de transporter une pensée, d'être un produit de l'esprit – concorde avec cette nature double du sacré lui-même : comme signe ou résidu de la transcendance incarné dans l'immanence, comme manifestation de l'Esprit dans la chose. Le littéraire, comme réalité et comme forme, est inextricablement lié au sacré. Évidemment, ce lien est plus explicite encore lorsque le contenu y puise, comme dans les récits de confession spirituelle, ceux des mystiques entre autres. La conception cioranienne du littéraire, de son essence et de son rôle, s'inscrit tout à fait consciemment dans ce rapport au sacré, ne serait-ce que par les références aux textes sacrés que contiennent ses propres textes, déjà dans les titres. On n'a pas besoin de creuser bien loin pour illustrer l'idée, une simple énumération suffit : *Des larmes et des saints*, *Bréviaire des vaincus*, *La chute dans le temps*, *Le mauvais démiurge*. De façon à peine plus subtile :

> [...] *Exercices d'admiration* de 1986 repose sur un détournement transparent des *Exercices spirituels* de Loyola. Quant à *Shimbarea la faĐa a Romaniei* de 1936, la « *Transfiguration* de la Roumanie », il utilise, comme l'on sait, dans sa formulation, une des notions centrales de la liturgie orthodoxe ; *La tentation d'exister* de 1956 emprunte un des mots clés de la Bible, et *Aveux et anathèmes* de 1987, un terme lié au combat de l'Église contre les hérétiques[26].

Cioran se positionne à la fois à l'intérieur de cette tradition et un peu à rebours : il reprend mais en recyclant, en tordant un peu. Très attaché à cette tension spirituelle qu'il vit, à ce conflit avec la tradition chrétienne qui s'avère un des aiguillons de sa pensée, il les transcrit dans son univers littéraire. Il se sert d'une forme pour

25. Cf. Terry Cochran, *Plaidoyer pour une littérature comparée*, Québec, Nota bene, 2008, p. 39-40.
26. Patrice Bollon, *Cioran l'hérétique*, Paris, Gallimard, 1997 [1977], p. 190.

en pervertir ou en détourner un peu le fond, seule manière pour lui d'inscrire sa quête, et ultimement de chercher la même chose que les auteurs de textes sacrés et mystiques auxquels il réfère. Cette chose – est-il besoin de le réitérer –, c'est la *chose sacrée*, c'est un impalpable qui fait sens, qui aurait le potentiel de dénouer certaines apories dans l'existence, c'est cette « lumière qui n'a pas de nom », qui ouvre l'esprit, le fait déboucher hors de la « voie de garage » de l'expérience banale.

Même si la quête se déploie en dehors des institutions, elle accapare l'espace et emprunte la forme qui, traditionnellement, a représenté le réceptacle par excellence du sacré. L'espace littéraire moderne ne contient que ses restes, quelques résidus disséminés çà et là, laissés à collectionner ou à exploiter. C'est qu'on a séparé dans la modernité ces deux dimensions, on a fait de l'espace spirituel et de l'espace littéraire deux réalités distinctes. Il faut peut-être ici recoller les morceaux, et Cioran, comme d'autres (Kafka, Bataille et Michaux entre autres), contribue à réinsérer la dimension spirituelle dans la littérature, voire à réinscrire la littérature comme une entreprise essentiellement spirituelle. Je parle de littérature au sens large évidemment, soit de toute forme d'écriture qui traduit une pensée et des affects. De cette conception très large, il faut tout de même exclure la philosophie (même si on pourrait rattacher le discours de Cioran à la philosophie), si on prend en compte la représentation qu'il en fait, celle d'un discours qui, à force de détachement, met à mort les idées : « Les philosophes ont commencé de m'être indifférents du jour où je me suis rendu compte qu'on ne pouvait faire de philosophie qu'avec indifférence, c'est-à-dire en faisant preuve d'une indépendance inadmissible par rapport aux états d'âme. » (*LL*, 230-231) L'idée n'est vivante que portée par le souffle de l'affect. Or ce qui est littéraire contient (ou devrait contenir) de l'affect, des pensées vivantes, incarnées, en mouvement. Ce reproche adressé à la philosophie pourrait évidemment aussi s'appliquer à la littérature, on le retrouve dans diverses critiques que fait Cioran à l'endroit de la littérature française de la seconde moitié du XXe siècle et de son obsession pour le langage. Pour lui, la littérature ne devrait pas être un objet de linguistique mais devrait produire du sens, sinon être un vecteur de sens, une source d'inspiration pour la pensée. S'il résiste parfois au qualificatif d'écrivain, c'est peut-être justement du fait qu'il ne partage plus cette préoccupation pour le langage (qui l'habitait pourtant à l'époque de l'écriture du *Précis*, époque de sa « déterritorialisation linguistique »), et qu'il cherche dans ou par la littérature à produire quelque chose qui aille bien au-delà du formalisme ou du simple plaisir esthétique. C'est-à-dire que dans et par la littérature, il cherche à reterritorialiser – c'est-à-dire à déplacer et à rendre possible dans un autre champ – le sacré, à repenser ses possibilités de manifestation sur un plan plutôt immanent que transcendant, en dehors du dispositif religieux.

Malgré que Cioran, de son propre aveu, entende « exister non pas tant littérairement que spirituellement » (*C*, 456), et ainsi sépare l'existence littéraire de l'existence spirituelle, il ne faut pas le prendre au pied de la lettre. Ce qui le dérange, ce n'est pas l'acte créateur en lui-même, c'est plutôt le livre comme trace matérielle, impudique de surcroît, qui, même si au fond il représente surtout un lieu et un médium de pensée, voire un chemin de pensée ne menant pas nécessairement quelque part, contrevient en réalité à sa fascination pour la figure du raté – ce clochard de la pensée étranger à l'idée démagogue de produire une *œuvre*. C'est la littérature comme chemin et non comme produit figé qui l'intéresse ; la littérature comme « forme de la prière », comme pourrait l'exprimer Kafka, et non pas comme salut.

> Rien n'est plus contraire à ma nature que de vouloir faire un livre. Je ne crois qu'aux valeurs spirituelles, aux valeurs qui comptent en elles-mêmes et pour elles-mêmes, et qui sont d'autant plus réelles qu'elles ne donnent aucun signe matériel de leur présence. Un livre est une trace dont on doit se méfier et s'éloigner. Un livre est un dépôt, une *lie* de l'esprit. (*C*, 311)

Le livre est effectivement une trace de l'esprit – qu'on la voie comme une souillure ou non – et en tant que trace, il met en rapport avec l'esprit qui s'y manifeste, pas sous forme d'idées mortes, désincarnées, mais dans des mots qui dérivent d'un vécu existentiel, d'une collection de sensations. Le livre, dénigré par Cioran en tant que « *lie* de l'esprit », est important pour cette raison précise, par son impureté même, c'est-à-dire que sa force est liée au pouvoir de contagion que transporte la souillure. Son potentiel de faire penser tout en faisant souffrir le réhabilite : « Il ne faut écrire et surtout publier que des choses qui fassent mal, c'est-à-dire dont on se souvienne. Un livre doit remuer des plaies, en susciter même. Il doit être à l'origine d'un désarroi *fécond* ; mais par-dessus tout un livre doit constituer un *danger*. » (*C*, 411) C'est par le biais d'une transposition de sensations et d'affects que le livre acquiert son pouvoir de déranger, et non par le recours à l'idée, toujours anonyme. « Nous ne devrions parler que de sensations et de visions : jamais d'idées – car elles n'émanent pas de nos entrailles et ne sont jamais véritablement *nôtres*. » (*AA*, 1668) Et c'est aussi seulement par le biais de la sensation, de l'affect, que circule le sacré, c'est-à-dire, dans le cas de Cioran, le *désir* peut-être plus que l'*expérience* du sacré (ou le désir de l'expérience du sacré).

« Penseur organique », « secrétaire de ses sensations », Cioran vise quelque chose qu'on n'atteint pas simplement par la raison, il réfléchit à partir d'un matériau affectif qui se trouve en deçà et au-delà de la pensée rationnelle : chez lui, « [...] la sensation ne se produit pas seulement avant l'idée : elle vaut aussi par après, sa vérité l'emporte sur toute forme de pensée[27] ». L'auscultation de ses infirmités physiques et psychiques participe de ce travail d'enregistrement, son désir de produire une « herméneutique des larmes » également. Clairement, donc, l'affect est le réceptacle du « vrai », peut-être parce qu'à travers lui on peut avoir accès à quelque chose d'à la fois originel et *autre*, de proche et de lointain. L'affect serait-il l'équivalent de l'aura dans le champ de la subjectivité ? Peut-être bien. L'affect est inscrit dans un ici-maintenant, il est ressenti par un individu et reste donc dans un rapport de proximité avec lui, et pourtant il rappelle autre chose, un indéfinissable, un passé qui n'en est peut-être pas un. L'affect,

27. Sylvain David, *Cioran. Un héroïsme à rebours*, Montréal, Presses de l'Université de Montréal, 2006, p. 282.

profondément immanent, croise, dans ce qu'il évoque et soulève, quelque chose qui nous dépasse et qui semble extérieur au domaine immanent. Tout le propos de *Des larmes et des saints* concerne le commerce avec la transcendance dans la spécificité affective moderne de ce rapport, et ce, malgré qu'on y sente une certaine nostalgie ou une nostalgie certaine pour une réalité résolument passée, celle de la sainteté.

> Désormais nos souffrances ne pourront être que vaines ou sataniques. Un poème de Baudelaire nous est plus proche que les excès sublimes des saints. En nous adonnant à l'ivresse de la désolation, comment pourrions-nous trouver un intérêt quelconque à l'échelle des perfections par l'ascèse ? L'homme moderne est à l'antipode des saints, non à cause de sa légèreté mais de son dévergondage tragique et de sa soif de déceptions éternellement renouvelées. Être incapable de résister à soi-même, voilà où aboutit le manque d'éducation dans le choix de ses tristesses. Si Dieu peut se découvrir à nous par des *sensations*, tant mieux, nous échapperons à la discipline inhumaine de la *révélation*. (*LS*, 300)

Tout est là, ou presque. S'il peut y avoir du sacré dans l'affect, ou plutôt, si l'affect peut représenter ce point de croisement, involontaire, entre immanence et transcendance, nul besoin que Dieu se manifeste, qu'il se révèle directement à nous. On trouve plus ou moins dans l'affect l'élément de médiation qui manquait au monologue spirituel, à l'interpellation directe et sans réponse qu'on adressait à Dieu. Et peut-être que, du moment qu'on reconnaît un pouvoir et une vérité à l'affect – s'exprimant dans l'ordre du devenir mais provenant d'ailleurs –, on peut s'émanciper de l'idéal spirituel ascétique. Je dis peut-être parce que là-dessus rien n'est moins clair. Visiblement, Cioran est fasciné par la mystique occidentale, de laquelle il retient cette « avidité de vacillations » qui porte son écriture. Mais en même temps, sa découverte du bouddhisme le conduit à chercher à se « défasciner » de son moi, des sensations qui l'emplissent, de ce lyrisme avec lequel il les entoure. Sylvie Jaudeau interprète en ce sens la visée de l'exercice d'écriture de Cioran. Selon elle, il « se livre à une anti-confession, voire une “autothanatographie”, cette forme de suicide par l'écriture dans laquelle s'éteint la tentation d'exister. Écrire c'est liquider ce monstre qui dit je, moi, qui résulte d'un effet d'illusion, si l'on en croit la doctrine bouddhiste [...][28] ». Mais il y a, selon moi, un danger à décider de l'ancrage spirituel de l'œuvre, à l'interpréter et à démystifier son impulsion, même à l'intérieur d'un cadre soit chrétien, soit bouddhiste. C'est se donner, en investiguant du côté de ses sources d'inspiration, une clé de lecture trop facile, dont on abuse au point de croire posséder un accès privilégié à la psyché de l'auteur. La densité de l'œuvre n'est pas si aisément percée, surtout lorsqu'on considère que malgré ses influences et leurs traces qui transparaissent dans son écriture, il cherche quelque chose qui se situerait en dehors des dispositifs institutionnels religieux. Effectivement, on peut reconnaître une sorte d'exercice thérapeutique dans cette écriture, marquée par une tentative de se purger du moi, mais on constate aussi l'inverse, soit un désir presque baroque d'exacerber les sensations de ce moi dont il faut s'extraire. Qu'est-ce à dire ? Comment penser cette cohabitation paradoxale ? Peut-être peut-on trouver une forme de réponse en polémiquant encore un peu grâce à Jaudeau. Elle affirme :

> Le projet de Cioran, au contraire de celui de l'écrivain, rappelons-le encore, est *mystique*. Il se donne pour but de gommer toute référence biographique en déclarant l'autonomie de son œuvre par rapport à son auteur, de manière à faire éclater de façon retentissante la vocation d'une écriture qui se veut révélatrice de son caractère illusoire. S'y dévoile l'imposture voulue de celui qui s'y confesse, dans lequel il faut percevoir la dépouille impure d'un autre qui ne coïncide plus avec elle. Il exhibe ses contradictions, se joue de lui-même, bref déçoit l'illusion de substance. Le misanthrope à l'insulte facile qui se trahit dans le texte contredit incontestablement l'individu affable et généreux qu'il nous est donné de rencontrer dans la réalité[29].

Je crois, à la différence de Jaudeau, que le « projet de Cioran » n'est pas tout à fait un projet *mystique*, mais un projet *spirituel*

28. *Cioran ou le dernier homme*, p. 205.
29. *Cioran ou le dernier homme*, p. 206-207.

et *littéraire* : c'est la représentation du jeu de l'esprit et des affects que guide une quête du sacré, quête qui n'équivaut pas à une attente de la révélation divine et qui ne se vit pas sur un mode transcendant. En tant que tel, son mode d'expression idéal est justement celui de la littérature ; espace où l'esprit et la matière se rencontrent, où on trouve de l'universel à même l'incarnation particulière, que cette incarnation se révèle fictive ou non. C'est d'ailleurs en ce sens qu'on peut à juste titre se désintéresser de savoir si Cioran nous livre son propre visage ou un masque, s'il nous propose une confession ou une « anti-confession ». L'important est qu'il y ait du *je*, n'importe quel *je*, mais que ce *je* se révèle le creuset des affects, le substrat d'une succession d'expériences spirituelles.

Par ailleurs, selon ce que j'ai soutenu précédemment, la pensée cioranienne, si elle est clairement inspirée par certaines traditions – la chrétienne, la bouddhiste, l'hindoue –, reste cependant en dehors des institutions : ce *dehors*, cet état d'exception, étant le seul espace à partir duquel peut se déployer son expérience spirituelle. Il est intéressant de voir que Cioran lui-même emploie cette métaphore (que j'emprunte à Agamben) du *no man's land* pour mettre en évidence ce rapport entre la quête spirituelle et la littérature : le *no man's land* est pour lui cette zone qui s'étend entre les frontières de l'*être* et celles de la littérature, c'est le lieu où se tient l'écrivain, à ses moments les plus profonds, les plus inspirés (cf. *TE*, 910). Puisque les institutions religieuses, dans leur déliquescence moderne, ne permettent plus aussi aisément qu'au faîte de leur puissance un accès à l'*être*, et puisque c'est en *homo sacer* que certains, dont Cioran, semblent vouloir expérimenter leur essence spirituelle, il faut trouver un autre lieu ou un autre non-lieu où transposer la quête du sacré. Un lieu autre, mais pas nécessairement nouveau. Le littéraire est justement un de ces îlots qui abritent les restes d'un sacré en exil. Une série d'esprits « religieux » y émigrent : des individus qui se sont faits auteurs plutôt que moines, mystiques ou fous, ou qui se sont faits auteurs fous plutôt que mystiques fous, ou écrivains-moines plutôt que moines-moines (je parle de ceux – sauf Cioran évidemment –

auxquels je me réfère ponctuellement sans jamais exploiter leur pensée : Kafka, Huysmans, Artaud, Michaux, Bataille, Blanchot). En effet, le littéraire peut laisser passer cet impalpable, surtout dans la modernité où on se soustrait à l'impératif de transparence de la communication, puisque de toute façon « ce qui peut se communiquer ne mérite pas que l'on s'y arrête » (*TE*, 909). La littérature « se réalise » quand l'investissent de leur quête des esprits affectifs et affectés, c'est à ce moment qu'elle redevient ce qu'elle est en essence et en puissance, un récipient du sacré, mais avant tout peut-être, de son désir.

Danger

Cette quête en dehors des sentiers abondamment battus de l'institution religieuse comporte certains risques, associés entre autres à l'absence de balises et à l'incertitude concernant ce qu'on peut trouver. On peut se tromper ; on peut aussi être envahi par le doute au point de ne plus savoir comment s'orienter dans cette recherche. En effet, comment savoir si ce qu'on cherche ou ce qu'on trouve possède un statut, même minimal, de vérité ? Puisqu'on n'est ni dans le champ du savoir ni dans le champ de la croyance ou du dogme, on manque de repères pour jauger de la réalité de ce qu'on reçoit à travers l'affect.

> Cette fièvre vide, qui ne mène à aucune découverte, qui n'est porteuse d'aucune idée, mais qui nous donne un sentiment de puissance quasi divin, lequel s'annule dès qu'on essaie de l'analyser. À quoi correspond-il ? Qu'est-ce qu'il vaut ? Impossible de le savoir. Peut-être ne rime-t-il à rien, peut-être est-il plus important que n'importe quelle révélation métaphysique. (*C*, 340)

Dès lors qu'on convient que ce n'est pas d'un *savoir* qu'il s'agit et qu'on persiste à résister aux dogmes sur lesquels se dresse l'institution, la question de la valeur à accorder à cette expérience apparaît un peu vaine peut-être, mais elle ne cesse pas pour autant de se poser. Peut-être doit-on alors assumer qu'on cherche toujours un peu à côté, sans garantie, réalisation qui fait dire à Cioran :

« Personne n'est plus religieux que moi. Ni moins. Je suis à la fois plus près et plus loin de l'Absolu que n'importe qui. » (*C*, 404) Il n'est plus possible de mesurer la distance qui sépare de la chose, indéfinie mais *sacrée* : c'est le propre de sa quête. Cioran patauge dans l'impalpable, il accepte le paradoxe, jusqu'à reproduire peut-être ce rapport de distance-proximité auquel on associe le sacré, réaffirmant par là sa position d'*homo sacer*, sa tension propre, son déséquilibre. Naviguer dans l'univers du paradoxe implique ce déséquilibre. Tout en faisant l'apologie de l'indélivrance, Cioran cherche, de façon tout aussi avouée, à atteindre cet élément sacré qui viendrait peut-être mettre fin à sa quête. En effet, s'il écrit dans le *Précis de décomposition* : « Le salut finit tout ; et il nous finit. Qui, une fois *sauvé*, ose se dire encore vivant ? On ne vit réellement que par le refus de se délivrer de la souffrance et comme par une tentation religieuse de l'irréligiosité » (*PD*, 604), il laisse ailleurs des indices laissant voir qu'il cherche parfois ce salut, même s'il signifie la mort de l'esprit. Par exemple, dans ce passage non équivoque : « Je cherche le salut, et non pas l'équilibre. Je cherche le nirvâna – ou la tragédie. » (*C*, 308) Les deux tendances ou tentations ne sont pas aussi contradictoires qu'elles le semblent. C'est l'équilibre qu'il cherche à éviter, c'est en lui que se trouve la source d'extinction, c'est à cause de lui qu'on se contente de vérités approximatives, de vérités qui permettent de persister dans une existence plane. Dans le déséquilibre, parti pris de cette quête par les extrêmes, hors piste, on parvient nécessairement à quelque chose tout en restant à côté de la certitude : soit on atteint un salut indéfini, accidentel, soit on sombre dans le tragique, d'une façon moins accidentelle peut-être parce que la tragédie n'est jamais très loin d'un certain déséquilibre. Le point essentiel étant que si salut il y a, il ne doit pas résulter d'une recherche d'équilibre, ou d'une tentative d'atteindre quelque chose qui ressemblerait à l'état d'équanimité du bouddhisme. Même le salut doit être tragique ; il doit garder ce ton chrétien. Dans le passage qui suit exactement celui précédemment cité, on trouve ce penchant pour l'indélivrance, qu'on peut comprendre comme un dérivé de l'attachement au déséquilibre et à la quête comme moyen, pas tout à fait indépendamment, mais au-delà de la fin: « D'aussi loin que je me souvienne, le bouddhisme m'a toujours tenté. Mais je l'ai toujours repoussé *au dernier moment.* J'aime la quête de la délivrance plus que la délivrance. Sans quoi, depuis longtemps, j'eusse trouvé la paix et la sérénité, et peut-être plus. » (*C*, 308) Le risque s'aggrave du fait que la quête n'est pas instrumentalisée en vue d'une finalité qui, de toute façon, ne dépend pas d'une volonté: c'est l'errance qui guette.

Ce qu'on trouve (si on trouve) relève de l'accident: pas le choix, les recettes habituelles de quêtes spirituelles ont été rejetées. C'est la raison pour laquelle le doute ne fait pas que planer, il s'immisce dans le parcours, devient un de ses éléments ou encore le principe qui sert à rappeler qu'on ne peut habiter les certitudes des autres et que ce à quoi on risque de parvenir sera immanquablement accidentel, supporté par aucune garantie. Quand Cioran écrit: « Empêchez-moi, Seigneur, de succomber à ce feu, à mon feu ou au tien – qui sait? » (*C*, 286), justement, qui sait à quoi on succombe (ce qu'on trouve) en l'absence d'une autorité qui viendrait trancher? *Personne* ne sait, c'est là le drame, et une autre bonne raison d'élever le doute au rang d'« autorité négative », car faire du doute une idole s'avère une bonne, vilaine et douloureuse façon de castrer à l'origine toute tentation de sombrer dans la foi et d'« hypostasier le néant en consolateur », comme on le fait avec Dieu (cf. *CP*, 461). Réponse au malaise de l'absence d'autorité, le doute est aussi, à l'inverse, source de malaise lorsqu'il devient trop présent et empêche, non pas de « progresser » spirituellement, mais plus vraisemblablement de se mouvoir spirituellement, ou d'approfondir ses expériences: « C'est que le doute n'est pas approfondissement mais stagnation, vertige de la stagnation... Avec lui, impossible de cheminer et d'aboutir; il est rongement et rien d'autre. Lorsqu'on s'en croit le plus éloigné, on y retombe, et tout recommence. » (*MD*, 1226-1227) Dans le malaise, que Cioran qualifie quelques lignes plus haut dans cet extrait de *spirituel*, il y a danger. C'est-à-dire qu'il y a danger d'y rester, de s'y enfoncer, ou encore d'en sortir par la mauvaise voie, ce dont on n'est jamais conscient à l'avance, comme on le sait. Mais en même temps, sans ce malaise, aucune quête ne serait entreprise, on se contenterait d'une acceptation tranquille des vérités institutionnalisées, des certitudes des autres. Le malaise, sans vouloir l'instrumentaliser, a tout de même une *fonction*, il est l'aiguillon du drame intérieur qui mène peut-être au salut, peut-être à la tragédie, peut-être à deux doigts du sacré, peut-être nulle part. Cioran confesse son propre malaise, il l'étale comme un onguent (anti)thérapeutique dans ses écrits : « le mot qui revient le plus souvent sous ma plume et dans mes ruminations intérieures est "*malaise*" – dans son double sens : physiologique et métaphysique » (*C*, 243). Faire la symptomatologie de ce malaise qui le ronge, malaise qui se décline en différentes tonalités, en différents cris, pourrait servir à sonder, même vaguement, les contours de cette expérience spirituelle et littéraire sans repères, à voir quels sont les affects qui surgissent et ce qui peut se manifester à partir de cette expérimentation et communication d'affects.

Chapitre 2

Symptomatologie d'un malaise

> Ce matin, je me suis levé. Puis ne voyant aucune raison de me lever, je me suis recouché, ai tiré la couverture sur ma tête et............... j'ai pascalisé.
>
> EMIL CIORAN,
> *Cahiers 1957-1972*, p. 714

> Je suis une nature foncièrement incroyante et foncièrement religieuse : je suis un homme sans certitudes et je pourrais dire, comme l'Autre, que mon royaume n'est pas de ce monde.
>
> EMIL CIORAN,
> *Cahiers 1957-1972*, p. 661

Fractionner le malaise

Comment pénétrer ce malaise multiforme et dense qui tapisse toute l'œuvre ? Et, plus fondamentalement, comment interpréter le rôle du malaise dans cette recherche d'un sacré en dehors des institutions sans sombrer dans la banalité d'une description épidermique de ses formes ou de ses symptômes ? Cioran est lui-même on ne peut plus conscient du rapport entre ses maux, maladies et malaises et son besoin d'écrire et de *chercher* : « Il faut dire ce qui est : toutes mes pensées sont fonction de mes misères. Si j'ai compris certaines choses, le mérite en revient uniquement aux lacunes de ma santé. » (*C*, 215) Comme en témoigne cette phrase, il va jusqu'à attribuer ses pensées, ces « choses », indéfinies, qu'il a été amené à comprendre, à ses failles psychiques et physiques. Ce qui implique plus ou moins que, dans la sphère spirituelle comme dans la sphère littéraire, la volonté soit relayée à l'arrière-plan, qu'elle soit, étrangement, à la remorque des impuissances et des manques. Lorsqu'on s'engage dans la quête d'un sacré, on reste dans l'obscurité quant à ce qu'on risque de trouver, tout en sachant que ce à quoi on parvient – si même on parvient à quoi que ce soit –, on ne s'y rend que grâce à un malaise « débridé », hors contrôle, le même malaise ayant déjà conduit jusqu'au seuil de la quête. Double malaise donc, ou magma dans lequel on risque de s'enfoncer au point de n'avoir plus rien à dire sur le sujet, ou en tout cas rien qui puisse dépasser le constat banal du lien entre recherche spirituelle et malaise existentiel. Dans ce contexte, tracer la symptomatologie de ce malaise peut s'avérer utile pour cerner ce qui se joue dans cette tentative spirituelle et littéraire qui s'attarde à trouver ou à reformuler une nouvelle économie du sacré. Parce qu'il faut réitérer que le malaise cioranien est surpuissant mais pas nécessairement monolithique, c'est-à-dire qu'il se décline en plusieurs fragments, en plusieurs symptômes qui interagissent et s'amalgament pour produire quelque chose d'unique, soit une quête très personnelle dans laquelle on reconnaît après coup les traits d'une modernité en repositionnement face aux instances de gestion du sacré. En fragmentant le malaise qui constitue le corps rigide du texte, on pourra, je l'espère, parvenir à mieux comprendre à quel type de quête s'attachent ces différents maux et à préciser de quelle façon ils y participent. Parler de symptomatologie, c'est évidemment penser en termes de maladie, un des sujets chers à Cioran, qui a tendance à postuler quelque chose comme une anomalie psychique et physique congénitale à la source de ses dégoûts, de ses insatisfactions, et de ses pensées en général. Il s'agit là d'une association plutôt facile, clairement, ou si on veut, d'un lieu commun servant à qualifier par exemple le rapport entre la mélancolie ou la bile noire et les philosophes, les poètes et les artistes, celui entre la folie et les mystiques, ou encore celui que propose Cioran entre le mal d'estomac et les prophètes. Mais ce qui transparaît malgré tout dans ce lieu commun, c'est au départ la nécessité d'une étincelle, qu'il s'agisse d'un manque, d'un mal ou autre chose, pour initier le processus créateur quel qu'il soit, c'est-à-dire autant dans les champs spirituel que littéraire. Sans vouloir supposer par là que le malaise n'a que la vigueur d'une étincelle, alors qu'on sait qu'il peut aussi être un feu ravageur qui rase ce qui a été construit, créé, ou simplement pensé.

Le mal et la création

Pour Cioran, comme pour les gnostiques avec qui il se sent une certaine parenté de pensée, toute création jaillit nécessairement d'un fond de souillure. Ou comme le formule Jaudeau : « Toute création, qu'elle soit celle de Dieu ou celle de l'homme, est identifiée à un amoindrissement, un défaut d'être, un retrait de l'absolu. Les gnostiques enseignaient en effet que l'absolu se tient dans la pureté du non-créé. Toute création s'offre comme le symptôme d'une tare, d'une souillure et fait injure à la pureté de l'être[1]. » Puisque la plénitude est un état qui se suffit à lui-même, on ne crée pas dans la plénitude, on crée plutôt parce qu'il manque quelque chose, par sentiment d'abandon, par insatisfaction, par désespoir, par impureté, et pas forcément pour combler quelque vide. La création, divine ou humaine, apparaît donc comme un symptôme de ces failles. Cette idée laisse le champ libre à tout un lyrisme cosmogonique, qu'on peut apprécier entre autres dans plusieurs passages du *Précis*, dont celui-ci :

> Sensation d'un dieu tourné vers la destruction, piétinant les sphères, bavant sur l'azur et sur les constellations..., d'un dieu

1. Sylvie Jaudeau, *Cioran ou le dernier homme*, Paris, José Corti, 2001 [1990], p. 60.

> frénétique, malpropre et malsain; – démiurgie éjectant, à travers l'espace, paradis et latrines; cosmogonie de delirium tremens; apothéose convulsive où le fiel couronne les éléments... Les créatures s'élancent vers un archétype de laideur et soupirent après un idéal de difformité... Univers de la grimace, jubilation de la taupe, de l'hyène et du pou... Plus d'horizon, sauf pour les monstres et pour la vermine. Tout s'achemine vers la hideur et la gangrène: ce globe qui suppure tandis que les vivants étalent leurs plaies sous les rayons du chancre lumineux... (*PD*, 692-693)

La pureté étant considérée comme l'état végétatif ou improductif par excellence, il semble pour Cioran inconcevable que Dieu ait pu créer sans être piqué par l'aiguillon du mal, sans avoir un motif louche pour le guider dans son œuvre. Ce postulat d'un « mauvais démiurge », d'un « Dieu taré » ou d'un Dieu « pétri de ténèbres » est construit à partir du modèle du poète chez qui les tares et les taches sont indissociables de son apport créateur. Cette anthropomorphisation du divin par le détour du processus créateur vient justement jeter les bases d'une vision mythologisante de la création, c'est-à-dire du poète, de l'artiste ou du penseur qui crée grâce à ses abîmes, à l'image d'un Dieu qui crée le monde non pas par bonté, mais pour se décharger de ses souillures. En clair, dans les mots de Sylvain David: « La figure de ce dieu créateur, mu [*sic*] par ses carences et ses pulsions, représente le summum du pessimisme car elle implique que la négativité n'est plus une transgression mais, au contraire, fait office de principe fondateur du monde[2]. » Tout acte de démiurgie est entaché de cette négativité. Que ce soit chez Dieu:

> Les théologiens, en assimilant Dieu à un esprit pur, ont trahi qu'ils n'avaient aucun sentiment du processus de création, du *faire* en général. L'esprit comme tel est inapte à produire; il projette mais, pour exécuter ses projets, il faut qu'une énergie impure vienne le mettre en branle. C'est lui, et non la chair, qui est faible, et il ne devient fort que stimulé par une soif suspecte, par quelque impulsion condamnable. (*CT*, 1114)

2. Sylvain David, *Cioran. Un héroïsme à rebours*, Montréal, Presses de l'Université de Montréal, 2006, p. 129.

Ou, dans une logique inversée, chez l'homme :

> De même, en compétition avec Dieu, nous singeons ses côtés douteux, son côté démiurge, cette partie de lui qui l'entraîna à créer, à concevoir une œuvre qui devait l'appauvrir, le diminuer, le précipiter dans une *chute*, préfiguration de la nôtre. [...] L'impossibilité de s'abstenir, la hantise du faire dénote, à tous les niveaux, la présence d'un principe démoniaque. Quand nous sommes portés à l'outrance, à la démesure, au *geste*, nous suivons plus ou moins consciemment celui qui, se ruant sur le non-être afin d'en extraire l'être et de nous livrer en pâture, se fit l'instigateur de nos futures usurpations. Il doit exister en Lui une lumière funeste qui s'accorde avec nos ténèbres. Reflet dans le temps de cette clarté maudite, l'histoire manifeste et prolonge la dimension non divine de la divinité. (*CT*, 1081)

Le mal, principe non divin du divin, se révèle aussi le principe mi-divin, mi-démoniaque de l'humain, selon cet effet miroir qui participe de la vision de la transcendance que véhiculent ces passages. Chaque parcelle de création vient consolider cette filiation imaginaire, en rappelant le postulat métaphysique d'une faille qui se reflète du divin à l'humain, de l'humain au divin, dans un redoublement incessant et sans antériorité véritable. Penser l'existence d'un mauvais démiurge qui ne crée qu'en vertu de ses impuretés, c'est apposer un exposant métaphysique et cosmologique sur la source, toujours suspecte, du processus de création. Dans quel but sinon celui de résonner à un niveau suprasensible et peut-être d'y élever le mal, le manque, le malaise ou la maladie – attributs généralement considérés on ne peut plus humains – au statut de principes vitaux ? Il s'agit de même par là de fournir une certaine justification ontologique au malaise, de donner une valeur intrinsèque à ce qui met en branle le processus d'écriture, ce qui déclenche le désir même, impur dans son impudicité, de se répandre en mots, pas simplement pour s'en délester en le transcrivant, mais plus fondamentalement pour l'approfondir en cherchant un terrain et des dispositifs nouveaux lui donnant une autre direction, ou l'habillant d'un sens.

Cela dit, la maladie – puisque Cioran aime tant référer à ses infirmités physiques et psychiques – correspond jusqu'à un certain point au chemin choisi pour l'explorer et pour la traiter. Si Cioran semble penser toute forme de création comme le produit presque involontaire – ou sinon simplement guidé par un impératif « hygiénique » (c'est-à-dire un besoin d'exprimer, d'extraire le mal) – d'un fond d'impuretés et de penchants louches, c'est peut-être avant tout parce qu'il cherche à mythologiser autour de ses propres maux et inaptitudes, à les « naturaliser » en quelque sorte à l'intérieur d'un processus créateur. Mais ce n'est que son propre chemin qui se trouve justifié là-dedans, son propre impératif à vivre son malaise à travers l'écriture. Ce n'est *que* cela, mais c'est *tout* cela. Il légitime par là sa « possibilité spirituelle de vivre », comme dirait Kafka :

> Personne ici ne crée rien de plus que sa possibilité spirituelle de vivre ; peu importe qu'il donne l'apparence de travailler pour se nourrir, pour se vêtir, etc. ; avec chaque bouchée visible une invisible bouchée lui est tendue, avec chaque vêtement visible un invisible vêtement. C'était là la justification de chaque homme. Il semble fonder son existence par des justifications ultérieures, mais ce n'est là que l'image inversée qu'offre le miroir de la psychologie, en fait il érige sa vie sur des justifications. Il est vrai que chaque homme doit pouvoir justifier sa vie (ou sa mort, ce qui revient au même), il ne peut se dérober à cette tâche[3].

Pour Cioran, même s'il clame la futilité de l'agir en général, il s'agit tout de même de justifier son malaise et ce qu'il fait avec son malaise ; son malaise et la possibilité spirituelle qui s'y exprime ; son malaise et le chemin littéraire qu'il emprunte pour réaliser sa possibilité spirituelle. Mais malgré tout, compte tenu de ce paradoxe qui lui est propre, toute tentative de justification est contrebalancée par un effort de sabotage correspondant. Dans ce que je suis portée à considérer comme sa propre version de la lettre à un jeune poète, ou à un jeune « littérateur », il déconstruit l'exercice littéraire comme un exercice de confession, d'impudicité, dont non seulement la source est malsaine mais qui s'avère en soi malsain : « Le littérateur ? Un indiscret qui dévalorise ses misères, les

3. Franz Kafka, *Journal intime*, Paris, Payot & Rivages, 2008, p. 256.

divulgue, les ressasse : l'impudeur – parade d'arrière-pensées – est sa règle ; il s'*offre.* » (*TE*, 880) Il s'offre en pâture pourrait-il ajouter, avec la prétention de croire que les souillures qu'il expose peuvent constituer un aliment comestible alors qu'elles ne sont que le résidu de la « répétition de notre chute » (*TE*, 881). Le rapport entre malaise et littérature est toujours présent, toujours justifié, qu'il s'agisse de penser la littérature comme un soulagement ou qu'il s'agisse de désavouer les velléités thérapeutiques qu'on est tenté d'y projeter. Dans ce passage apologétique bien connu des vertus purifiantes de l'écriture, il reconnaît que « l'expression vous diminue, vous appauvrit, vous décharge du poids de vous-mêmes, l'expression est perte de substance et libération. Elle vous vide, donc elle vous sauve, elle vous démunit d'un trop-plein encombrant » (*EA*, 1629). Ce qui ne l'a pas empêché ailleurs de vouloir résister à cette vertu décrassante ou expurgeante de l'exercice littéraire, qui n'est pas sans rappeler une forme d'exhibitionnisme spirituel, une mise à nu de l'esprit, un exercice de confession honteux :

> Lors même qu'elle s'adresse à Dieu, la confession est un attentat contre nous-mêmes, contre les ressorts de notre être. Les troubles, les hontes, les effrois, dont les thérapeutiques religieuses ou profanes veulent nous délivrer, constituent un patrimoine dont à aucun prix nous ne devrions nous laisser déposséder. Il nous faut nous défendre contre nos guérisseurs, et, dussions-nous en périr, préserver nos maux et nos péchés. Le confessionnal : viol des consciences perpétré au nom du ciel. Et cet autre viol qu'est l'analyse psychologique ! Laïcisé, prostitué, le confessionnal s'installera bientôt aux coins des rues : à quelques criminels près, tout le monde aspire à avoir une âme publique, une âme-affiche. (*TE*, 880-881)

À demi-mot dans ce passage, le lien entre la recherche spirituelle et l'entreprise littéraire est réitéré par le biais de l'idée de la confession. Le livre devient donc le lieu, voulu ou inconscient, qui abrite une confession – livre-confessionnal si on peut penser une telle chose sans trop sombrer dans le cliché ou la caricature. Or qu'est-ce que la confession sinon un exercice de maîtrise, de direction ou de musellement du corps et de l'âme (ou de l'esprit, pour employer un terme moins suranné) ? Il ne s'agit pas seulement d'un mécanisme permettant de se vider, d'étaler ses péchés, ses fautes, ses lourdeurs, mais aussi d'une façon de transformer des affects en fautes, de créer de l'éthique à partir de l'esthétique en invoquant une instance de transcendance que médiatise le religieux. En étalant ses affects devenus fautes, on produit une façon de les diriger, de les soumettre à une instance « supérieure » pouvant prendre plusieurs noms (que ce soit Dieu, le Bien, la conscience morale), mais qui reste toujours en définitive – selon des présupposés laïques – l'esprit. La littérature est une des formes que peut prendre l'exercice de confession ; en tant que transposition d'affects par l'esprit qui cherche, consciemment ou non, à se nettoyer et à se guérir, qui cherche à reprendre les rênes, à réaffirmer la préséance de l'action sur la passion, à établir, à l'intérieur même de l'esthétique, une sorte de thérapeutique éthique et spirituelle.

A priori, presque rien ne distingue tant l'allure « confessionnelle » du texte cioranien de la plupart des autres « confessés » littérairement bien établis (comme Augustin, Pascal, Rousseau). Rien peut-être en dehors de ce paradoxe qui rapproche Cioran du genre de la confession tout en l'éloignant des vertus thérapeutiques qu'on lui attribue. Le problème n'est pas aisé. Cioran se vide effectivement, c'est l'évidence. Il tartine ses affects, ses malaises et ses misères sur le papier jusqu'à créer une œuvre, sérieuse, profonde, sentie, jusqu'à ce que ses affects ne lui appartiennent plus en propre ; c'est ce qui vient inévitablement avec le fait de *se publier*. Le « littérateur » y gagne-t-il une maîtrise ? Si c'est le cas, elle ne se produit pas sans une forme de dépossession, sans un vide, sans une perte. « Conserver son secret, rien de plus fructueux. Il vous travaille, vous ronge, vous *menace*. » (*TE*, 880) La force de l'affect se trouve dans cette fissure qu'il représente pour la volonté, l'esprit et la raison, qui sont toujours engagés dans une entreprise de « colmatage » de cette même fissure. En ce sens, l'affect représente le point de fuite, le reste, l'élément éternellement fuyant de cette entreprise de l'esprit qui veut se posséder, clore les brèches par lesquelles tout se répand, et par là *se diriger*. Assez cyniquement, par une critique de l'écriture, du produit fini dans lequel elle se fige, du livre qui est « une barbarie à l'égard de notre intimité, une profanation, une souillure. Et une tentation » (*TE*, 881) – donc par cette sorte de réquisitoire contre l'entreprise qui, non seulement l'occupe, mais le porte existentiellement –, il met implicitement de l'avant une vision, encore vague mais présente, de l'écriture qui ne servirait ni de moyen de se maîtriser, ni de thérapie, ni de salut, mais qui serait aussi une menace, une menace d'éclatement, une menace de perte de contrôle (au contraire d'une acquisition de contrôle par l'esprit). On trouve donc chez lui – et c'est là peut-être ce qui différencie Cioran de la plupart des « littéraires confessés » – une volonté très claire d'attribuer une valeur au malaise qui aille bien au-delà de la simple valeur dialectique qu'on peut lui accorder dans l'optique d'une quête visant la plénitude, la délivrance, le bonheur, le savoir, la foi, etc. (peu importe la visée, au fond, tant qu'elle révèle sa filiation, réelle ou non, à une vision de l'absolu et du vrai). Le mal, le malaise, la maladie ne sont pas pour Cioran simplement des états à dépasser, à « sursumer » dans une quelconque forme de salut, mais des fondements ontologiques à conserver, à exploiter, pour eux-mêmes et pour ce chemin littéraire qu'ils contribuent à tracer, de même que pour cet espace d'exception spirituel qu'ils contribuent, dans le même mouvement, la même plainte ou le même grognement, à circonscrire. C'est sa « possibilité spirituelle de vivre » qu'il affirme par là, qui correspond à cette liberté de chercher ailleurs, dans la région du littéraire, une façon de penser le sacré.

Le parti pris pour le malaise représente une possibilité spirituelle, et aussi une angoisse. L'angoisse est littéralement, pour Kierkegaard, cette possibilité de l'esprit, ce malaise qui accompagne toute liberté relevant ou découlant du spirituel. Il dira que « l'angoisse est la réalité de la liberté parce qu'elle en est le possible[4] », ce qui en fait l'affect fondamental de toute la démarche cioranienne en tant que mise en marche et en mots du vertige du possible, dans sa négativité surtout. La recherche spirituelle et

4. Søren Kierkegaard, *Miettes philosophiques. Le concept de l'angoisse. Traité du désespoir*, Paris, Gallimard, 2003 [1990], p. 202.

littéraire a nécessairement à voir avec un possible ; un possible que Cioran préfère nettement arpenter comme il le peut plutôt que l'hypostasier ou le fixer. On retrouve dans l'angoisse autant d'ambiguïté que dans ce qui peut se rapporter de près ou de loin au sacré – qu'on pense aux affects qui le soutiennent, aux dispositifs qui l'entourent, à la quête dont il fait l'objet. Jean Wahl, dans sa prose philosophique kierkegaardienne, souligne cette ambiguïté :

> Rien de plus ambigu que l'angoisse : ce pouvoir est et n'est pas, et l'âme le fuit et l'aime. Le futur coupable est encore innocent, car ce n'est que l'angoisse qui agit en lui, ce n'est pas encore lui-même ; mais l'innocence se sent coupable, se sent perdue. *L'angoisse n'est ni nécessité ni liberté ; elle est liberté sous le charme d'elle-même, liberté prise en elle-même, captive d'elle-même, se réfléchissant dans sa possibilité* [je souligne][5].

En tant que « liberté captive », l'angoisse contient exactement toute l'incertitude de la recherche cioranienne ; elle apparaît du même coup comme le terme ou l'affect par excellence qui puisse décrire cette situation d'exception sur le plan spirituel que Cioran tente d'instaurer pour lui-même. D'ailleurs, compte tenu de ce caractère fondamental, c'est peut-être de l'angoisse que doit découler toute la symptomatologie que je tente d'introduire ici ; l'angoisse en tant qu'affect et non comme concept, différence que note Wahl lorsqu'il tente de réfléchir au statut de l'angoisse, en association avec le péché (les deux termes faisant partie de la même réflexion chez Kierkegaard) :

> Kierkegaard a parlé du concept d'angoisse, comme il a su parler du concept du péché, mais à vrai dire, le caractère propre de tous deux est de n'être pas des concepts. Un concept, c'est quelque chose qui rentre dans un concept plus général ou qui comprend en soi des idées moins générales ; c'est un objet d'étude pour une science. Or, ni le péché ni l'angoisse ne peuvent avoir de place dans aucune science ; ils sont trop étroitement unis à l'individu, à l'action de l'individu. Le péché est objet de sermon, où la

5. Jean Wahl, *Kierkegaard. L'Un devant l'Autre*, Paris, Hachette Littératures, 1998, p. 49.

> personne parle à la personne. Il est d'un autre ordre que celui de la science, il est de l'ordre de ces choses qui nous prennent à la gorge, pour employer les termes de Pascal, et de ces choses qui nous élèvent vers une lumière qui n'est pas une lumière philosophique. Et il ne peut pas être éclairci par la théologie. « Il doit seulement être supposé, comme le tourbillon dont la spéculation philosophique grecque disait qu'il est un quelque chose de mouvant qu'aucune science ne peut saisir »[6].

Ces choses qui nous prennent à la gorge...

L'angoisse

Cet élément mouvant, presque insaisissable, est peut-être la figure la plus active du malaise cioranien. À l'angoisse revient l'antériorité: elle éveille tout un chœur d'affects, de mouvements et de possibles:

> Cette angoisse qui *précède* toutes les raisons d'être angoissé, qui *invente* toutes ces raisons.
> Le processus de l'*angoissement* est le suivant: je sens monter en moi un malaise incoercible, malaise vide, envahissant, qui se cherche un contenu ou qui veut se fixer à n'importe quoi: le premier prétexte venu lui est bon, elle s'y rue, elle l'enveloppe et le dévore; elle a enfin trouvé un aliment. Et c'est ainsi chaque jour: un fait divers, une lettre, un coup de téléphone, un souvenir, une sensation, tout, mais absolument tout lui agrée; elle n'est vraiment pas *difficile*, cette angoisse, elle s'accommode de tout. C'est pour cela qu'elle prospère sous toutes les latitudes. Elle est faite pour triompher, puisque tout lui réussit, même ce qui la combat. C'est un poison qui se fortifie de son antidote. (*C*, 595)

L'angoisse est toujours aussi un *angoissement*, c'est-à-dire un mouvement, une façon de se déployer dans l'existence selon le rythme de ce qui nous envahit. Soit un mode d'être ruminatoire, une tension qui se projette un peu partout sur des objets et des prétextes extérieurs et qui revient vers l'intérieur pour

6. *Kierkegaard. L'Un devant l'Autre*, p. 47.

gruger quelque chose, n'importe quoi : un affect, un organe, une idée. L'angoisse comme *angoissement* représente une angoisse contagieuse, une angoisse qui affecte tout ce qui croise le regard, qui colore tout, qui couvre d'un voile menaçant ce avec quoi on interagit. Dans l'angoisse, on remet en question les fondations – d'une façon plus affective qu'intellectuelle –, on les regarde vaciller avec une impression d'impuissance et en ressentant en même temps l'urgence de faire quelque chose pour empêcher l'écroulement.

Chez Kierkegaard, l'angoisse est examinée sous une loupe chrétienne ; si elle est toujours rapprochée du péché, elle ressemble en fait à une sorte de parasite qui gruge en quelque sorte l'espace existant entre liberté et nécessité, qui, sans appartenir ni à l'une ni à l'autre, réduit cet espace intermédiaire, sans l'abolir pour autant, en produisant du paradoxe : « L'angoisse n'est pas une catégorie de la nécessité, mais pas davantage de la liberté, c'est une liberté entravée, où la liberté n'est pas libre en elle-même, mais dont l'entrave est non dans la nécessité mais en elle-même[7]. » L'angoisse, en tant que « liberté entravée », est une réalité ambiguë, paradoxale, c'est celle de Cioran, qui se laisse affecter, qui se laisse « entraver », qui subit et qui agit, pense et cherche dans ce rayon de contagion. L'angoisse comme mode d'être devient une sorte d'éthique anti-stoïcienne qui s'alimente du paradoxe entre la contrainte extérieure, intérieure, et la possibilité de s'en défaire, de respirer par moments dans l'ouverture de cette oppression. Sans parler à proprement d'angoisse, Cioran dénonce dans ce passage le « leurre stoïcien » qui prône l'indifférence devant « ces choses qui nous prennent à la gorge » :

> Contre les stoïciens.
> Si nous nous éduquons à devenir indifférents aux choses qui ne dépendent pas de nous, et que nous arrivions à les supporter sans nous en affliger ni nous en réjouir, que nous reste-t-il à faire, à *éprouver*, étant donné que presque tout ce qui survient est indépendant de notre volonté ?

7. *Miettes philosophiques. Le concept de l'angoisse. Traité du désespoir*, p. 210.

> Les stoïciens ont raison en théorie. En pratique, tout joue contre eux. Du matin au soir, nous ne faisons que prendre position pour ou contre des choses sur lesquelles nous ne pouvons rien. La « vie », c'est cela, c'est une tentative folle de sortir de notre impuissance ; la « vie », c'est la course à la fois voulue et inévitable vers (... le téléphone vient de sonner, et j'ai oublié ce que je voulais dire). (*C*, 738-739)

Une course vers quoi ? Que l'idée soit interrompue au moment crucial rend la phrase aussi frustrante que révélatrice : révélatrice de l'absence de direction arrêtée (ou possible à arrêter) de cette course pour s'extirper hors du sentiment d'impuissance. Le téléphone qui sonne n'est peut-être que l'excuse trouvée pour éviter d'achever la pensée, pour la laisser en suspens et éviter de prononcer une sentence définitive et pompeuse sur ce qu'est la « vie ». Heureusement qu'il a sonné, ce téléphone, ne serait-ce que comme une alarme dans la tête de Cioran, car l'idée d'une *course vers* semble devoir rester sans objet défini ou définitif dans le contexte de cette démarche qui est la sienne et qui, dans son aspect spirituel et littéraire, est existentielle ; c'est-à-dire cette démarche qui est pour lui la « vie » et qui n'a pas trouvé d'aboutissement dernier – sinon la mort (pour se laisser aller à une platitude). Comme il n'y a pas de « système de l'existence », la dialectique existentielle ne peut être résolue de cette façon, c'est-à-dire en établissant un sens ou une direction qui permettrait de s'extirper des misères de la vie affective.

Mais si on lit autrement cette parenthèse, dans le contexte d'une critique du stoïcisme, elle révèle, plus qu'une interruption nécessaire pour échapper à la formule grandiloquente, une véritable mise en scène de la pensée. C'est-à-dire que le téléphone qui sonne et qui suspend la phrase, le cours de la pensée, exemplifie justement le genre de situation normale où quelque chose se passe – quelque chose qui ne dépend pas de nous – et nous affecte. Certaines choses dépendent de nous, d'autres non : c'est bien ce que Cioran met en scène dans ce passage. Et il le fait d'autant plus habilement qu'il joue en quelque sorte avec la pensée stoïcienne en même temps qu'il la conteste. Contre la tendance à se représenter

Cioran comme un penseur, comme un philosophe, c'est plutôt un littéraire qu'on lit ici, quelqu'un qui crée une scène avec une idée, qui ne communique pas directement mais bien indirectement au sens kierkegaardien, en laissant passer sa propre « primitivité ». La primitivité implique justement cette aptitude à recevoir des impressions, des affects, des idées, par soi-même, sans se laisser influencer, envahir ou dominer par autrui. Ce qui semble plutôt paradoxal puisque dès qu'on reçoit, on n'est plus tout à fait dans le même, dans l'identique ou dans l'identité ; on est affecté. Mais c'est ce paradoxe qui constitue la singularité. Donc dans le cas de Cioran, ce qui se profile dans cette mise en scène – et par la forme même de la mise en scène –, c'est l'affect, ou l'« affectabilité » : c'est le soi qui tente de se saisir dans cette « affectabilité » même et qui a besoin de la mettre en scène, de la jouer, pour la saisir, pour la reprendre en tant qu'esprit.

Dans ce contexte, le « leurre stoïcien » que critique Cioran, c'est le leurre de la maîtrise des affects, c'est l'illusion de pouvoir, en pratique, dans l'action, dans le vécu concret, voire dans le corps, se rendre imperméable à ce qui nous affecte, à ce qui advient sans dépendre de nous. Quelque chose (un malaise ou un mal-être) en Cioran cherche à atteindre cette maîtrise idéale, et quelque chose (le même malaise qui fait fissure) échoue aussi dans cette entreprise à la fois personnelle, spirituelle et littéraire. C'est la scission entre ce qui est voulu en théorie et ce qui advient en pratique, entre ce que l'esprit projette et contrôle, et ce qui excède le domaine de sa maîtrise. La pensée stoïcienne représente un idéal d'harmonie et de sérénité mais, sans être exclusivement une pensée théorique, elle ne parvient pas à recouvrir sans reste la pratique. La pensée stoïcienne radicale, celle de Sénèque par exemple, loin de l'harmonie du corps et de l'esprit, instaure inévitablement une fracture entre l'esprit et les affects, soit une fissure qui n'est pas destinée à être comblée, mais qui doit au contraire être affirmée dans un contexte où l'esprit doit prévaloir sur la vie affective. Pour Cioran, les écrits moins radicaux d'Épictète et de Marc-Aurèle – qui d'une façon générale ne font que reconnaître que les affects ne sont pas au départ attachés aux choses avec lesquelles on entre en contact – sont de ceux qui, par moments, « font du bien », qui apaisent, rendent serein, permettent de se délester d'une charge affective épuisante. Cette attirance pour les stoïciens tient de la tentation thérapeutique qui s'impose épisodiquement à Cioran et qui ne parvient jamais vraiment à triompher. Le nœud est là, dans cette oscillation – universelle – ou ce conflit – insoluble – entre le domaine de l'esprit et celui des affects : c'est ce qui pousse Cioran à penser l'existence comme la tentative, le mouvement ou la course vers le dénouement de ce désaccord fondamental.

Cioran n'a pas terminé sa phrase : en parlant de course vers le dénouement de ce nœud qu'il pose au sujet de l'éthique stoïcienne, *je* la termine, sans prendre de grands risques toutefois, en ne faisant que supposer que si l'existence est ce nœud, elle est aussi la tentative ou la tentation de le dénouer. Lorsque vient le temps d'être plus spécifique, on bloque, Cioran bloque, et il faut développer une mise en scène (réelle ou fictive, peu importe) pour masquer et, étrangement, tout aussi bien *marquer* ce resserrement du nœud. Pourquoi porte-t-on attention à ce passage en particulier sinon parce qu'il ne dit pas ce qu'on souhaite y voir, parce qu'il est agaçant et un peu amusant en même temps dans le prétexte qu'il donne à sa non-conclusion ? Ce fragment est un coït philosophique interrompu, ce qui le rend pleinement littéraire : au lieu de résoudre un problème philosophique et existentiel par une sentence qui viendrait réparer la fracture, qui fournirait un énoncé de vérité sur « la vie », on sombre (ou on s'élève, devrait-on peut-être dire) dans la supercherie, l'invention, le prétexte, la mise en scène. Cioran met la faille en évidence, au moment même où il s'apprêtait à la combler, coupant court à toute anticipation de l'orgasme philosophique. Son échec – voulu, programmé, ou non, la question n'est pas là – relève du dispositif littéraire en tant que mode d'exposition détaché des prétentions du logos et de son « langage pur se niant comme discours[8] », en tant que langage impur cumulant les tactiques et les mises en scène afin de nous mettre le nez sur les nœuds de l'existence sans pour autant fermer le discours

8. Vincent Delecroix, *Singulière philosophie. Essai sur Kierkegaard*, Paris, Éditions du Félin, 2006, 149.

sur ces nœuds. L'écriture cioranienne, généralement discontinue, fragmentée, est consciemment une littérature du nœud : « Quand on écrit, on a toujours tendance à *compléter* sa pensée, et c'est là le moyen sûr de la gâcher. Le grand art est de s'arrêter, non d'approfondir. Il est plus aisé d'épuiser un problème, que d'en suggérer les difficultés. (Cette dernière phrase gâche tout.) » (*C*, 157) Le coup de téléphone interrompt le cours de la pensée qui allait se prononcer au sujet de la direction de cette course qu'est l'existence ; il évite que la pensée et ce qu'elle évoque ne soit gâchée ; il ne ferme pas, mais laisse ouverte la porte qui autrement, prise dans le souffle d'une sentence ronflante, allait se claquer.

Toute la pensée cioranienne semble en définitive se ramener à ce nœud, à cette dialectique existentielle qui ne semble pas admettre de résolution. Lorsqu'on ajoute à cette tension une dimension religieuse, on retrouve, presque intact, le paradoxe kierkegaardien. Pour Cioran comme pour Kierkegaard, l'écriture représente peut-être non seulement un moyen d'exprimer ce paradoxe existentiel, de l'explorer, de le déplier, mais elle devient aussi, dans les moments douloureux (et peut-être privilégiés), une façon de laisser passer l'affect. L'écriture, son statut, est donc loin d'être univoque. Qu'elle penche parfois plutôt du côté de l'esprit ou plutôt du côté de l'affect, qu'elle soit le résultat de la maîtrise, de l'évacuation ou du délire, ce qui est clair, c'est qu'on ne peut la réduire à un seul rôle sans courir le risque de se fermer à une série de significations et d'implications pour la pensée. Chose certaine, produite à partir d'un nœud existentiel, l'écriture porte les traces d'une angoisse vague mais assumée, participant à cet anti-stoïcisme qui se rattache en définitive à une vision du monde où prévaut l'affect. Même si l'écriture n'est absolument pas exempte des traces d'un désir de maîtrise, voire, pourrait-on dire, *parce qu'*elle se déploie par moments comme cette tentative de dominer les affects, elle donne à lire et à vivre cette lutte entre l'esprit et le corps (ou encore dans l'esprit, entre la raison et les passions), elle se donne comme dialectique continue et inachevée, ou comme aporie existentielle. Et donc parce que la théorie stoïcienne s'avère concrètement inapplicable, ce conflit entre l'esprit et l'affect, qui ne peut aboutir dans une résolution, se métamorphose peut-être en angoisse, qui domine au bout du compte cette lutte dont l'affect n'était au départ qu'une des deux parties. Est-ce à dire que l'affect triomphe ? Pas vraiment, seulement qu'il n'est, chez Cioran, jamais dompté, jamais éliminé. L'angoisse est autant l'objet d'un désir de maîtrise qu'un résidu, un précipité flottant qui ne disparaît pas, que l'esprit n'assimile pas parce qu'il ne parvient jamais entièrement à se l'assujettir : l'essence de l'angoisse étant d'excéder son contrôle.

Cela dit, sur le fond, l'angoisse reste imprécise. L'angoisse est angoisse de quoi ? A-t-elle même un complément, a-t-elle un objet ? Si elle en a un, celui-ci n'est apparemment pas fixe puisque l'angoisse est plutôt *angoissement*, puisque l'angoisse se confond avec un sentiment actif qui dévore n'importe quel objet tombant sous son malaise. L'angoisse comme *Erwartung* devrait être angoisse de quelque chose, ou angoisse devant quelque chose, quelque chose qui ne soit pas indifférent si on veut persister dans une compréhension psychologisante de l'angoisse, compréhension qui en fait un symptôme, donc une réaction, plus ou moins en décalage, consécutive d'une réalité, d'un événement, d'un affect. Mais si on pensait plutôt à l'angoisse comme étant une des expressions possibles d'une réalité affective comme celle du « désaide » freudien, ou *Hilflosigkeit*, on pourrait alors admettre l'absence d'un objet – d'un objet premier, fondateur, nécessaire. Ce sentiment de détresse originaire que Freud aborde dans *Malaise dans la culture* et dans *Inhibition, symptôme et angoisse* décrit assez bien l'impuissance permanente qu'on trouve dans l'angoisse cioranienne. Sans vouloir faire du « désaide » le dénominateur commun de tous ses états, reste que son caractère général, originaire, envahissant permet de penser quelque chose comme une prédisposition, un malaise premier qui se métamorphose continuellement ou qui précipite tous les autres, qui s'attache progressivement à des objets divers et changeants.

Cette angoisse qui se nourrit d'elle-même. N'importe quel prétexte lui est bon pour s'enfler, s'exaspérer. Savoir qu'elle n'a pas

> « raison », et pourtant continuer à la subir et à en souffrir. Je ne puis la maîtriser, elle émane de toutes mes défaillances, d'une faiblesse qu'il faut bien qualifier d'*ontologique*... (*C*, 215-216)

Cette tare ontologique, déficience supposée dans l'être, représente, au-delà de son pathos apparent, une précondition religieuse qui pousse à chercher du plein, de l'être et du sacré, même en dehors des religions. Pendant négatif du « sentiment océanique » au sein duquel Freud place justement le germe de la religiosité, l'état d'*Hilflosigkeit* rappelle cette chute dans le temps qui affecte la pensée gnostique de laquelle se réclame Cioran. Dans l'esprit gnostique, la division entre le corps et l'esprit correspond à la rupture survenue dans la chute :

> C'est ce malaise existentiel, souvent conditionné par un mal-être physique, qui invite à cette structure dualiste et qui pousse le gnostique à bâtir un édifice rationnel destiné à expliquer cette dichotomie. Il n'y reconnaît plus une maladie de son être personnel, mais la nécessité constitutive de l'existence humaine. Il fait de cette rupture interne la conséquence obligatoire d'une rupture externe, le signe de sa séparation d'avec le monde de l'au-delà et de sa chute. L'idée de la gnose naît donc d'un manque, d'une incapacité à vivre. L'absence est son fondement. À l'opposé d'une révélation, elle s'installe dans un retrait d'être, de la même manière que le monde selon la kabbale s'inscrit dans l'espace déserté par Dieu. À partir de l'absence s'élabore une conception de la présence. L'expérience gnostique est à son départ négative et nihiliste[9].

C'est bien d'une absence comparable à cette *Hilflosigkeit* freudienne dont il est question dans la vision et dans l'expérience gnostique. En ce sens, cette forme particulière d'angoisse qu'est le « désaide » – une angoisse originaire, sans objet arrêté – n'entre pas tout à fait dans la définition kierkegaardienne de l'angoisse comme « liberté entravée », ou si elle s'y rattache, c'est en la pensant comme celle de l'« être entravé » plutôt. Cette « liberté qui n'est pas libre en elle-même », c'est la forme de liberté propre

9. *Cioran ou le dernier homme*, p. 76.

à l'« être entravé », l'être qui se définit par ses infirmités. Ce qu'on constate aussi grâce à cet extrait, c'est que pour Cioran, la pensée gnostique, fondamentalement divisée, pétrie d'un malaise qui semble insurmontable, se produit en écho à sa propre fissure, à cet écartèlement entre l'esprit et le corps qu'il n'arrive pas à surmonter par une quelconque thérapeutique (religieuse, philosophique, littéraire ou autre).

Au bout du compte, cette incursion du côté de l'angoisse peut donner l'impression d'avoir succombé à la tentation de trouver une source, un point originaire qui puisse expliquer d'une manière plutôt exégétique, systématique et psychologisante cette recherche d'un espace investi par le sacré qui occupe Cioran dans ses écrits. C'est à la fois vrai et faux. Comme tout le monde ne s'enfonce pas dans une quête d'une telle intensité, il faut voir un peu pourquoi Cioran, lui, s'y plonge ; il faut voir quel est ce *quelque chose*, cette façon d'être affecté, ce postulat ontologique particulier duquel il se réclame et qui l'y pousse. En ce sens, l'angoisse n'apparaît pas tant comme un symptôme ni comme une source, mais plutôt comme une des couleurs spécifiques du malaise cioranien, comme une façon de préciser les contours de ce malaise. Mais il faut aussi considérer que traiter ainsi de l'angoisse – c'est-à-dire en des termes peut-être un peu abstraits ou « conceptuels », mais en prenant avant tout en considération ses manifestations dans l'existence, dans son expérience ou son vécu – devrait idéalement permettre de se placer soi-même, artificiellement s'il le faut, dans l'esprit ou dans l'état affectif requis par une lecture du trajet spirituel de la littérature cioranienne.

La mélancolie

Autant que l'angoisse qui s'attaque à n'importe quel prétexte et se renforce de ses multiples objets, la mélancolie affecte tout ce qui croise le regard, tout ce qu'appréhendent les sens. Elle creuse, se répand et infecte tout ce qui se laisse capter sous son faisceau. Elle peut être esthétique, comme elle l'est généralement chez Huysmans. Des Esseintes, dans *À rebours*, bouleversé par les lieder de Schubert, ressent cette forme de mélancolie, douloureuse, métissée de quelques élans d'angoisse :

> Et toujours lorsqu'elles lui revenaient aux lèvres, ces exquises et funèbres plaintes évoquaient pour lui un site de banlieue, un site avare, muet, où sans bruit, au loin, des files de gens, harassés par la vie, se perdaient, courbés en deux, dans le crépuscule, alors qu'abreuvé d'amertumes, gorgé de dégoût, il se sentait, dans la nature éplorée, seul, tout seul, terrassé par une indicible mélancolie, par une opiniâtre détresse, dont la mystérieuse intensité excluait toute consolation, toute pitié, tout repos. Pareil à un glas de mort, ce chant désespéré le hantait, maintenant qu'il était couché, anéanti par la fièvre et agité par une anxiété d'autant plus inapaisable qu'il n'en discernait plus la cause[10].

En fait, on atteint peut-être dans ce passage un sommet tragique à même la mélancolie esthétique de Huysmans. Ce sentiment de solitude presque cosmique qui assaille aussi Cioran est un des traits les plus forts de cette mélancolie qui hésite entre la passivité de l'aboulie et l'agitation haletante de l'anxiété et qui, partant d'une intériorité, se nourrit de ce qui lui convient et se transpose sur ce qui lui est extérieur. « Les yeux de l'homme voient à l'extérieur ce qui est, en fait, une torture intérieure. Cela résulte d'une projection subjective, sans laquelle les états d'âme et les expériences intenses ne peuvent trouver leur accomplissement. » (*CD*, 37) Il faut tracer une continuité entre intériorité et extériorité, c'est là un impératif subjectif qui permet jusqu'à un certain point de faire sens des états affectifs. Cette forme de réduplication semble s'appliquer seulement en partie à la mélancolie : si on peut parler d'un « paysage mélancolique », par exemple, en le qualifiant par l'affect qui nous envahit lorsqu'on le contemple, il faut aussi voir que la mélancolie, en raison de sa proximité avec le vide, implique un processus de diminution et d'exténuation qui rend, petit à petit, celui qui la subit étranger au monde et donc qui rompt ce rapport d'harmonie entre intériorité et extériorité qu'on est tenté d'y voir. La mélancolie, chez Cioran, est une forme

10. Joris-Karl Huysmans, *À rebours*, Paris, Gallimard, 2006 [1977], p. 329-330.

de fatigue affective négative, un vague à l'âme qui retranche du monde et qui entraîne une perte de consistance, une perte d'*être*.

> Si dans les expériences courantes domine l'intimité naïve avec les aspects individuels de l'existence, la séparation d'avec eux engendre, dans la mélancolie, un sentiment vague du monde, avec la sensation du vague de ce monde. Une expérience secrète, une étrange vision annule les formes consistantes et les carcans individuels et différenciés, pour un habit d'une transparence immatérielle et universelle. (*CD*, 38)

Parler de cet habit transparent, immatériel et universel que revêt la mélancolie, c'est une autre façon d'exprimer ce qu'il y a de désincarné, ou de désincarnant, en elle ; c'est une autre façon de dire ce retrait ou ce déracinement auquel elle conduit. Il y a quelque chose de subjectif, d'individuel, et d'anonyme à la fois dans la mélancolie ; l'état de solitude qu'on y atteint recouvre ce paradoxe : « Quel sens la solitude prend-elle dans la mélancolie ? N'est-elle pas liée au sentiment de l'infini, intérieur comme extérieur ? » (*CD*, 38) Coincé en sandwich entre deux formes d'infinis, le moi s'étiole lentement dans la solitude mélancolique, il s'assimile voluptueusement ou anxieusement à cet état indéfini qui produit une expérience du monde un peu excentrée, un peu autre, sans assises fixes ou claires. « La mélancolie comporte un état vague, sans aucune intention déterminée. Les expériences courantes ont besoin, quant à elles, d'objets palpables et de formes cristallisées, le contact avec la vie se fait, en ce cas, à travers l'individuel ; c'est un contact étroit et sûr. » (*CD*, 38) En dehors de ce contact, dans la perspective de l'infinité du monde, la pensée continue d'avancer mais à tâtons, aveugle aux cadres, et peut buter à tout moment sur une trouvaille, un autre objet de savoir, une autre vision du monde.

Aussi diffuse que l'angoisse, moins mordante peut-être, la mélancolie est clairement très présente chez Cioran, non simplement donc sous la forme de l'ennui un peu douçâtre des dimanches après-midi, mais peut-être plutôt comme une forme d'acédie qu'on aurait adaptée à la sauce moderne : en troquant la solitude du monastère pour celle de la mansarde, en remplaçant le silence de Dieu par sa mort.

> À l'ombre des monastères, une sourde tristesse faisait naître dans l'âme des moines ce vide que le Moyen Âge a nommé l'*acédie*. Ce dégoût issu du désert du cœur et de la pétrification du monde est le spleen religieux. Non un dégoût de Dieu mais un ennui *en* Dieu. L'*acédie*, ce sont tous les dimanches après-midi vécus dans le silence pesant des monastères.
> L'extase dans ses premiers élans se crée à elle-même un paysage ; l'acédie le défigure, rend la nature exsangue, l'existence fade, et suscite un ennui empoisonné que seul notre état de mortels privés de grâce nous permet de comprendre. L'acédie moderne n'est plus la solitude claustrale – bien que chacun de nous porte un cloître dans son âme – mais le vide et l'effroi face à un Dieu débile et déserté. (*LS*, 317)

L'acédie moderne apparaît donc comme le sentiment qui témoigne en quelque sorte de l'effritement des institutions, du sacré qui y correspond et de la notion du divin qui y est attachée. Ce vide claustral, cet ennui tout pascalien, Cioran l'a transporté dans sa mansarde. L'acédie moderne ou la mélancolie religieuse se révèle une façon de vivre avec acuité et sur une période prolongée la perte de ce qu'il appelle le « non-sens consolateur ». Vivre la perte et non le deuil puisqu'il n'y a pas de consolation pour cette perte. Il précise, pragmatiquement : « Il est évident que Dieu était une solution, et qu'on n'en trouvera jamais une autre qui soit aussi satisfaisante. » (*C*, 765) La mélancolie représente peut-être même une façon d'étirer cette perte, d'en éprouver l'étendue et la profondeur : « À la faveur des souffrances les âmes s'élançaient autrefois vers les voûtes ; tu butes contre elles. Et tu retombes dans le monde comme une Trappe sans foi, traînant sur le Boulevard, Ordre des filles perdues – et de ta perdition. » (*PD*, 645) Les effluves de la tradition restent, mais le paradigme religieux a changé : l'acédie subsistait à la faveur des monastères, la réalité des boulevards transforme cet ennui lourd en spleen (pour faire dans le baudelairisme). Dans le spleen, l'esprit devient ce cloître déserté, l'acédie n'est plus ce qu'elle était parce que sa contrepartie

– la plénitude, l'extase – s'est épuisée, ou simplement dispersée. L'homme mélancoliquement ou « spleenétiquement » moderne a quelque chose d'un « Mauvais moine » :

> Les cloîtres anciens sur leurs grandes murailles
> Étalaient en tableaux la sainte Vérité,
> Dont l'effet, réchauffant les pieuses entrailles,
> Tempérait la froideur de leur austérité.
>
> En ces temps où du Christ florissaient les semailles,
> Plus d'un illustre moine, aujourd'hui peu cité,
> Prenant pour atelier le champ des funérailles,
> Glorifiait la Mort avec simplicité.
>
> – Mon âme est un tombeau que, mauvais cénobite,
> Depuis l'éternité je parcours et j'habite ;
> Rien n'embellit les murs de ce cloître odieux.
>
> Ô moine fainéant ! Quand saurai-je donc faire
> Du spectacle vivant de ma triste misère
> Le travail de mes mains et l'amour de mes yeux[11] ?

Dans le spleen, il ne reste que cette austérité monacale qu'un rapport direct au divin ne vient plus compenser. Les références restent, mais la tradition est désormais sans contenu. Ou plutôt, l'acédie se répand, comme sécheresse du cœur et du couvent, sans consolation.

Cette sécheresse ne reste pourtant pas stérile. Dans l'Antiquité comme au Moyen Âge, la mélancolie, ou bile noire, était considérée comme un affect portant à la réflexion, voire comme une « maladie sacrée », au même titre que l'épilepsie. D'où la question qui apparaît comme la problématique ouvrant le *Problème XXX*, que la tradition attribue à Aristote : « Pourquoi tous ceux qui furent exceptionnels en philosophie, en politique, en poésie ou dans les arts étaient-ils de toute évidence mélancoliques [...][12] ? » Avec Aristote, la mélancolie a été associée au génie. Pourquoi ? Il serait vain d'entrer ici dans toute la théorie des humeurs qui, en offrant

11. Charles Baudelaire, *Les fleurs du mal*, Paris, Livre de poche, 1961, p. 27.
12. Aristote, *Problème XXX*, Paris, Éditions Allia, 2004, p. 7.

une sorte de taxinomie de la nature humaine, divertit mais n'explique rien fondamentalement. On pourrait ramener le génie de la mélancolie à l'idée générale de la création issue du mal proposée plus haut. On qualifierait par là une tendance, mais encore une fois on n'expliquerait rien. Cioran exploite à sa façon cette question qui fait l'objet du *Problème XXX*. Pour lui, le rapport entre la mélancolie et le génie – ou le savoir – devient une question, non plus d'humeurs, mais de hauteur, d'altitude ou de distance :

> La fatigue sépare l'homme du monde et de toutes choses. Le rythme intense de la vie ralentit, les pulsations organiques et l'activité intérieure perdent de cette tension qui particularise la vie dans le monde et qui en fait un moment immanent de l'existence. La fatigue représente le premier déterminant organique du savoir, car elle engendre les conditions indispensables d'une différenciation de l'homme dans le monde ; à travers elle, on rejoint cette perspective singulière qui place le monde devant l'homme. La fatigue vous fait vivre au-dessous de l'altitude habituelle de la vie et ne vous concède qu'un pressentiment des tensions vitales. La source de la mélancolie se trouve, par conséquent, dans une région où la vie est chancelante et problématique. Ainsi expliquerait-on sa fertilité pour le savoir et sa stérilité pour la vie. (*CD*, 38)

La mélancolie concerne une perte d'assises, elle s'installe dans le creux d'un vertige, d'une appréhension de l'infini, intérieur et extérieur, et c'est en ce sens qu'elle représente un possible pour le savoir. J'entends par là non pas tant le pouvoir de participer à l'érection du savoir ou d'ajouter une pierre aux édifices institutionnels ou disciplinaires de ce savoir, mais plus fondamentalement la possibilité de *créer* du savoir. Il ne s'agit donc pas de compiler, de mettre en ordre et d'interpréter des données, mais de poser des questions qui excèdent les monuments déjà existants et de chercher en empruntant d'autres voies que celles des autoroutes institutionnelles. Le rapport entre la mélancolie et le savoir se trouve donc dans cette forme d'excentrement qu'implique la création, dans cette solitude et cette étrangeté à la vie, au monde, à soi, qui imposent de chercher des questions et des réponses en empruntant des chemins moins piétinés. Et dans ce rapport d'étrangeté, on retrouve une fois de plus la dialectique irrésolue entre l'esprit et l'affect. Lorsqu'on se sent étranger, même s'il s'agit d'une sensation, donc d'une forme d'affect, on se trouve en quelque sorte du côté de l'esprit – soit un peu décollé ou détaché du corps et de ce qui l'assaille –, du côté de l'esprit qui observe, note, médite, produit de la pensée. L'esprit, le savoir et l'écriture font généralement – c'est-à-dire traditionnellement – partie d'une même trinité à laquelle on peut accéder par la mélancolie entre autres, en tant que force ou vecteur d'excentrement. Le détachement semble essentiel non seulement à l'esprit qui doit se distancer des affects, mais aussi au savoir qui a toujours besoin d'un objet et donc qui se veut séparé et non intriqué à cet objet, de même qu'à l'écriture qui, déjà dans son mouvement – le mouvement de la main sur le papier ou des doigts sur le clavier –, implique une médiation, une distance temporelle et spatiale entre la pensée et la création. La mélancolie, par le rapport d'étrangeté qu'elle initie, permet, à sa manière, d'enclencher tous ces processus de mise à distance. Il n'y a pas de « savoir mélancolique » sans écriture. Cioran, dans ses multiples mises à distance qui apparaissent aussi comme des mises en scène de l'esprit, produit une littérature affectée, et propose aussi – ainsi – un savoir affecté.

À la différence de la nostalgie, qui fait face au passé et à ses ruines, la perspective mélancolique n'est pas orientée, ni vers l'avant, ni vers l'arrière, ni vers l'avenir, ni vers le passé, elle n'est tout simplement pas assez ancrée pour être orientée ; perspective flottante, donc, qui ne permet pas encore de présumer de ce qui en naîtra. La vision mélancolique, s'il lui arrive de croiser des vestiges du passé, c'est en les contournant, et non en s'y posant comme dans la nostalgie, qui est désir à rebours, poursuite d'un absolu à contre-courant. La quête poursuivie dans la mélancolie n'a rien d'un retour – impossible – aux origines, vers une plénitude idéalisée ; elle n'a pas d'objet ou d'orientation précise mais se présente comme un horizon étendu, comme une expansion de l'esprit. La mélancolie dilue le moi, l'individualité, sans l'anéantir pourtant, et par cette dilution, une communication devient possible, une sorte d'interaction entre une perspective particulière et une projection universelle. C'est à cette intersection que la mélancolie trahit son lien essentiel avec le littéraire, c'est-à-dire là où particulier et universel se heurtent, là où immanence et transcendance se croisent. Puisque la mélancolie est cette « maladie sacrée », je serais tentée de la penser comme un symptôme du littéraire, mais le rapport se pose plus vraisemblablement à l'inverse, le littéraire serait plutôt un symptôme possible de la mélancolie : il en serait un effet, une manifestation extérieure, matérielle. Dans le littéraire – espace concret où s'inscrit l'esprit –, particulier et universel se rencontrent. La mélancolie, qui n'est pas que détachement mais qui est aussi incorporation, qui est l'affect où s'interpénètrent une intériorité et une extériorité, entretient le même genre de rapport : le mode d'être mélancolique se déploie ou se dilate donc un peu selon le même paradigme que celui du littéraire, c'est-à-dire selon un rapport d'interpénétration créateur. « Tout état d'âme tend à s'adapter à un extérieur correspondant à son genre, ou bien à le transformer en fonction de sa propre nature. Tout état essentiel et profond enveloppe en effet une correspondance intime entre les plans subjectif et objectif. » (*C*, 37) C'est sur ce plan, celui des correspondances entre différents ordres – subjectif et objectif, intérieur et extérieur, particulier et universel, immanent et transcendant – qu'on peut voir se dessiner les affinités entre le mode d'être mélancolique et l'objet littéraire, qui, plus qu'un objet, est aussi un processus et un mode d'être. Une des réponses possibles à la question d'Aristote au sujet du « génie mélancolique » se trouve peut-être dans ces correspondances justement, c'est-à-dire dans ce rapport de perméabilité et de transposition, dans cette ouverture du soi diffus à ce qu'on pourrait appeler l'*être*. Il s'agit là toutefois d'une conception plutôt ancienne ou puriste du littéraire, une conception où on cherche encore à voir la dimension transcendante reflétée dans la pensée et dans l'objet, qui cherche à y lire autre chose qu'une « accumulation incessante de faits interchangeables, [avalant] la projection verticale[13] ». Cette vision

13. Terry Cochran, *Plaidoyer pour une littérature comparée*, Québec, Nota bene, 2008, p. 43.

n'a plus cours aujourd'hui, dans la pensée littéraire moderne. La rappeler ici apporte en apparence une connotation plutôt romantique à toute cette vision du littéraire. Pourtant, il importe de la réintégrer, ne serait-ce que parce que, pour Cioran, l'écriture n'est pas une occupation indifférente, elle ne correspond pas non plus à l'action de collectionner des faits et des histoires qui s'additionnent sur un plan horizontal. La littérature est le lieu d'une quête du sacré ; elle est le lieu où il tente d'appréhender quelque chose de vertical ; elle est le terrain où on souhaite voir poindre quelque chose de transcendant, et donc elle se crée en ce sens, selon cette possibilité : elle se crée comme cet espace où quelque chose peut survenir, où du sacré peut apparaître.

La mélancolie, en tant qu'affect intercalé au littéraire, portant à la réflexion, au-delà de la perspective limitée du moi ou du particulier, prend une importance centrale dans toute cette symptomatologie. Je ne saurais dire si Cioran a bel et bien ce « génie mélancolique » qui a tant intrigué les penseurs de l'Antiquité et du Moyen Âge, mais on peut avancer avec un minimum d'assurance que cette mélancolie, qu'il ne se contente pas de porter mais qu'il s'attarde à penser, se révèle une des formes les plus essentielles de ce malaise existentiel et spirituel qui l'affecte, ne serait-ce qu'en raison de ce potentiel créateur qui l'accompagne, et qu'exploite l'auteur.

La dramatisation

Se frotter à la mélancolie et à son génie, c'est-à-dire à cette conjugaison qui s'opère entre la création (soit l'écriture) et le savoir, conduit presque naturellement à la notion de dramatisation qu'on retrouve chez Bataille. La dramatisation, si elle implique très certainement une mise en scène, n'est pas tout à fait entendue au sens de tragédie, mais plutôt au départ par opposition à l'indifférence. La dramatisation ou le drame pourrait être en ce sens similaire au sérieux de l'existence dans le lexique kierkegaardien. L'aptitude à dramatiser est essentielle sur un plan spirituel pour Bataille : « Si nous ne savions dramatiser, nous ne pourrions sortir de nous-mêmes. Nous vivrions isolés et tassés. Mais une sorte de rupture – dans l'angoisse – nous laisse à la limite des larmes : alors nous nous perdons, nous oublions nous-mêmes et communiquons avec un au-delà insaisissable[14]. » La dramatisation peut représenter cette fissure. Pour Bataille, elle conduit à cette ouverture ; en fait, « on n'atteint des états d'extase ou de ravissement qu'en *dramatisant* l'existence en général[15] ». Donc, clairement, la dramatisation a une fonction pour la recherche spirituelle. Les affects cioraniens (angoisse, mélancolie, désespoir) sont des expressions possibles de cette dramatisation ; ils représentent des moyens, qui n'ont rien de purement instrumental, mais qui servent tout de même à penser et à chercher du sacré en refusant de s'attarder aux monuments qu'on lui a élevés. La dramatisation devient une façon plus chic, plus conceptuelle, de dire qu'on mise sur la douleur, qu'on pense à partir d'un malaise, qu'on gratte la gale d'une blessure pour que ça saigne et, métaphoriquement, qu'avec le flot du sang jaillisse le flot de la pensée. Si on était tenté d'adopter une perspective instrumentaliste, la dramatisation pourrait même se confondre avec une stratégie servant à rentabiliser les affects, à les rendre utilisables, digestes, pour la pensée.

En réalité, même dans le contexte – celui de Bataille et celui de Cioran – d'une traque hors pistes d'un espace, une clairière, où trouver du sacré, on marche peut-être ici dans les traces du christianisme. Ce parti pris pour la dramatisation trahit en quelque sorte une filiation chrétienne. On peut y entendre ses échos, par exemple : le péché, la faute, la souillure, la félicité, la grâce, etc. Le mal et le drame sont nécessaires dans le christianisme, sans ses gouffres on ne peut se projeter en Dieu, on ne peut se sauver en Dieu. De façon générale, « une doctrine du salut n'a de sens que si nous partons de l'équation existence-souffrance » (*PD*, 604), et si toute doctrine du salut mise sur cette souffrance, c'est peut-être plus vrai dans le christianisme qu'ailleurs (que dans le bouddhisme, par exemple), dont le propre est d'utiliser la souffrance comme un levier vers ou pour la foi. En même temps qu'elle trahit sa parenté

14. Georges Bataille, *L'expérience intérieure*, Paris, Gallimard, 2000 [1954], p. 23.
15. *L'expérience intérieure*, p. 22.

avec le christianisme, cette dramatisation représente une ouverture, un saignement de possibles, que cicatrise au contraire l'action menée en vue de la suppression de la douleur. Bataille écrit :

> Autre équivoque : tenant au compromis entre l'autorité positive de Dieu et celle négative de la suppression de la douleur. Dans la volonté de supprimer la douleur, nous sommes conduits à l'action, au lieu de nous borner à dramatiser. L'action menée pour supprimer la douleur va finalement dans le sens contraire de la possibilité de dramatiser en son nom : nous ne tendons plus à l'extrême du possible, nous remédions au mal (sans grand effet), mais le possible en attendant n'a plus de sens, nous vivons de projet, formant un monde assez uni (sous le couvert d'inexpiable hostilités) avec le débauché, le boutiquier, le dévot égoïste[16].

On constate que la pensée de la dramatisation s'oppose encore une fois à l'esprit stoïcien. L'affect devient source de possibles : l'affect en soi, en dehors de l'institution qui tente de le reterritorialiser ou de s'en servir à ses fins. Pour s'opposer à une forme de dramatisation qui irait dans le sens de l'institution chrétienne et de son autorité, Bataille développe sa propre rhétorique :

> J'en arrive au plus important : *il faut rejeter les moyens extérieurs*. Le dramatique n'est pas être dans ces conditions-ci ou celles-là qui sont des conditions positives (comme être à demi perdu, pouvoir être sauvé). C'est simplement être. S'en apercevoir est, sans rien d'autre, contester avec assez de suite les faux-fuyants par lesquels nous nous dérobons d'habitude. Plus question de salut : c'est le plus odieux des faux-fuyants. La difficulté – que la contestation doit se faire au nom d'une autorité – est résolue ainsi : je conteste au nom de la contestation qu'est l'expérience elle-même (la volonté d'aller au bout du possible). L'expérience, son autorité, sa méthode ne se distinguent pas de la contestation[17].

L'expérience individuelle de la dramatisation, simplement liée au fait d'être, à l'existence, est elle-même l'autorité en vertu de laquelle on conteste ; elle est en soi une contestation, elle semble

16. *L'expérience intérieure*, p. 23-24.
17. *L'expérience intérieure*, p. 24.

n'avoir même pas besoin d'un aboutissement pour être justifiée, elle l'est d'emblée.

Que représente l'écriture dans ce contexte ? L'écriture devient l'inscription de quelque chose qui ne veut pas guérir ; l'inscription de quelque chose qui se cherche comme malaise précisément (et non comme délivrance). Il y a intrication de l'écriture et de la pensée – la pensée en quête de sacré qui dramatise son rapport au monde ou encore qui reproduit son rapport au monde par le moyen (inévitable) d'une dramatisation. C'est le mouvement de dramatisation qui, en réinscrivant le malaise, laisse voir toute tentative de délivrance comme une illusion. La dramatisation devient chez Cioran ce qui joint l'affect, la recherche du sacré et l'écriture dans un même ensemble qui, sans être fermé sur lui-même, s'avère quand même difficile à pénétrer. Par la dramatisation, on produit une mise en scène de l'esprit, soit, dans le contexte présent, une mise en scène de l'esprit qui est affecté et qui reporte sa perméabilité, son « affectabilité », dans une recherche qui concerne le plan ontologique, celui duquel divertissent les divers affects qui frappent tout en le révélant, sous une forme toujours différée, toujours autre – méconnaissable. Et nul doute que chercher du sacré, c'est, entre autres, dramatiser (peut-être la proposition est-elle également, à certains égards, réversible) : action qui se fonde par elle-même, en elle-même, à travers une sorte d'exigence de l'être. Ce genre de recherche implique la dramatisation de ce que la plupart tiennent pour acquis, implique de ruminer et de souffrir de ce qui, pour d'autres, n'est qu'un point de départ à propos duquel il serait vain de se torturer :

> Depuis que j'existe, mon seul et unique problème a été : comment ne *plus* souffrir ? Je n'ai pu le résoudre que par des échappatoires, c'est-à-dire que je ne l'ai pas résolu du tout.
> Sans doute ai-je souffert beaucoup à cause de diverses infirmités mais la raison essentielle de mes tourments a tenu à l'*être*, à l'être même, au pur fait d'exister, et c'est pour cela qu'il n'y a pas pour moi d'apaisement. (*C*, 684)

Dans cette « équation existence-souffrance », se poser la question de l'être, souffrir de l'absence de réponse, c'est une façon de dramatiser, et c'est une façon de poser la question du sacré. Parce que cette question ne surgit pas d'elle-même ; toute cette symptomatologie tend d'ailleurs à retracer le milieu naturel (par moments un désert aride, par moments une jungle impraticable) propice à son émergence. Comme le mentionne Eliade : la question ontologique correspond au problème du sacré[18], et j'ajouterai qu'il n'est jamais suffisant de mettre le doigt sur la question, il faut se déplacer avec elle, suivre du doigt son mouvement, qui est, ici, dramatisation.

> [...] la dramatisation a nécessairement une clé, sous forme d'élément incontesté (décidant), de valeur sans laquelle il ne peut exister de drame mais l'indifférence. Ainsi, du moment où le drame nous atteint et du moins s'il est ressenti comme touchant en nous généralement l'homme, nous atteignons l'autorité, ce qui cause le drame. (De même s'il existe en nous une autorité, une valeur, il y a drame, car si elle est telle, il faut la prendre au sérieux, totalement[19].)

Il est tentant d'associer le sacré à cette clé dont parle Bataille. Pourtant, l'image du sacré comme serrure est peut-être plus juste que celle du sacré comme clé. À différents affects correspondraient différentes clés dont on ne sait pas si – individuellement ou toutes ensemble – elles peuvent se glisser dans la serrure du sacré, dont on ne sait pas si elles peuvent ouvrir, déverrouiller quelque chose qui bloque. C'est l'écriture, comme médium de la dramatisation, qui déplace les éléments en présence et, pour poursuivre la métaphore, qui approche la clé de la serrure. Comme trait d'union entre l'affect et le sacré, il y a donc l'écriture – qui ne fait pas que tenter de les joindre mais qui, aussi, les contient.

La dramatisation est un mouvement, tout comme l'*angoissement*, et comme tel, elle provoque des choses, elle chahute et entraîne celui qui écrit dans sa course ; une course qui reste discursive malgré que l'affect en constitue le souffle. Le terme discursif est peut-être mal choisi puisqu'il s'attache traditionnellement au logos et à tous ses dérivés : parole, discours, rationalité, science.

18. Mircea Eliade, *Le sacré et le profane*, Paris, Gallimard, 2008 [1965], p. 61.
19. *L'expérience intérieure*, p. 22.

Ce dont il est question relève plutôt de l'écriture telle que liée au littéraire, de l'écriture comme forme d'art, comme mise en mots ou en texte d'une sensibilité, donc aussi d'une spiritualisation de cette sensibilité – d'une mise en scène ou en esprit. Cet amalgame de l'affect, de l'esprit, du sacré et de l'écriture apparaît dans cette autre vision de la dramatisation que propose Bataille :

> [...] c'est la volonté, s'ajoutant au discours, de ne pas s'en tenir à l'énoncé, d'obliger à sentir le glacé du vent, à être nu. D'où l'art dramatique utilisant la sensation, non discursive, s'efforçant de frapper, pour cela imitant le bruit du vent et tâchant de glacer – comme par contagion : il fait trembler sur scène un personnage (plutôt que recourir à ces grossiers moyens, le philosophe s'entoure de signes narcotiques)[20].

Rien de narcotique dans l'écriture de Cioran, qui s'emporte d'ailleurs fréquemment contre la philosophie, dans un esprit encore une fois très anti-stoïcien : « On ne peut éluder l'existence par des explications, on ne peut que la subir, l'aimer ou la haïr, l'adorer ou la craindre, dans cette alternance de félicité et d'horreur qui exprime le rythme même de l'être, ses oscillations, ses dissonances, ses véhémences amères ou allègres. » (*PD*, 622-623) Il s'agit de se laisser affecter, de se livrer, sans défense, aux affects ; il n'est question de rien d'autre ici. Ces affects forment son tissu textuel, ils sont mis en scène par ou dans la dramatisation. Pour exprimer le lien avec l'esprit qui fait partie de l'écriture sans pour autant la conduire sur un terrain stable, Bataille a recours à l'image du sable mouvant :

> Ce sable où nous nous enfonçons pour ne pas voir, est formé de mots, et la contestation, devant se servir d'eux, fait songer – si je passe d'une image à une autre différente – à l'homme enlisé, se débattant et que ses efforts enfoncent à coup sûr : et il est vrai que les mots, leurs dédales, l'immensité épuisante de leurs possibles, enfin leur traîtrise, ont quelque chose des sables mouvants[21].

Les mots sont fondamentalement infidèles. Malgré qu'ils soient l'instrument privilégié du logos, ils ne sont pas justes, fixes, mais

20. *L'expérience intérieure*, p. 26.
21. *L'expérience intérieure*.

glissants, ambigus. Particulièrement dans l'écriture qui, si elle semble fixer les mots et leur signification plus efficacement que dans la parole, ne fait en réalité que représenter leur caractère fuyant. Rien de nouveau ici : c'est l'objet de toute l'entreprise derridienne que de dire cette insaisissabilité, de montrer cette *différance* fondamentale. Les affects quant à eux fonctionnent (ou dysfonctionnent) comme les mots : ils déplacent l'écriture, la rendent meuble, ce qui fait de la dramatisation un mouvement profondément instable, et fécond dans cette instabilité même.

Dans la dramatisation, les liens se tissent entre l'affect, le sacré et l'écriture, sous couvert d'une pensée qui rassemblerait tout, d'un esprit apparemment mis à l'avant-plan parce que le médium est discursif. Mais si l'esprit est présent dans l'écriture, s'il participe à la mise en scène, il n'est pourtant pas parfaitement en contrôle. Ce qui lui échappe – le sacré, certains affects, l'écriture elle-même –, il y pense, il se laisse frapper et dépasser par moments et ce que nous recevons dans cette écriture dramatisée, ce qui nous affecte, c'est justement cet enfoncement dans les sables mouvants du mot, c'est ce qui n'est pas maîtrisé dans le mot, c'est la dimension ressentie et non raisonnée du mot : dramatique, dramatisante.

Le désespoir

Si tous les symptômes cioraniens du malaise participent d'une quelconque forme de dramatisation, le désespoir évoque de façon peut-être plus littérale ou évidente ce lien. Le désespoir, c'est peut-être en fait le drame à l'état pur, mais le drame avant qu'il ne devienne processus, c'est-à-dire dramatisation. Il s'agirait en quelque sorte de l'état préhistorique ou primitif de la dramatisation. C'est l'affect qui surgit quand on ne trouve pas de réponse au problème de l'existence, au problème de l'être, au problème du sacré ; c'est l'affect qui élève cette absence de réponse en défi et qui consolide par là une forme de marginalité, un état d'exception personnel. Le désespoir apparaît qualitativement plus lourd que la mélancolie, la nostalgie, l'ennui, l'angoisse qui traversent l'œuvre cioranienne. Il s'agit pour Cioran d'un au-delà de la mélancolie, qui reste quant à elle stationnée dans un refus du monde :

> La mélancolie comme limite, comme degré suprême d'inadhésion au monde, est le propre des âmes religieuses qui ne peuvent croire. La mélancolie est stationnaire : elle n'avance pas vers Dieu, elle empêche la foi. Je le répète : il s'agit de la mélancolie qui ne permet pas un état plus fort, plus intense qu'elle (désespoir, etc.), et qui est le maximum qu'on puisse atteindre en fait de refus de l'ici-bas. (*C*, 632-633)

Le désespoir ajoute une nuance religieuse à la collection d'affects qui assaillent Cioran, il est ce en vertu de quoi on doit poser la question de Dieu – soit cet équivalent à la question de l'être ou cette façon métaphysique de poser la question ontologique. Dans le désespoir, on expérimente une forme de drame religieux ou de crise religieuse qui porte à « perforer la couche des apparences qui nous sépare de l'essentiel » (*C*, 50) et à se frotter à l'idée de Dieu. Pas de doute à ce sujet pour Cioran : « Le désespoir qui ne débouche pas sur Dieu, qui ne s'y heurte pas, n'est pas un vrai désespoir. Le désespoir est presque indistinct de la prière, il est en tous cas le germe de toutes les prières. » (*C*, 571) Le désespoir représente un point tournant dans le christianisme, il est le moment où, du drame à la dramatisation, on risque de basculer dans la foi et donc de perdre cette forme de dramatisation (qui est contestation, refus de la délivrance) ; il est l'instant le plus proche de la prière. Mais pour Cioran, comme pour Bataille, cette issue n'en est pas une. Il faut atteindre ce point intense et instable et y rester, c'est-à-dire éviter ce que Bataille appelle les « faux-fuyants » et ce que Cioran appelle le « non-sens consolateur ». S'il faut se frotter à Dieu, c'est à Dieu comme interlocuteur et non comme sauveur qu'il faut faire appel. Dans cette version démoniaque du désespoir, cette dramatisation de l'existence occupe tout l'espace de pensée, selon un mode tout à fait ambivalent par lequel on côtoie Dieu par la prière tout en refusant Dieu comme réponse. Il s'agit en fait de ne pas fermer le problème de l'existence dans une « formule de vie », quelle qu'elle soit, ce que Cioran a cherché et a évité :

> Quand je pense à ce que j'ai voulu faire, je trouve que j'ai cherché une formule de vie, une façon de m'accommoder de l'existence et que mes efforts n'ont pas abouti ni échoué. Le vrai est qu'il m'a été impossible de me fixer à une de ces formules qui m'ont tenté. Je suis passé par plusieurs étapes ou plutôt je me suis débattu sur plusieurs plans, sans trouver un moment ou un lieu privilégié. Non, je n'ai pas trouvé une formule de vie dont je puisse me réclamer. Cet échec est ma caractéristique et presque ma gloire. (*C*, 613)

En se flattant de cet échec, il réaffirme ici la tonalité démoniaque de son désespoir, la volonté de préserver la « vraie pensée », celle qui ressemble « à un démon qui trouble les sources de la vie, ou à une maladie qui en affecte les racines mêmes » (*CD*, 47).

Le désespoir démoniaque, qu'on le pense à partir de Cioran ou de Kierkegaard, c'est le désespoir qui devient en quelque sorte une armature subjective. Les figures de désespérés qu'ils décrivent ou représentent ne tiennent dans l'existence qu'à travers et en raison de leur désespoir : il leur est essentiel, constitutif. Ce qui équivaut à dire que le désespoir démoniaque est celui auquel on tient, celui sans lequel toute persistance dans l'existence devient étrangement et paradoxalement impensable, voire impossible. Kierkegaard écrit :

> Le désespoir démoniaque est la puissance la plus élevée du désespoir où l'on veut être soi. [...] par haine de la vie, il [le désespéré] veut être lui-même, il veut être lui-même selon sa misère ; il veut être lui-même non par dépit ou en dépit de tout, mais par défi ; il ne veut pas par dépit détacher son moi de la puissance qui l'a posé, mais il veut par défi s'imposer à elle, lui tenir tête ; il veut par malice se tenir à elle et, bien entendu, une objection méchante doit avant tout avoir soin de se tenir à la chose contre laquelle elle s'élève. [...] L'homme faiblement désespéré ne veut pas entendre parler de la consolation que lui réserve l'éternité ; et de même celui-ci, mais pour une autre raison, car cette consolation justement serait sa perte comme objection vivante dressée contre toute la vie[22].

22. Søren Kierkegaard, *La maladie à la mort*, Paris, Nathan, 2006, p. 120.

Dans le désespoir démoniaque, la proximité avec la prière prend rapidement un ton blasphématoire, ou se transforme en anathème, plus conforme à cette ambiguïté et à ce défi qu'il renferme. Mais de façon plus générale encore, c'est l'absence de médiation, le fait que le rapport à la transcendance s'établit en ligne directe, sans intermédiaire ou institution, qui semble, pour Kierkegaard, caractériser le démoniaque. Si on en croit Jean Wahl, à tout le moins :

> Est démoniaque, dit Kierkegaard, toute individualité qui, sans médiation, seule, par soi-même est en relation avec l'idée, en relation particulière avec le divin. L'homme démoniaque a dépassé le domaine du général, précisément parce qu'ayant une relation particulière avec le général, il le transforme en particulier. Il est un être replié, enfermé dans son individualité, vivant dans son silence, dans le domaine sacré du particulier. Mais ce silence sera tantôt la ruse du démon, et tantôt le témoignage de Dieu. L'homme religieux et le criminel sont tous deux démoniaques ; l'Ivan de Dostoïevski comme Aliocha, le Séducteur de Kierkegaard comme l'apôtre. « Des natures de cette sorte sont soit perdues dans le paradoxe démoniaque, soit délivrées dans le paradoxe divin. » Elles sont avec le divin dans une relation ambivalente[23].

Peut-être est-ce le propre de cette relation particulière de projeter dans l'ambivalence. Quoi qu'il en soit, l'absence de médiation semble confiner à un mouvement de balancier, qu'un simple souffle – divin ou démoniaque – peut inverser. La réflexion de Wahl s'applique apparemment bien à Cioran, dont le désespoir se vit et se déploie (si on peut parler ainsi du désespoir et de son mouvement) sur un mode aussi direct que conflictuel.

Que signifie ce conflit, justement ? Comment l'interpréter en allant au-delà du défi ou du démoniaque qu'il représente ? Quand Cioran écrit : « Le *désaccord* avec les choses est un signe évident de vitalité spirituelle, et cela est plus vrai encore du désaccord avec Dieu. Se réconcilier avec lui signifierait ne plus vivre soi-même, mais être vécu *par lui*. En nous assimilant à lui, nous

23. *Kierkegaard. L'Un devant l'Autre*, p. 51-52.

disparaissons ; en le rejetant, nous perdons toute raison d'exister » (*LS*, 310-311), il met l'accent, dans un esprit tout à fait moderne, sur la subjectivité, sur l'importance de justifier son existence en trouvant quelque chose qui nous permette d'y persévérer. Attiser le conflit avec Dieu, c'est déjà quelque chose de trouvé, quelque chose qui va encore une fois dans le sens du défi que semble vouloir poser la subjectivité à la puissance qui l'a elle-même posée, pour parler en termes kierkegaardiens. Ne pourrait-on pas plutôt comprendre ce conflit ou cette tension comme une façon artificielle et détournée de créer un lieu de médiation nécessaire à la pensée ? Évidemment, on devrait conséquemment supposer que cette absence de médiation qui caractérise le démoniaque est dépassée, c'est-à-dire que le conflit représente maintenant plus qu'une relation avec le divin claquemurée dans une subjectivité étanche, il représente plus qu'une simple tension dans laquelle Cioran se vautre parce qu'elle le justifie : il devient un espace de pensée, un champ de bataille où se remuent et se débattent des affects et des idées. On comprend aussi que ce n'est pas, pour Cioran, simplement dans l'interpellation de Dieu ou d'une quelconque forme de transcendance que le sujet construit pour lui-même un point de médiation nécessaire pour se penser, mais que c'est plutôt le conflit avec la transcendance qui devient quelque chose de plus vaste que ce cri qui part de soi et qui y revient, soit un espace qui reste subjectif tout en débordant des limites du particulier, qui devient un lieu de médiation. Dans le cas de Cioran, le doute sert d'appui pour préserver le conflit, il sert à éviter de trop pencher vers la négation ou vers la foi, et donc à préserver ce lieu inconfortable de médiation, ces limbes d'une pensée constamment en crise.

Le conflit, produit du désespoir, est donc aussi une forme de dramatisation, ou plutôt un produit de cette dramatisation, une façon de l'objectiver un peu pour penser à partir d'elle, une façon d'en faire quelque chose qui excède la pure intériorité, quelque chose qui a ses racines dans l'intériorité mais qui pousse en dehors de soi. Ce « quelque chose » semblerait plus précis si on parlait plutôt de l'objet littéraire ; le livre étant la matérialisation de ce conflit, la seule façon, comme « exercice impudique », non seulement de l'exprimer et de l'extraire minimalement de soi, mais aussi de le rendre créateur. Le conflit et sa matérialisation littéraire se révèlent une fonction de l'esprit, un mécanisme par lequel s'affine la conscience de soi, une fonction dynamique qui actionne la quête d'un sacré qu'on ne trouve plus par les voies ordinaires de la tradition, qu'on ne trouve plus dans l'harmonie avec ou en Dieu. Dieu, même mort, revit dans le conflit que met en scène Cioran :

> Étant fonction de notre désespoir, Dieu devrait continuer à exister même en présence de preuves irréfutables de son inexistence. À vrai dire, tout plaide pour et contre lui, car tout ce qui est le dément et le confirme. Le blasphème et la prière se justifient également dans le même instant. Lorsque vous les proférez ensemble, vous vous rapprochez du représentant suprême de l'Équivoque. (*LS*, 328)

Et effectivement, prière et blasphème sont deux manières similaires d'exprimer le conflit, de vivre la même crise spirituelle. « Il n'est pas facile d'écrire sur Dieu quand on n'est ni croyant ni athée : et c'est sans doute notre drame de ne plus pouvoir être l'un ni l'autre. » (*C*, 226) C'est pourquoi prière et blasphème doivent être proférés dans le même instant, pour rester dans l'ambiguïté, dans l'indécision, dans le déséquilibre d'une « religiosité athée », cette *Stimmung* contemporaine. La prière seule, celle qui aurait semé son ombre, qui se présenterait spontanément sans son venin ou sa contrepartie blasphématoire, semble impossible à Cioran. La prière qui viendrait seule mettrait fin au conflit, mettrait fin à la recherche en la reterritorialisant vers des voies déjà connues.

La tension à préserver peut être illustrée en conjuguant les deux passages suivants : « En ce moment j'ai *mal*. Cette sensation n'a de sens que pour moi ; elle coïncide avec ma vie – maintenant en tout cas. Cet événement crucial en ce qui me regarde est inexistant et presque inimaginable pour le reste des êtres. Sauf pour *Dieu*, si ce mot était autre chose qu'un mot. On saisit ici le rôle de la religion et ce qu'elle a d'irremplaçable, d'unique » (*C*, 733) et « je ne voudrais pas attraper la foi parce que je suis plus malheureux que je ne l'ai jamais été. Il faut être *fort*, continuer sans appuis, sans béquilles, sans l'assistance de personne. Je ne veux pas recourir à Dieu parce que je suis coincé[24] » (*C*, 716). Le mal semble légitimer le conflit plutôt que sa dissolution, parce qu'il est un principe créateur, d'une part et selon une logique circulaire (rappelant les prémisses de ce chapitre), et d'autre part parce que sa perpétuation évite la tromperie monumentale d'une solution. Il s'agit donc d'une équation sans solution : parce qu'il n'y a pas de corrigé qui permettrait de trancher sur la vérité ou la fausseté de la solution, mieux vaut alors s'abstenir de la solution traditionnelle, qui de toute façon ne tire sa valeur de vérité que de son autorité institutionnelle. On touche ici au nerf du problème, soit cette crainte de « sombrer » dans une réponse, une formule de vie ou une solution. Derrière le conflit interminable, il y a une crainte, qui nous ramène à l'angoisse, élément fondamental de cette symptomatologie : non plus l'angoisse de l'absence d'un sens ou d'une réponse, mais plutôt l'angoisse de se tromper de réponse, de choisir un leurre.

> Quel plus grand renoncement que la foi ? Il est vrai que sans elle on s'engage dans une infinité d'impasses. Mais tout en sachant que rien ne peut mener à rien, que l'univers n'est qu'un sous-produit de notre tristesse, pourquoi sacrifierions-nous ce plaisir de trébucher et de nous écraser la tête contre la terre et le ciel ? Les solutions que nous propose notre lâcheté ancestrale sont les pires désertions à notre devoir de décence intellectuelle. Se tromper, vivre et mourir dupe, c'est bien ce que font les hommes. Mais il existe une dignité qui nous préserve de disparaître en Dieu et qui transforme tous nos instants en prières que nous ne ferons jamais. (*PD*, 587-588)

Ces prières mort-nées sont une autre forme de mise en scène ; elles sont la représentation de la dramatisation cioranienne en même temps que la représentation d'un désir de sacré qui ne sait pas choisir son objet ; elles sont aussi la forme que prend cette

24. Cette phrase pourrait être comprise au moins de deux façons : « je ne veux pas recourir à Dieu *seulement* parce que je suis coincé » ou « c'est parce que je suis coincé que je ne veux pas recourir à Dieu ». C'est la deuxième acception que je retiens.

crainte de se tromper dès qu'on pense avoir trouvé – qu'il s'agisse de prières mort-nées ou prières à l'envers, si j'ose reprendre cette prière négative déjà citée dans le premier chapitre (puisque l'essence de la prière, la réitération, le permet) :

> (Seigneur, donnez-moi la faculté de ne jamais prier, épargnez-moi l'insanité de toute adoration, éloignez de moi cette tentation d'amour qui me livrerait pour toujours à Vous. Que le vide s'étende entre mon cœur et le ciel ! Je ne souhaite point mes déserts peuplés de votre présence, mes nuits tyrannisées par votre lumière, mes Sibéries fondues sous votre soleil. [...] Je ne demande à votre stupide omnipotence que le respect de ma solitude et de mes tourments. Je n'ai que faire de vos paroles ; et je crains la folie qui me les ferait entendre [...].) (*PD*, 660)

Évidemment Dieu est un risque, mais il n'est pas le seul, toute forme de croyance ou de certitude implique le même risque d'erreur d'une part, et d'autre part d'achèvement de la pensée, voire d'auto-achèvement lorsqu'on se conçoit comme un esprit qui cherche. En ce sens, adresser une prière à un Dieu en lequel on ne croit pas pour demander à être épargné de la tentation de prier révèle, d'une façon peut-être moins paradoxale qu'il peut le sembler, l'importance de la crise du sacré pour la pensée, c'est-à-dire cette volonté de trouver à qui ou à quoi s'adresser sans pourtant s'effacer en cours de route.

L'erreur

Le paradoxe cioranien va au-delà de la prière à rebours. Il se trouve dans l'impasse que représente presque invariablement la solution choisie. C'est-à-dire que dès qu'on choisit, on se trompe potentiellement ; pire, on se trompe peut-être dans le simple fait de croire qu'on peut choisir, dans le fait de croire que le sacré est un effet de la volonté humaine. Le sacré est et reste inhumain, même si c'est toujours, dans la vision moderne, une subjectivité qui le recueille ou le récupère, qui en parle et qui l'institutionnalise. C'est l'élément transcendant qui traverse le sacré – qui l'investit dans l'imaginaire de l'esprit qui y pense – qui fait du sacré quelque chose d'inhumain, quelque chose qu'on recherche pour cette inhumanité même. Les larmes, sujet cher à Cioran, qui y consacre un livre et qui se propose dans un passage d'en faire une herméneutique, sont un exemple d'une manifestation inhumaine liée au sacré. Les larmes ne sont pas des pleurs, elles donnent un goût extérieur, vrai, transcendant au sentiment, et en ce sens, représentent une sorte de critère extérieur permettant de trancher quant à la valeur sacrée à accorder à une expérience, à un sentiment, à une croyance : « Les larmes, critère de la vérité dans le monde des sentiments. Larmes et non pleurs. Il existe une disposition aux larmes qui s'exprime par une avalanche *intérieure*. Il y a des *initiés* en matière de larmes qui n'ont jamais pleuré *effectivement*. » (*LS*, 302) Les larmes – on pense à celles qui mouillent les joues des mystiques, par exemple – sont donc une façon de discriminer, un élément qui permet de décider de la vérité ou de l'erreur de ce qui est vécu, ou, autrement dit, une façon de peser à la balance du transcendant :

> Bien que les larmes ne soient pas porteuses du salut, ne garantissent pas l'existence de l'éternité, elles ouvrent le devenir humain à son extérieur, à une émotivité menant à un dépassement de soi, irréductible au seul devenir. L'extase et la malédiction, le bien et le mal, la joie absolue et la honte d'exister : deux extrêmes qui bouclent la boucle, qui se retrouvent dans la conduction lacrymale. Le songe de Cioran dépeint une solution déjà connue dans le domaine religieux et littéraire et reconnaît que les larmes sont enchevêtrées au sacré et expriment à la fois un pouvoir de transfiguration terrestre et l'impuissance vis-à-vis de la grandeur évoquée[25].

Les larmes sont involontaires, leur flot a une source extérieure à l'individu qui les produit, et par cette inhumanité ou cette transcendance qu'on leur suppose, elles deviennent conductrices de sacré, de la même manière qu'un fil de métal serait conducteur d'électricité. Elles sont peut-être l'incarnation exemplaire de

25. Terry Cochran, *De Samson à Mohammed Atta. Foi, savoir et sacrifice humain*, Montréal, Fides, 2007, p. 75-76.

l'affect – terme que j'emploie généralement dans ces pages de manière conceptuelle, à l'intérieur d'une opposition binaire avec la conscience et la maîtrise – dans la mesure où elles *adviennent* à celui ou celle qui les produit, elles *sont reçues* par celui ou celle qui les laisse ruisseler sur son propre visage. En ce sens, elles n'ont pas leur source exclusive dans une subjectivité ; elles sont en partie le produit d'une intériorité, et en partie celui d'une extériorité, dont la puissance d'affection laisse supposer son caractère transcendant. Ce métissage entre immanence et transcendance fait des larmes le signe d'un affect puissant parce que dans son individualité même, dans son incarnation même, il transporte autre chose, quelque chose de plus grand que soi, quelque chose de sacré. Il transporte par ce métissage, d'une façon plus évidente que dans l'affect « ordinaire », immanent, entièrement subjectif ou intérieur, la possibilité d'un savoir, d'un savoir autre.

Mais ce genre de transport affectif n'advient pas sans questions ou sans incertitudes. Quand un tel signe ou une telle manifestation qui nous dépasse manque, comment trancher ? Comment savoir si ce qu'on touche a bien quelque chose de sacré ? Comment savoir si la quête a trouvé sa finalité et sa fin ? Justement, c'est ce savoir qui manque à Cioran. Ce savoir, qui ne peut pas être qualifié de scientifique, donc entendu au sens le plus général qui soit, pourrait aussi bien être de l'ordre d'une foi ou d'une croyance, éléments qui manquent aussi de toute façon dans le contexte cioranien. L'affect est le moyen par lequel le sacré peut nous apparaître, se révéler à nous ou se construire en nous, ce qui rend difficile de le transplanter dans le champ du savoir tel qu'on le conçoit habituellement selon le paradigme de la science, et n'ayant que très peu à voir, dans une représentation idéale, avec le domaine du sentiment. La foi ou la croyance se lie plus facilement à l'économie affective du sacré, cependant Cioran y reste tout aussi étranger. Dans ses propres mots :

> Il m'arrive de me mettre dans l'état où doivent se trouver les croyants ; mais le *supplément d'adhésion* que cet état exige pour qu'il devienne *foi*, je ne puis le fournir. Je remplis parfois les conditions psychologiques de l'acte de croire sans la *conviction* qui le rendrait inséparable de la présence de Dieu. Cette présence

> n'est pour moi qu'une supposition ou une possibilité, jamais une donnée ou une certitude. En somme, je peux bien désarticuler le mécanisme de la foi d'après mes propres expériences mais sans, à aucun moment, posséder la *faculté de croire*. (*C*, 547)

L'expérience cioranienne bloque au seuil de la foi. Si son rapport à la transcendance se révèle aussi affectif qu'intellectuel, le plan horizontal n'est jamais abandonné, et sur ce plan, aucune *certitude* ne se maintient dans le temps. On reste dans l'angoisse d'un possible, dans une angoisse comme liberté de l'être entravé, sans que cette entrave ou ce possible se transmuent dans la réalité pleine que simule ou crée la foi. Autrement dit, le possible s'étire et se prolonge sans jamais devenir une certitude, qu'il s'agisse d'une certitude issue d'un savoir ou d'une foi.

Cette impasse est-elle autre chose qu'un désespoir, un « désespoir face à la *connaissance* » dirait Cioran ? Il identifie deux formes principales de ce désespoir, la mystique et le scepticisme : « La mystique est une évasion hors de la connaissance, le scepticisme une connaissance sans espoir. Deux manières de dire que le *monde* n'est pas une *solution*. » (*LS*, 299) Deux formes de refus du monde avec lesquelles flirte Cioran qui, même s'il se réclame du scepticisme, semble plutôt se projeter dans une forme de désespoir intermédiaire, face à la connaissance toujours, mais sans cesser de chercher quelque chose qui déborderait des cadres du savoir et de la foi, soit un nouveau paradigme pour appréhender le sacré en dehors de ce qui fait autorité. Il navigue dans le désespoir en enregistrant la déliquescence d'une tradition et les ruines qui restent partout autour. Il transcrit le conflit qu'il vit et entretient avec cette tradition essoufflée et ses fondements, conflit qui joue un peu le rôle d'un espace de médiation. Il enregistre ce qu'il dit être l'*imminent*, soit ce qui survient sur le mode de la catastrophe, de l'accident, ce qui nous trouve et qu'on ne trouve pas simplement, automatiquement, au bout d'une quête : « j'enregistre l'*imminen*t, la soif d'un monde qui s'annule, et qui, sur la ruine de ses évidences, court vers l'insolite et l'incommensurable, vers un style spasmodique » (*TE*, 885). Il recueille l'incertitude et l'angoisse spirituelle liées au fait de chercher du sacré sans balises et sans savoir si ce sur quoi il bute – ou risque de buter – est valable. Et la littérature est évidemment cette pellicule qui reçoit, de façon non identique, l'image affective de ces enregistrements.

On constate que la symptomatologie sommaire décrite ici finit par tracer un cercle vicieux autour de la quête d'un sacré et de son processus d'enregistrement. Il n'y a pas de voie de sortie en dehors de ces maux qui initient, accompagnent et prolongent cette longue investigation spirituelle. Ces symptômes ne sont donc pas des symptômes à traiter mais bien à préserver. Leur enchevêtrement forme la toile de cette recherche, toile dont le dessin est particulier à Cioran, et qui, dans l'entrelacs spécifique des affects qui la constitue, risque de retenir quelque chose du sacré entre ses mailles. Quelque chose de vrai ou quelque chose de trompeur, personne ne peut trancher, sinon Dieu ou son équivalent, mais il ne peut plus être admis, sinon comme interlocuteur dans le conflit qui oppose Cioran aux versions traditionnelles de la transcendance.

Le doute et son éclatement

Le doute a un statut pour le moins ambigu chez Cioran, rien n'est plus clair : « D'abord instrument ou méthode, le scepticisme a fini par s'instaurer en moi, par devenir ma physiologie, le destin de mon corps, mon principe viscéral, le mal dont je ne sais plus comment guérir ni comment périr. » (*TE*, 885) Sous ses dehors démoniaques, le doute joue surtout le rôle d'un frein, il ralentit les enthousiasmes, les emportements sentimentaux ou spirituels, il pose un point d'interrogation géant sur toutes nos expériences, sur l'autorité qu'on leur attribue et l'interprétation qu'on en donne. Il permet de résister au lot d'illusions, de leurres ou d'erreurs que toute cette quête d'un sacré implique nécessairement. C'est dans cette optique que s'inscrit le parti pris pour l'indélivrance qu'on retrouve fréquemment dans l'œuvre, qui mise sur l'impossibilité d'être sauvé, d'être la « proie » d'un salut par lequel et à propos duquel on peut toujours se tromper. Cette réflexion au sujet de l'indélivrance se rapproche de ce dont il a été question au sujet du désespoir, du défi qu'il représente chez Cioran, et du conflit qui, en lui, est exacerbé dans la mesure où il s'agit autant d'un point de médiation que d'un excitant pour la pensée. Le parti pris pour l'indélivrance, en tant que tentative d'éviter de se tromper de façon définitive dans un salut, implique donc nécessairement le prolongement de la recherche, une recherche qu'on ne peut qualifier autrement que de désespérée – sur le plan du processus et quant à la finalité. Mais comme le confesse Cioran lui-même: « J'aime la quête de la délivrance plus que la délivrance » (*C*, 308), ce qui implique plus ou moins qu'il accepte une forme d'errance inévitable, qu'il reconnaît un rôle à l'incertitude, un rôle glissant et positif, parce qu'elle favorise le dynamisme de la quête de sacré, dynamisme qui s'exprime dans une quête permanente. Son mouvement se rapproche d'une forme de mysticisme bavard, stylisé, littérarisé, et perpétuellement inabouti. Le doute n'est évidemment pas qu'une pose désillusionnée, empruntée parce que le *Zeitgeist* – ce tiraillement où on sent une « religiosité athée » – la commande. Il se rattache à une crainte, à une angoisse, celle du début, cette « liberté entravée » qui saisit n'importe quel prétexte, les faux comme les vrais, pour s'étendre. La crainte du salut, puisqu'elle porte sur ce qui l'achèverait, est à la fois un vrai et un faux prétexte d'angoisse: « C'est par l'imperfection que nous sommes supérieurs à Dieu ; et c'est la crainte de la perdre qui nous fait fuir la sainteté ! La terreur d'un avenir où nous ne serions plus désespérés..., où, au bout de nos désastres, en apparaîtrait un autre, non souhaité: celui du salut; la terreur de devenirs saints... » (*PD*, 700) Comme si la sainteté pouvait être une éventualité... C'est peut-être simplement l'achèvement particulier et définitif que représente la figure du saint qui est crainte. Ce caractère définitif du salut étant l'élément le plus troublant ou le plus anxiogène au bout du compte, ce qu'il faut éviter ou contourner pour se dérober au danger de *se finir* ou de se tromper. C'est cette même tentative d'évitement qu'on constate dans la quête spirituelle permanente, qui est une poursuite renouvelée et donc aussi un refus de se reposer auprès d'un objet sacré, d'une chose ou d'une idée sacrée, en tout cas pas au point de l'adopter et de cesser le mouvement. « Ce que j'ai cherché depuis que je cherche, c'est un moyen de supporter la vie. Je n'ai évidemment rien trouvé. À moins que la recherche n'ait été le moyen. » (*C*, 810) Ce qui finit par apparaître dans cette quête, ce sont les contours pas tout à fait fixes d'une économie, ou selon une figuration spatiale, d'un espace d'exception, un espace *extime* – intime et extérieur à la fois – aux autres (la religion, la politique, la tradition, le mythe) où le sacré est pressenti sans être identifié. Cette économie ou cet espace est littéraire.

Face à cette ambiguïté quant au statut et au rôle du doute et au danger inhérent à cette quête littéraire d'un sacré guidée par le malaise, on pourrait croire que le doute que prône Cioran ne règle rien, qu'il participe plutôt à la stagnation de ce malaise, qu'il ne représente que le prolongement d'une incertitude fondamentale quant au parcours choisi et à l'issue trouvée ou possible. Dans cet esprit, le doute semble être une façon d'escamoter toute issue en s'établissant dans un espace d'indécision qui ressemble aux limbes terrestres d'une pensée qui craint autant les illusions de la foi que celles du savoir. « Seuls les hommes qui cherchent mais qui ne veulent pas *trouver* ont pu devenir les virtuoses du drame intérieur. La grande trouvaille moderne est le *malaise spirituel*, l'écartèlement entre la substance et la vacuité, plus précisément entre les simulacres de l'une et de l'autre. » (*MD*, 1226) Il semble plus facile ou moins dangereux de croire dans le simulacre du réel et du surréel que dans une valeur ou une vérité qui participerait du sacré, pourtant recherché, malgré le scepticisme et les piques cyniques. Dans la suite d'un passage du *Mauvais démiurge* cité à la fin du premier chapitre, Cioran, pourtant défenseur du doute, admet la nécessité de son éclatement : « Il faut qu'il *explose* pour que l'on puisse s'engager dans la voie de l'émancipation. Sans cet éclatement qui doit pulvériser jusqu'aux raisons les plus légitimes de douter, on s'éternise dans le malaise, on le cultive, on évite les grandes résolutions, on se ronge et on se complaît à se ronger. » (*MD*, 1226-1227) De quel ordre serait cet éclatement ? Comment surviendrait-il au cœur de cette structure du doute et du malaise qui s'alimente toute seule en apparence ? Comme une extériorité, comme l'intervention d'une transcendance ? Ou encore en puisant à la source de l'intériorité et de son désir plus ou moins caché de s'extirper de ce cercle vicieux, préférablement sans se tromper ou se projeter dans un leurre ? Est-ce même là une question qu'a résolue Cioran ? Apparemment pas. Mais il a laissé des pistes éparpillées, à partir desquelles penser, ce long passage sur le déchirement entre autres (que je me permets de citer en entier puisqu'il me paraît insécable) :

> Je me persuade chaque jour davantage que nous *pressentons* tout dans la mélancolie et que dans le déchirement, nous *savons* tout. Il n'y a de déchirement que du cœur : et le cœur ne connaît pas l'espace. Aussi embrassons-nous tout par le déchirement… On pourrait proposer toute une théorie complète du déchirement. Mais à quoi bon s'étendre sur les choses douloureuses ? L'explication n'est féconde et utile qu'en présence de quelque chose de réversible et répétitif. Nous expliquons quand nous avons quelque chose à rectifier. Mais après le déchirement, il n'y a plus rien à rectifier : nous sommes incapables de nous tenir droit devant le monde, et le monde devant nous. Le déchirement compromet la géométrie cachée de l'esprit. À moins qu'il prouve qu'elle est fictive ? ! Quel ordre invisible résiste au déchirement ? Au commencement, les formes n'étaient pas ; les lois ne sont pas éternelles ; dans sa substance, l'esprit n'est pas un ordre ; le monde aurait pu à tout moment retourner au chaos, s'il l'avait voulu ; la création ne précède pas la destruction ; *dans* le monde ne signifie pas *dans* la loi ; l'homme recherche la liberté avec acharnement et la fuit chaque fois qu'il la possède ; personne n'accepte le monde mais tous vivent comme s'il était la valeur suprême ; si seulement on pouvait substituer les mondes ! La terre ne tournerait plus régulièrement mais se briserait, comme le cœur. Le soleil est toujours perdant, nous dit la chaleur de l'âme. (Révélations du déchirement.) (*LL*, 260-261)

Le déchirement, forme d'éclatement dans l'immanence, qui peut rompre autant les certitudes que la logique fermée du doute, défie l'explication rationnelle, l'explication que préconise l'esprit de système. Le déchirement équivaut à une compromission radicale de l'esprit, une compromission par l'affect, démolissant toute la solidité des certitudes, de même que toute la solidité du doute, qui peut s'avérer tout aussi rigide, tout aussi sourd à ce qui pourrait l'ébranler. En clair, le déchirement n'a rien de rationnel, ni de maîtrisé, il n'est pas une production réfléchie de l'esprit ; il advient selon le mode de l'affect, par rupture avec l'esprit. Chose étonnante, on pourrait aller jusqu'à croire que l'éclatement en question pourrait survenir par le doute lui-même qui, poussé dans ses derniers retranchements, se déleste facilement de son masque rationnel et devient cette quête à reculons frappant les extrémités vertigineuses du non-savoir. Dans la réflexion cioranienne :

> [...] plus on cherche l'absolu, plus, par dépit de ne pouvoir y atteindre, on s'enfonce dans le doute, lequel serait l'envers d'une quête, la conclusion négative d'une grande entreprise, d'une grande passion. L'absolu est poursuite ; le doute, recul. Ce recul, poursuite à rebours, heurte, lorsqu'il ne sait pas s'arrêter, des extrémités inaccessibles à une démarche rationnelle. Il n'était au début que procédé ; le voilà vertige, comme tout ce qui chemine au-delà de soi. (*CT*, 1209)

Cela dit, on peut spéculer sur le potentiel métaphysique du doute mais en fait, on ne sait pas tout à fait, ou pas du tout, ce qu'*est* ou ce que *serait* ce déchirement, l'élément important se trouvant plutôt au niveau du potentiel que de l'actualisation de ce bris dans la continuité que représente l'événement en question. C'est-à-dire qu'il s'agit peut-être simplement d'aménager un espace où peut se produire un déchirement ; un espace où, sans prévoir ni calculer, on reste dans l'ouverture face à cette possibilité. Autrement dit, il s'agit de laisser la porte entrouverte et, tout en tentant de circonscrire une économie du sacré, de regarder de temps à autre dans l'entrebâillement. On peut croire que le littéraire est cet espace et cette ouverture, qu'il est la scène où peut se produire un déchirement, où peut surgir du sacré et où on peut recevoir ou formuler le savoir particulier qu'on lui associe.

Chapitre 3

Vers un savoir miniature

En quelque coin écarté de l'univers répandu dans le flamboiement d'innombrables systèmes solaires, il y eut une fois une étoile sur laquelle des animaux intelligents inventèrent la connaissance.
Ce fut la minute la plus arrogante et la plus mensongère de l'« histoire universelle » : mais ce ne fut qu'une minute. À peine quelques soupirs de la nature et l'étoile se congela, les animaux intelligents durent mourir.

FRIEDRICH NIETZSCHE,
Le livre du philosophe, p. 117

Le philosophe, revenu des systèmes et des superstitions, mais persévérant encore sur les chemins du monde, devrait imiter le pyrrhonisme de trottoir dont fait montre la créature la moins dogmatique : la fille publique. Détachée de tout et ouverte à tout ; épousant l'humeur et les idées du client ; changeant de ton et de visage à chaque occasion ;

> prête à être triste ou gaie, étant indifférente; prodiguant les soupirs par souci commercial; portant sur les ébats de son voisin superposé et sincère un regard éclairé et faux, – elle propose à l'esprit un modèle de comportement qui rivalise avec celui des sages.
>
> EMIL CIORAN, *Précis de décomposition*, p. 651

Le savoir en question

L'objectif de ce chapitre, au titre assez peu ambitieux d'ailleurs, n'est pas de produire une explication extensive de ce que peut représenter l'alternative habituelle – depuis Kant, à Hegel, à Kierkegaard, jusqu'à Derrida – de la foi contre le savoir (ou, plus généralement, du savoir contre la foi). Je ne m'intéresse que de biais à la foi de toute façon. Peut-être que le simple fait de poser la question du sacré force malgré tout – malgré mes tentatives répétées et plus ou moins avortées de m'extraire d'une logique oppositionnelle – à réfléchir au jeu de bascule entre un croire et un savoir qui a passablement occupé le territoire intellectuel depuis les Lumières. Mais justement, réfléchir à ce qui se vit dans le croire et dans le savoir n'est pas tout à fait la même chose que définir ce que la philosophie, par exemple, entend dans la foi et le savoir en tant que concepts. S'intéresser à l'action, au processus, au mouvement plutôt qu'à l'histoire philosophique d'un concept permet peut-être de rester au plus près (dans mon contexte de pensée) de ce que Deleuze et Guattari entendent par réflexion philosophique. Pour eux, si un concept a bien une histoire, non pas linéaire mais en zigzag, il a aussi (et peut-être surtout) un devenir « qui concerne cette fois son rapport avec des concepts situés sur le même plan ». Ils ajoutent :

> Ici, les concepts se raccordent les uns avec les autres, se recoupent les uns les autres, coordonnent leurs contours, composent leurs problèmes respectifs, appartiennent à la même philosophie

> même s'ils ont des histoires différentes. En effet, tout concept, ayant un nombre fini de composantes, bifurquera sur d'autres concepts, autrement composés, mais qui constituent d'autres régions du même plan, qui répondent à des problèmes connectables, participent d'une co-création. Un concept n'exige pas seulement un problème sous lequel il remanie ou remplace des concepts précédents, mais un carrefour de problèmes où il s'allie à d'autres concepts coexistants[1].

En jouant avec le possible d'un concept, avec son ou ses devenirs, on le fait entrer dans d'autres rapports de composition, on lui permet de pénétrer d'autres questions. Conformément à cette compréhension très immanente et créatrice du concept, dont le devenir fait toujours partie du plan de composition d'un autre concept, ce chapitre s'intéressera aux interactions entre le savoir et le sacré : au savoir tel qu'il est une question pour le sacré et au sacré tel qu'il est aussi une question pour le savoir. C'est-à-dire qu'on a du mal à identifier le type de savoir particulier auquel le sacré nous donne accès, tout comme on sait qu'à l'inverse, si le sacré est soumis à l'institutionnalisation, il n'est pas entièrement circonscrit par le savoir. Le sacré et le savoir s'entrecoupent dans un même plan de composition et se rencontrent dans différents agencements.

À partir du moment où la question n'est plus (n'a jamais été) « qu'est-ce que le savoir ? » et comme de toutes façons ce paradigme n'a jamais impliqué pour moi une position de savoir sur un objet à appréhender et à maîtriser, il s'agit de voir à quel nœud s'intéresser, de quel angle aborder cette connexion possible entre savoir et sacré, ce qui n'est pas simple. Ce nœud correspondrait vraisemblablement à l'enchevêtrement de plusieurs fils : celui de l'écriture, celui de l'esprit, celui de l'affect, celui du malaise, celui du doute, etc. La question que représente le savoir n'est donc pas isolée ni même isolable. Dans le contexte de ma recherche, elle se trouve toujours à la remorque d'un autre problème, tout aussi difficile à dégager de ce réseau d'intrications. En se demandant par

1. Gilles Deleuze et Félix Guattari, *Qu'est-ce que la philosophie ?*, Paris, Les Éditions de Minuit, 1991, p. 23-24.

exemple si le sacré peut constituer un mode particulier de savoir, si on peut concevoir une lumière particulière du sacré, si l'écriture cioranienne fait intervenir surtout l'esprit ou l'affect, si le malaise existentiel peut conduire à une sorte de pierre d'assise, on s'immisce dans ce réseau et on pose ainsi la question du savoir en essayant de défaire des nœuds seulement pour les renouer autrement, de façon à créer de nouveaux problèmes pour la pensée.

Le savoir n'est pas un bloc indépendant, chargé de contenus solides et sûrs, c'est l'évidence que n'a cessé de ressasser une bonne partie de la pensée du XXe siècle – quelle que soit son affiliation disciplinaire. Un certain type de pensée philosophique accueille bien une forme de réflexion qui met en scène et en relation (ou en opposition) ces deux blocs monolithiques que sont le savoir et la foi. Si, pour certains penseurs, cette réflexion a pu impliquer de séparer ces deux blocs, plutôt que de les imbriquer l'un dans l'autre, afin peut-être de préserver au savoir son caractère autosuffisant et fondamentalement rationnel, c'est probablement qu'ils ne sont pas aussi détachés ou détachables qu'on aimerait le croire. Sur différents plans, ils se recoupent et s'interpénètrent au point où ni le savoir ni la foi n'apparaissent étanches ou purs, spécialement le savoir, qui reste bâtard, c'est-à-dire qui n'est pas issu exclusivement d'une raison immunisée contre les intrusions de la foi et des affects. Derrida souligne d'ailleurs cette difficulté à isoler le champ du savoir :

> Comme toujours, le recours au savoir est la tentation même. Savoir est la *tentation* mais en un sens un peu plus singulier qu'on ne le croit en se référant habituellement (habituellement du moins) au Malin ou à quelque péché originel. La tentation de savoir, la tentation du savoir, c'est croire savoir non seulement ce qu'on sait (ce qui ne serait pas trop grave), mais ce qu'est le savoir, et qu'il s'est affranchi, structurellement, du croire ou de **la foi** – du fiduciaire ou de la fiabilité[2].

C'est l'illusion d'un savoir objectif, soustrait aux impuretés subjectives des discours et idéologies, bref, à tout ce qu'implique le

2. Jacques Derrida, *Foi et savoir*, Paris, Éditions du Seuil, 2001 [2000], p. 49.

langage lui-même, que Derrida démantèle. Il ne s'agit pas d'adopter une position caricaturale prônant un subjectivisme radical venant réduire tout savoir à un croire savoir, mais plutôt de ramener l'idée même du savoir à des dimensions plus humaines et plus justes, c'est-à-dire plutôt immanentes que transcendantes, plutôt minimales que magistrales. Ce qui équivaut plus ou moins à poser un « variateur d'intensité » sur l'interrupteur du savoir, à estomper ses lumières héritées des Lumières. De façon plus essentielle encore, le problème du savoir – tout comme celui du sacré d'ailleurs – est indissociable de la question des institutions, de leur perpétuation ou de leur effritement. C'est-à-dire qu'autant le savoir que le sacré sont des constructions qui ne se passent pas d'un dispositif les inscrivant comme « réalités ». En ce sens, les institutions, en déterminant des objets de savoir et de sacré autour desquels s'agglutinent un certain nombre de discours, servent à contourner le danger de relativisme. Le savoir et le sacré ne peuvent pas être idiosyncratiques, ils dépendent d'une confirmation qui est toujours institutionnelle. Cioran est parfaitement conscient du caractère fondamentalement institutionnel du savoir et du sacré, parfaitement critique aussi du leurre totalisant qu'il implique. C'est la raison pour laquelle il y résiste tant. Mais comment éviter le sacré tout en le cherchant ? Est-ce que renoncer à l'institutionnalisation en voulant faire du savoir un objet mineur plutôt que magistral, un mouvement ou une action plutôt qu'un donné, conduit nécessairement à le restreindre à quelque chose comme une doxa ?

Platon a creusé un fossé entre les Idées et la doxa, faisant de la doxa un domaine intermédiaire du savoir, un état d'entre-deux : ni ignorance obscure ni connaissance lumineuse[3] – même si on pourrait objecter que « connaissance lumineuse » et savoir ne sont pas nécessairement congruents. Pour Platon, la doxa n'est qu'une faculté de connaître superficielle, qui s'attache à des objets apparents, à des simulacres, à des savoirs médiocres. On pourrait aussi plutôt penser la doxa comme une sorte de pénombre

3. Cf. Platon, *La République*, Paris, Gallimard, 1999 [1993], 478c.

de l'esprit, comme une vision des choses et du savoir qui ressemblerait à celle qu'on a lorsque le jour tombe et qu'on distingue les couleurs, les formes et les contours différemment, indistinctement, ce qui contribue aussi à une transformation de la tonalité affective faisant indéniablement partie de ce regard sur les choses. Dans la doxa, dans cette forme de perception entre chien et loup, on navigue entre le visible et le voilé, et la pensée qui en découle, baignant dans cet éclairage paradoxal, n'est ni claire ni obscure. La doxa est donc un savoir mineur, un « petit savoir » entouré d'une pénombre qui, par comparaison, semble tamiser la lumière trop crue du Savoir majeur ou magistral, du savoir produit par la faculté « sacrée » de la Raison. C'est peut-être la seule vision du savoir encore accessible. Bien sûr, la doxa est plutôt une représentation ou un ensemble de représentations qu'une connaissance à proprement parler, mais peut-être est-ce là une façon viable d'envisager « savoir ». Évidemment, dans le contexte de l'écriture cioranienne, il est facile d'affirmer la prééminence de la doxa sur le logos, d'un « petit savoir », voire d'un non-savoir, sur un grand savoir, et cela, même si l'écriture peut être autant liée à la maîtrise qu'à l'affect. On remarquera que je préfère l'expression « petit savoir » au terme « croyance », pour la simple raison que « croyance » évoque instantanément la dialectique ou l'opposition savoir/croyance que je ne souhaite pas réveiller ici puisque la quête cioranienne se situe, immobile, exactement au point charnière de cette dialectique, ne penchant ni vers le savoir ni vers la croyance ou la foi, mais s'orientant vers un sacré qui, s'il advenait, devrait de toute façon être extrait de cet antagonisme traditionnel. En général, c'est l'élément subjectif qui semble distinguer croyance et savoir, comme pour Kant qui, dans son essai *Que signifie s'orienter dans la pensée ?*, pense la croyance comme « un assentiment subjectivement suffisant, mais objectivement insuffisant *pour la conscience* ; on l'oppose par conséquent au *savoir*[4] ». Par contre, plus personne n'avancerait que savoir est l'action associée à une pure objectivité ; l'action ou le mouvement du savoir

4. Emmanuel Kant, *Vers la paix perpétuelle. Que signifie s'orienter dans la pensée ? Qu'est-ce que les Lumières ?*, Paris, Flammarion, 1991, p. 64.

transporte une implication subjective qu'on pourrait formuler comme un croire savoir, comme une disposition, une attitude, un état d'esprit. C'est là un peu ce que rappelle Wittgenstein dans ce fragment :

> On peut appeler « états d'âme », disons, ce qui s'exprime dans l'intonation, dans l'attitude, etc. Il serait donc *possible* de parler d'un état d'âme de la conviction ; et ce peut être le même, que la croyance qu'il comporte, corresponde à un savoir ou soit fausse. Penser qu'aux mots « croire » et « savoir » doivent forcément correspondre des états différents serait équivalent à croire qu'au mot « Ludwig » et au mot « moi » doivent forcément correspondre des hommes différents parce que les concepts sont différents (§42)[5].

L'esprit et l'affect peuvent être autant impliqués dans le savoir que dans le croire. En partant de la conscience, du point du vue de l'être qui se trouve engagé à travers le même « état d'âme » dans l'une ou l'autre action, il semble difficile de trancher. D'ailleurs Wittgenstein tâtonne, dénoue et renoue ce problème sans parvenir à identifier, dans une formule aussi économique et apparemment sans appel que celle de Kant, un critère qui permettrait de distinguer franchement le savoir de la croyance et ainsi rétablir le fossé que Platon, puis les penseurs des Lumières, ont travaillé à creuser.

Cette question pour le moins difficile à résoudre (celle de comment trancher) est rappelée – presque sous la même forme puisqu'il s'agit au bout du compte de la question de la valeur et du fondement véritable, ce qui devrait constituer une assise, un point stable permettant de s'orienter dans l'existence, dans la pensée, dans la connaissance – dans le contexte d'une recherche du sacré. Un savoir idéal du savoir manque. Un savoir du sacré manque aussi. On ne sait pas ce qu'on peut, en dehors de ce qui fait l'objet de la tradition, appeler « sacré ». De la même façon qu'on hésite à dire « savoir » dès qu'on sort de la sphère des sciences empiriques ou des institutionnalisations du savoir, on a du mal à dire « sacré » dès qu'on se trouve en dehors des institutions qui

5. Ludwig Wittgenstein, *De la certitude*, Paris, Gallimard, 2000 [1976], p. 39.

sacrent et qui consacrent. On revient toujours au même point, le point aveugle du non-savoir, ce qui revient plus ou moins à dire, encore une fois : un savoir du non-savoir ou un croire savoir du non-savoir. C'est en ce sens, dans ces ténèbres, qu'un « petit savoir », une pénombre de l'esprit, peut sembler être le seul saut à portée humaine, la seule clarté envisageable ou accessible. On ne s'oriente dans l'existence qu'en tâtonnant, comme Cioran, à la lumière tamisée de ces « petits savoirs » qui sont, en réalité, des questions plus que des réponses. Dès qu'il s'agit de trancher, de trouver un critère qui permettrait de crier « savoir » ou, dans un autre contexte, « sacré », je suis détournée, de la même façon que Cioran, de la réponse, vers le processus ou le mouvement de la pensée, qui est essentiellement recherche. La raison et le concept, insuffisants pour le savoir, sont d'autant plus insuffisants pour le sacré. Dans le contexte d'une tentative de délimiter un nouveau territoire du sacré, c'est plutôt le besoin (affectif et spirituel) – dont les symptômes sont identifiables dans un ensemble de malaises – qui guide. C'est là où, dans l'essai de Kant, on entrevoit brièvement un relâchement de la raison par le besoin (même s'il s'agit d'un besoin de la raison elle-même) :

> Mais à présent intervient *le droit du besoin* de la raison considéré comme principe subjectif, de supposer et d'admettre quelque chose qu'elle ne peut prétendre savoir par des principes objectifs ; et, par conséquent, *de s'orienter* par son seul besoin propre dans la pensée, dans l'espace incommensurable et, pour nous, empli d'une nuit épaisse, du suprasensible[6].

Le suprasensible comme milieu obscur commande qu'on s'y oriente grâce à la seule lampe frontale du besoin : le besoin de l'esprit – ce qui n'équivaut pas à dire, comme Kant, *besoin de la raison* – et du sentiment. Mais qu'en est-il du besoin de s'orienter plus concrètement dans l'existence, qui allie une part de « sensible » et une part, difficile à identifier, de « suprasensible » ? Dans les mots du dalaï-lama, et si on s'autorise à inclure le savoir et la raison dans son emploi du mot « science » :

---

6. *Que signifie s'orienter dans la pensée ?*, p. 60.

> Ce ne sont pas les données empiriques de la science qui posent problème. C'est l'assertion selon laquelle seules ces données sont légitimes pour élaborer une vision complète du monde ou répondre à ses problèmes. L'existence humaine et la réalité renferment toutes deux bien plus que ce à quoi la science actuelle nous donne accès[7].

Dans le même esprit, Bataille, en s'intéressant au savoir cartésien qui fait table rase pour reconstruire une à une les certitudes, replace le savoir à sa juste place :

> Il est facile à chacun de nous d'apercevoir que cette science, dont il est fier, même complétée de réponses à toutes les questions qu'elle peut régulièrement formuler nous laisserait à la fin dans le non-savoir ; que l'existence du monde ne peut, d'aucune façon, cesser d'être inintelligible. Aucune explication des sciences (ni plus généralement de la connaissance discursive) ne saurait y porter remède[8].

Pour compléter ce réquisitoire contre un savoir auquel on attribue une prétention à recouvrir tous les plans du réel, Cioran soulève lui aussi le même problème. Il tente de mettre le doigt sur ce qui reste dans l'ombre du savoir, sur ce qui déborde de son champ et qui constitue en quelque sorte le non-savoir du savoir :

> Si la philosophie n'avait fait aucun progrès depuis les présocratiques, il n'y aurait aucune raison de s'en plaindre. Excédés du fatras de concepts, nous finissons par nous apercevoir que notre vie s'agite toujours dans les mêmes éléments dont ils constituaient le monde, que c'est la terre, l'eau, le feu et l'air qui nous conditionnent, que cette physique rudimentaire révèle le cadre de nos épreuves et le principe de nos tourments. Ayant compliqué ces quelques données élémentaires, nous avons perdu – fascinés par le décor et l'édifice des théories – la compréhension du Destin, lequel, pourtant inchangé, est le même qu'aux premiers jours du monde. Notre existence, réduite à son essence,

7. Sa Sainteté le Dalaï-Lama, *Tout l'Univers dans un atome*, Paris, Robert Laffont, 2005, p. 19.
8. Georges Bataille, *L'expérience intérieure*, Paris, Gallimard, 2000 [1954], p. 124.

> continue à être un combat contre les éléments de toujours, combat que notre savoir n'adoucit aucunement. [...] Comment les résultats des sciences changeraient-ils la position métaphysique de l'homme ? (*PD*, 625)

Lorsque ces appuis, arrachés au logos, se révèlent inutilisables, sur quoi peut-on encore se baser et à quel genre de savoir peut-on aboutir ? Ce sont les questions que j'essaie, par détours, de poser depuis le début de ce chapitre. Comment plaquer un savoir sur les malaises qui sont ceux de Cioran ?

Douter

Cioran tend plus à évacuer le savoir qu'à en produire. Son mouvement de retrait face au savoir s'opère par le doute, sorte de table rase qui a peu à voir avec le même mouvement chez Descartes puisqu'il n'implique pas le retour à une perspective de départ, claire et distincte, à partir de laquelle reconstruire toute une théorie de la conscience ; il s'agit d'une tentative de projection dans une préhistoire des certitudes qui fonctionne plutôt comme une stratégie d'extraction hors des réponses (dérivées de la foi ou du savoir) institutionnellement admises. Comme le rappelle continuellement Cioran, le doute est autant une méthode qu'une maladie ; comme quoi le recul ou le blocage des certitudes n'est pas sans risques subjectifs.

Le doute cioranien peut être traité selon différents angles. Dans le chapitre précédent, il a été question du doute comme mouvement de l'esprit attaché à une angoisse, soit plus ou moins comme une réaction de l'esprit devant une source affective. En ce sens, le doute apparaît comme une tentative de maîtriser un malaise en passant les rênes à l'esprit. Tout en reprenant cette idée, il faudrait interroger l'issue de cette application ou de ce travail du doute, c'est-à-dire ce qui advient lorsqu'on passe le pouvoir à l'esprit, dans le doute précisément. Sachant que le doute est au départ une méthode qui devient maladie, on peut se figurer l'échec dernier de l'esprit à maîtriser l'affect dérangeant (ce dont il fallait s'extraire au départ). Mais sur le plan du savoir, il se produit tout de même quelque chose, ce mouvement de recul par le doute n'est pas complètement vain. Il pose certaines barricades derrière lesquelles l'esprit se retranche pour contrer la tentation de la délivrance, du salut, de la foi. Quel meilleur moyen de ne pas plonger dans l'incertitude de la foi que de se ronger dans l'incertitude du doute ? Les traditions spirituelles (celles nommées dans l'extrait suivant, auxquelles on pourrait très bien ajouter la chrétienne) s'entendent sur l'effet stagnant du doute : « Selon la Bhagavadgîtâ est perdu et pour ce monde et pour l'autre, celui qui s'est “livré au doute”, ce même doute que le bouddhisme, de son côté, cite parmi les cinq obstacles au salut. » (*MD*, 1226) Mais le refus de la foi implique-t-il nécessairement, même dans le doute, de choisir le savoir, selon l'antagonisme traditionnel ? Dans le contexte de la pensée cioranienne, ce n'est pas tout à fait le cas. Le mouvement de recul se produit, certes, dans les quartiers du savoir, sans toutefois que la position en soit une d'acceptation, de valorisation, voire de *croyance* dans le savoir. Le doute est associé à une forme de médiation, à un devenir-spectateur plutôt qu'agent, à un retrait :

> Nous n'existons que par le recul, par la distance que nous prenons à l'égard des choses et de nous-mêmes. Se remuer, c'est s'adonner au faux et au fictif, c'est pratiquer une discrimination abusive entre le possible et le funèbre. Au degré de mobilité que nous avons atteint, nous ne sommes plus maîtres de nos gestes ni de notre sort. Y préside très certainement une providence négative dont les desseins, à mesure que nous approchons de notre terme, se font de moins en moins impénétrables, puisqu'ils se dévoileraient sans peine au premier venu s'il daignait seulement s'arrêter et sortir de son rôle pour contempler, ne fût-ce qu'un instant, le spectacle de cette horde essoufflée et tragique dont il fait partie. (*CT*, 1094)

La position de l'observateur, c'est évidemment celle de la conscience, de la maîtrise, du savoir ou, plus vraisemblablement, de la posture du savoir. Le recul est le point de vue du savoir, et le doute, qui n'avance pas, ne se projette pas mais stagne, voire recule, participe clairement à ce recul de la conscience face aux affects. Le doute comme mode de médiation est associé autant à une position épistémologique qu'à une position existentielle. En tant que regard sur soi, sur son possible, sur son savoir (ou, négativement, sur ses impossibilités, sur ses manques sur le plan du savoir), il doit pencher du côté de l'esprit, même s'il n'implique aucune production réelle de connaissance.

À cette intersection entre une position existentielle et une position épistémologique, il semble n'y avoir de toute façon que trois voies possibles : croire savoir, savoir croire ou douter. Le doute cioranien recoupe habituellement, du côté de l'esprit, un non-savoir, soit un savoir du non-savoir. Il s'agit d'une position épistémologique particulière en ce qu'elle n'admet comme réponse que ce piétinement sur place, en ce qu'elle est, au fond, une position sur la connaissance qui ressemble à un « désespoir de la connaissance[9] ».

> Alors qu'on nie toujours au nom de quelque chose, de quelque chose d'extérieur à la négation, le doute, sans se prévaloir de rien qui le dépasse, puise dans ses propres conflits, dans cette guerre que la raison se déclare à elle-même lorsque, excédée de soi, elle attente à ses fondements et les renverse, pour, libre enfin, échapper au ridicule d'avoir à affirmer ou à nier quoi que ce soit. (*CT*, 1098)

Et Cioran poursuit en soulignant la tendance à postuler une instance ou une faculté au-dessus de la raison pouvant juger de ses mouvements et nous amenant « à nous affranchir de ses catégories et de ses entraves » (*CT*, 1098). L'esprit et la raison ne dirigent que lorsqu'on abdique en quelque sorte, c'est-à-dire que l'idée paradoxale suggérée ici implique d'associer la maîtrise de l'esprit à son mouvement en quelque sorte inconscient ou automatique. Dans cette optique, la méta-réflexion, le mouvement de l'esprit qui s'épie, son recul, se rapporte à une forme de sabotage, à une perte de contrôle dans le doute. Il semble que cette idée aille à l'encontre d'une compréhension intuitive. Pour Cioran :

9. Sylvie Jaudeau, *Cioran ou le dernier homme*, Paris, José Corti, 2001 [1990], p. 100.

> [...] quiconque se laisse entraîner par ses raisonnements *oublie* qu'il fait usage de la raison, et cet oubli est la condition d'une pensée féconde, voire de la pensée tout court. Pour autant que nous suivons le mouvement spontané de l'esprit et que, par la réflexion, nous nous plaçons *à même la vie*, nous ne pouvons penser que nous pensons ; dès que nous y songeons, nos idées se combattent et se neutralisent les unes les autres à l'intérieur d'une conscience vide. Cet état de stérilité où nous n'avançons ni ne reculons, ce piétinement exceptionnel est bien celui où nous conduit le doute et qui, à maints égards, s'apparente à la « sécheresse » des mystiques. Nous avions cru toucher au définitif et nous installer dans l'ineffable ; nous sommes précipités dans l'incertain et dévorés par l'insipide. Tout se ravale et s'effrite dans une torsion de l'intellect sur lui-même, dans une stupeur ravageuse. (*CT*, 1098)

Ce qui peut étonner dans ce passage, c'est cette association que fait Cioran entre le doute, piétinement stérile, et la sécheresse des mystiques, cet état de vide de Dieu, cette solitude anxieuse qui relève principalement de l'affect. Le doute connecte avec la mystique par l'impuissance qu'ils ont en commun ; et aussi peut-être parce que cette « torsion de l'intellect sur lui-même » ne relève pas que de l'esprit. On l'entrevoit dans la suite de ce long passage :

> Le doute s'abat sur nous comme une calamité ; loin de le choisir, nous y tombons. Et nous avons beau essayer de nous en arracher ou de l'escamoter, lui ne nous perd pas de vue, car il n'est même pas vrai qu'il s'abatte sur nous, il était en nous et nous y étions prédestinés. Personne ne choisit le manque de choix, ni ne s'évertue à opter pour l'absence d'option, vu que rien de ce qui nous touche en profondeur n'est *voulu*. Libre à nous de nous inventer des tourments ; comme tels, ce ne sont que pose et attitude ; ceux-là seuls comptent qui surgissent de nous malgré nous. Ne vaut que l'inévitable, ce qui relève de nos infirmités et de nos épreuves, de nos impossibilités en somme. Jamais le véritable doute ne sera volontaire : même sous sa forme élaborée, qu'est-il sinon le déguisement spéculatif que revêt notre intolérance à l'être ? (*CT*, 1098-1099)

La maîtrise qu'on associait au doute a été relayée à l'arrière-plan. Le doute semble n'être qu'une pose de l'esprit qui cherche à habiller et habiter ce creux ou cet écart qui était déjà présent de façon immédiate avant qu'il ne le reproduise dans une médiation. Peut-être là-dessus peut-on prendre Cioran – éminent douteur – au mot et croire littéralement à cette vision du doute comme vernis plus ou moins rationnel à l'affect qui s'avère autrement troublant. Ce ne serait probablement pas faux. Mais ce retour à l'affect pourrait également être le produit d'une faillite de l'esprit à atteindre quelque fondement ou certitude en se scrutant, ou peut-être même, à l'inverse, d'une réussite de l'esprit à déblayer une sphère d'inconnaissance suffisamment vaste pour que, certaines illusions fauchées, l'affect puisse s'y réinstaller. Il n'y a pas qu'une seule façon d'interpréter le rôle de l'esprit et du doute dans ce passage chargé. La critique rapproche souvent sa position (soit cette façon de se présenter comme une victime du doute) d'une manifestation spirituelle du sentiment gnostique qu'il confesse un peu partout. Ou encore elle en fait un mouvement aporétique qui, s'il se rapproche du mouvement philosophique habituel, ne mène pourtant nulle part, c'est-à-dire ne frappe aucune certitude. Pour Jaudeau :

> Si le doute est une démarche philosophique, il reste inclassable parmi les mouvements philosophiques ; il n'est qu'une étape dans la recherche, le moment de mise à l'épreuve de la connaissance par l'évidence existentielle. Bien que Descartes en fasse une méthode destinée à fonder la connaissance, il n'est à l'origine qu'une démarche négative visant à ruiner la possibilité de connaître[10].

Dans cet esprit, le doute devrait saboter l'édifice des certitudes et parvenir à un *ground zero*, un espace ravagé laissé tel quel, vide, désert ; et il serait probablement de bon ton, en vertu d'un esprit tout à fait cynique ou nihiliste, d'assumer ce néant des certitudes, ce désespoir de la connaissance.

En tant que démarche philosophique ou mouvement de l'esprit, le doute n'est, comme le souligne Jaudeau, qu'un moment

10. *Cioran ou le dernier homme*, p. 102.

ou une étape dans la réflexion, et même si on le scrute à la loupe, même si on tente de l'arrêter pour mieux s'en imprégner, il reste un moment où l'esprit cherche sur place et gratte la plaie de l'étrangeté, et cela, alors même que tout semble le consolider.

> Il faut se figurer un principe autodestructeur d'essence conceptuelle, si l'on veut comprendre le processus par lequel la raison en vient à saper ses assises et se ronger elle-même. Non contente de déclarer la certitude impossible, elle en exclut encore l'idée, elle ira même plus loin, elle rejettera toute forme d'évidence, car les évidences procèdent de l'être, dont elle s'est décrochée ; et ce décrochage engendre, définit et consolide le doute. (*CT*, 1099)

Rejetant les certitudes parce qu'elles émanent de l'être, l'esprit semble désincarné, flottant, au comble de l'étrangeté, et pourtant, « l'essence *conceptuelle* » de son principe, ce doute qu'elle projette dans toutes les directions, n'est ni toute-puissante ni transcendante. La perspective exposée dans ce passage ressemble à un scepticisme radical, position que Wittgenstein invalide dans son essai *De la certitude* en laissant voir que le doute, même le plus extrême, n'est possible qu'à partir d'un fondement ou d'une certitude première, même minimale. Selon lui, « les *questions* que nous posons et nos *doutes* reposent sur ceci : certaines propositions sont soustraites au doute, comme des gonds sur lesquels tournent ces questions et doutes[11] ». Quels seraient ces gonds sur lesquels tourne le doute cioranien ? Peu de choses sont soustraites au doute, sinon son malaise, cette certitude affective, existentielle, en laquelle il croit au point d'invalider toute notion de délivrance ou de salut. Son malaise n'est effectivement jamais remis en doute. Ses affects en général se dérobent au doute puisqu'ils sont immédiats. Ils sont ces gonds sur lesquels s'ouvre et se ferme le doute, ce socle qui permet de questionner, de chercher, de détruire.

Le doute, en tant que « mise à l'épreuve de la connaissance par l'évidence existentielle » (pour reprendre l'expression de Jaudeau), sert peut-être, consciemment ou non, à aplanir le terrain afin de réaffirmer son unique certitude. Selon Jaudeau, qui

11. *De la certitude*, p. 89 (§341).

refait ici le casse-tête cioranien à partir d'un présupposé basé sur la prééminence de l'esprit (comme mouvement ou processus négateur contre les produits positifs – les connaissances – qu'il engendre nécessairement) :

> Il appartient au « prédestiné au scepticisme » de subir passivement ce destin ou de le faire sien. L'enjeu pour lui sera de convertir la fatalité en destin pleinement accepté, en usant de la maladie comme une méthode, laquelle a pour objet non plus de fonder la connaissance à la manière cartésienne, mais de mettre à jour une terre d'inconnaissance. Cette interrogation « désespérée » et torturante – telle est la définition que donne Cioran du doute – se transmute en doute libérateur. Cette maladie dissimule un fonds de santé, apte à surmonter toutes les menaces. Espèce de santé au second degré préservant l'intégrité du sujet, brisant les chaînes des fausses certitudes[12].

Ce passage suppose implicitement que le doute cioranien comporte deux plans : l'un négatif – c'est le doute comme malaise, voire maladie, c'est la source affective du doute – ; et l'autre positif – c'est la maladie affective qui devient santé dans le contrôle passé à l'esprit qui en fait une « méthode » philosophique. Ma perspective diffère de celle-ci, peut-être principalement parce que je ne perçois pas l'œuvre, l'écriture ou la pensée de Cioran comme un casse-tête qu'on pourrait reconstituer de façon à ce que les pièces s'assemblent sans friction les unes avec les autres. Il appartient à l'essence même de l'entreprise critique de tendre à recomposer une image cohérente à partir des fragments d'une pensée qui restent généralement, malgré ces entreprises, contradictoires, mal taillés (s'il s'agit de reconstituer un casse-tête représentant quelque chose de figuratif et d'ordonné). Pourquoi ne pas renoncer à cette tentative de mettre en ordre une pensée qui, par ses sauts et ses tiraillements, défie et contrecarre tout effort de lissage ? On ne peut pas dompter ces tiraillements et ces contradictions dans une posture systématique ; on ne peut que balancer, comme lui, entre différents plans. Ce qui signifie plus ou moins

12. *Cioran ou le dernier homme*, p. 107-108.

qu'on ne peut pas dissoudre tous ses mouvements de pensée – surtout pas lorsqu'il est question du doute – en les résolvant dans une ultime posture de l'esprit. Il faudrait essayer de voir ces différents plans dans un même portrait dissonant ; il faudrait penser les interactions entre le malaise ou la maladie et l'esprit qui en est affecté et qui cherche à dominer. Le doute est toujours pensé chez Cioran simultanément comme maladie et comme méthode, et ce qui, fondamentalement, distingue le doute comme méthode du doute comme maladie, c'est précisément l'affect. Il s'agit de deux économies de pensée tout à fait différentes, même si elles sont souvent pensées ensemble. Le doute comme méthode est un doute de type cartésien, un doute qui déblaie pour que la raison se déploie et ultimement pour fonder une connaissance, un sacré, ou, à défaut de construire, pour simplement attendre, par indécision, dans un désert qu'on n'arrive pas à peupler avec des certitudes. Le sceptique méthodique, Cioran le décrit ainsi :

> Le sceptique intraitable, barricadé dans son système, nous apparaît comme un déséquilibré *par excès de rigueur*, comme un lunatique par inaptitude à divaguer. Sur le plan philosophique, personne qui soit plus honnête que lui ; mais son honnêteté même a quelque chose de monstrueux. Rien ne trouve grâce à ses yeux, tout lui semble approximation et apparence, nos théorèmes comme nos cris. Son drame est de ne pouvoir à aucun moment condescendre à l'imposture, comme nous faisons tous quand nous affirmons ou nions, quand nous avons le front d'émettre une opinion quelconque. (*CT*, 1102)

Le scepticisme qu'il évoque, c'est le doute pyrrhonien ; un doute comme méthode philosophique, comme activité de la raison, même si rien ne suit le mouvement de faire table rase. Quand Cioran déshabille l'institution (qu'il parle de religion, de politique, de philosophie, de l'université, de l'Académie française, peu importe) pour mettre à jour son squelette ostéoporotique, il participe d'une certaine (moindre) façon à ce doute comme travail de l'esprit qui déconstruit. Pourtant, le doute qui le taraude le plus intensément est plutôt affectif que rationnel :

> À côté du sceptique rigoureux ou, si l'on veut, orthodoxe [...], il en existe un autre, hérétique, capricieux, qui, tout en ne subissant le doute que par à-coups, est susceptible de le penser jusqu'au bout et d'en tirer les dernières conséquences. Lui aussi connaîtra la suspension du jugement et l'abolition des sensations, *à l'intérieur d'une crise seulement*, qu'il surmontera en projetant dans l'indétermination où il se voit précipité un contenu et un frisson qu'elle ne semblait guère comporter. Faisant un bond hors des apories où végétait son esprit, il passe de l'engourdissement à l'exultation, il s'élève à un enthousiasme halluciné qui rendrait le minéral lyrique, s'il y avait encore du minéral. (*CT*, 1103)

Cette forme presque mystique du doute, qui, en elle-même, représente une trahison du scepticisme, c'est-à-dire qui, dans une crise, peut s'extraire de l'aporie, recoupe clairement le doute lié à l'affect, le doute comme maladie. Ces deux types de doute sont hétérogènes, l'un carbure à la raison, l'autre à l'affect, et donc on ne peut pas vraiment penser, comme le suggère Jaudeau, que la maladie se guérit, que l'affect est évacué en avalant quelques cachets de raison concentrée, en devenant méthodique et sain. Il ne s'agit jamais tout à fait de passer d'un doute à l'autre dans une optique thérapeutique, mais plutôt de s'inscrire – sans l'espoir d'un renversement dialectique – dans une économie, affective *ou* rationnelle, du doute. Et même si le démantèlement des dispositifs du savoir et du sacré à l'œuvre chez Cioran rappelle le doute philosophique – ce qui a entre autres conduit une partie de la critique à construire Cioran comme philosophe –, c'est tout de même l'affect qui prime, soit le doute qui s'expérimente au premier degré, qui est ressenti presque dans le corps. Et c'est bien ce doute aussi qui conduit aux différents « ratages selon le monde » que s'attribue Cioran. Afin de se détacher peu à peu d'une vision du « Cioran penseur » qui valorise surtout l'esprit et la profondeur des idées (saut difficile puisque l'institution du savoir nous porte à pister, à chasser et à exposer la pensée, les idées et les concepts qui se cachent dans les textes qui tombent sous sa loupe pour ensuite reconstruire du discours), il importe de choisir l'écriture comme espace de recherche, c'est-à-dire de choisir de penser à partir de l'écriture précisément en tant que son espace n'est pas décidé, classé d'avance. L'écriture n'est pas neutre, loin de là, mais elle n'est pas arrêtée non plus : en s'intéressant à son élaboration, à sa mise en scène, on réalise qu'elle n'est pas un pur produit de l'esprit, qu'au contraire elle permet de capter et de montrer de l'affect.

Cela dit, on constate tout de même une certaine ambiguïté relative au doute cioranien, qui peut être représenté dans le contexte d'une maîtrise idéale de l'esprit, dans une moindre mesure cependant puisqu'il s'agit généralement d'une façon, liée à l'affect, de refuser une certaine maîtrise qui adviendrait par l'adoption de certitudes. Si on conçoit très bien que Cioran doute affectivement et effectivement, on remarque qu'il produit plutôt, dans ses textes achevés, une sorte de métaréflexion sur le doute (dont j'ai cité plusieurs passages, principalement tirés de *La chute dans le temps*) ; c'est-à-dire qu'on le lit plus pour penser le doute que douter de façon immédiate, pourrait-on dire. S'il lui arrive de douter au premier degré, de façon immédiate (dans ses *Cahiers* et ses premiers textes principalement), ce n'est pas à propos de la science ou des disciplines de l'esprit qu'il se questionne et tergiverse, mais bien plutôt à propos de la foi. Autant que son malaise qui accompagne sa pensée et ses mots comme une ombre et dont il n'est pas tenté de se départir, la philosophie, le savoir, la science ne sont pas un enjeu pour le douteur qui, au contraire, les rejette d'emblée et sans appel :

> Nous ne commençons à vivre réellement qu'au bout de la philosophie, sur sa ruine, quand nous avons compris sa terrible nullité, et qu'il était inutile de recourir à elle, qu'elle n'est d'aucun secours.
> (Les grands systèmes ne sont au fond que de brillantes tautologies. Quel avantage à savoir que la nature de l'être consiste dans la « volonté de vivre », dans l'« idée », ou dans la fantaisie de Dieu ou de la Chimie ? Simple prolifération de mots, subtils déplacements de sens. Ce qui est répugne à l'étreinte verbale et l'expérience intime ne nous en dévoile rien au-delà de l'instant

privilégié et inexprimable. D'ailleurs, l'être lui-même n'est qu'une prétention du Rien [...].) (*PD*, 623)

Le savoir, principalement philosophique, est plus ou moins nul parce que muet, il dit, explique, démontre, mais ne *parle* pas, ne *lui* parle pas. La philosophie est contraire à la « vraie pensée » et « toutes ces branches modernes du savoir sont faites pour ceux qui ne peuvent rien tirer d'eux-mêmes, qui n'ont pas de substance ni même d'expériences sur quoi exercer leur esprit » (*C*, 581). Les tours du savoir institutionnel, que forment la raison et la science, sont démolies d'un revers de la main, parce qu'elles ont une valeur existentielle nulle, parce qu'elles ne prennent pas en compte les affects, mais s'imposent plutôt comme une tentative de calfeutrer la fissure qu'ils provoquent nécessairement. Le doute ne s'adresse donc pas à la science – c'est-à-dire qu'il ne porte pas sur ce qui est communément admis (et, pour Cioran, inintéressant) –, il s'adresse plutôt à ce qui ne va pas de soi (au XXe siècle) : la foi et son objet, cette autre façon de se projeter dans une certitude en sollicitant autre chose que la raison. Il ne s'agit pas ici d'un doute philosophique, méthodique ou cartésien, puisque dans l'optique de la raison, la foi n'est pas un enjeu sur lequel tergiverser. La foi, à ce qu'en dit Wittgenstein, est le refuge de la détresse la plus haute[13]. On n'examine pas la possibilité d'y sombrer à partir de la raison ou de l'entendement spéculatif, mais bien à partir de l'affect. Elle ne peut donc qu'être l'objet d'un doute affectif.

La mise entre parenthèses

La question de la foi est en jeu et jamais réglée, elle reste indéfiniment une question affective, et une question pour l'« âme ». Wittgenstein a justement très bien exprimé la source de la question de la foi : « La Foi est foi en ce que demande mon *cœur*, mon *âme*, non mon entendement spéculatif. Car c'est mon âme avec ses passions, pour ainsi dire avec sa chair et son sang, qui doit être

13. Cf. Ludwig Wittgenstein, *Remarques mêlées*, Paris, Flammarion, 2002, p. 109.

sauvée, non mon esprit abstrait[14]. » Même si la foi est présentée ici comme une question de l'âme et des affects, je ne cherche pas à la replacer dans l'opposition binaire habituelle (foi/savoir) mais à penser à ce qu'engage ou implique le doute rapporté à la foi. C'est-à-dire que la question à poser n'est pas croire ou savoir, ni croire ou ne pas croire, mais bien comment penser à Dieu – ce nom donné à l'absolu, devenant, par moments, un absolu négatif, assimilé au Néant ou au Rien – sans y croire. Autrement dit, « la façon dont tu emploies le mot "Dieu" n'indique pas *qui* tu vises – elle indique *ce que* tu vises[15] » : et si le *ce que* est identifié dans le sacré, il faut maintenant se demander quelles sont les exigences et les retombées d'un *comment* que j'ai identifié comme le doute.

Assez souvent, Cioran se confie dans ses *Cahiers* à propos d'un travail qui stagne, comme ici : « Mon article sur le "mauvais démiurge" n'avance pas. C'est que je veux écrire sur ce dieu comme si j'y croyais – or, je n'y crois pas. J'ai besoin de *lui* ; mais cela n'a rien à voir avec la croyance. » (*C*, 237) L'essentiel du problème se trouve dans cet aveu qui exemplifie les fondements d'un doute qui se perpétue dans toute sa littérature. Entre avoir besoin et croire, il y a tout un fossé : le besoin est purement lié à l'affect, il est immédiat, tandis que la foi est le chemin que prend le besoin en vue d'être – peut-être – comblé, il est donc plus médiat, même si l'intervalle est presque imperceptible. Cioran n'emprunte pas ce chemin, il conserve le besoin, intact ou presque, et l'exploite pour l'écriture. En restant du côté du besoin, Cioran essaie peut-être de renouveler cette immédiateté qui y est associée et donc de ranimer ce malaise qui n'est jamais remis en doute ou en question, qui n'est jamais éteint dans une délivrance. Mais au-delà de ce parti pris pour le malaise sur lequel j'ai suffisamment insisté déjà, on peut repérer un grand nombre de formulations d'une ambivalence qui n'en est pas tout à fait une, puisqu'elle est toujours exprimée à partir d'une incapacité. On la retrouve dans des formules telles que celles-ci : « ma vieille théorie : on ne peut vivre avec Dieu ni sans Dieu » (*C*, 144), ou « comme Macbeth, ce dont

14. *Remarques mêlées*, p. 93.
15. *Remarques mêlées*, p. 115.

j'ai le plus besoin c'est la prière, mais pas plus que lui je ne puis dire *amen* » (*C*, 209), ou encore » tout tourne en moi à la prière ou au blasphème, tout y devient appel et refus » (*C*, 13). Il y a encore énormément d'exemples construits selon la même structure, qui implique qu'on veuille sans toutefois pouvoir, qu'un besoin soit contrebalancé par une impossibilité, ou qu'une stagnation prenne l'apparence d'un balancement, d'une incertitude chronique. Il ne s'agit donc pas de choisir ou de décider puisque le doute n'est pas méthodique mais bien maladif. Cioran ne prend pas position pour le doute, il y est projeté et coincé. Le doute devient un espace privatif, il est le lieu où on s'abstient, où on ne décide pas : aucun choix éclairé ou obscur ne conduit à un mouvement latéral, à gauche ou à droite, en avant ou en arrière, dans une sphère ou une case déterminée. Si mouvement il y a, il est vertical : chute continue, imaginée, crainte, sans déplacement réel sur le plan du savoir ou de la foi. Cette chute, on la lit dans une des premières entrées de ses *Cahiers* : « Mon scepticisme est inséparable du vertige, je n'ai jamais compris qu'on pût douter par *méthode*. » (*C*, 13) Le doute cioranien concerne un besoin, une insatisfaction, un malaise. Le douteur malade est conduit à une sorte de quarantaine, une mise en retrait, une suspension du jugement, une *epochè*. L'*epochè* représente littéralement cette mise entre parenthèses, c'est-à-dire le serrement entre une parenthèse qui ouvre et une qui ferme, entre une possibilité qui est aussi possibilité du contraire. Ce problème du doute comme mise entre parenthèses n'est pas, chez Cioran, de l'ordre d'une simple indécision, mais se rattache en réalité à la question de la puissance (même s'il se formule par le biais de l'impuissance), déjà illustrée chez Aristote.

Dans sa *Métaphysique*, Aristote déploie toute une réflexion sur la puissance telle qu'elle ne dépend en aucune façon d'une actualisation :

> Quelque chose peut donc avoir la puissance d'être, et cependant n'être pas, avoir la puissance de n'être pas, et être. De même pour toutes les autres catégories : un être peut avoir la puissance de marcher, et ne pas marcher ; avoir la puissance de ne pas marcher, et marcher. Une chose est possible si, quand elle passe

> à l'acte dont elle est dite avoir la puissance, il n'en résulte aucune impossibilité[16].

Comme le souligne Agamben dans son essai *Bartleby ou la création*, cette conception de la puissance prend son illustration littéraire moderne dans la formule de Bartleby, dans son «*je préférerais ne pas*» (ou «*I would prefer not to*»). Dans la vision aristotélicienne comme dans l'étrange stagnation à laquelle conduit la formule, martelée, de Bartleby, la puissance est toujours en même temps puissance de *ne pas*, sans être pour autant une impossibilité. En fait, la formule de Bartleby n'est pas très loin de ce qu'on peut lire dans le doute cioranien. C'est-à-dire que dans le doute, on retrouve une forme de puissance qui reste à l'état de puissance, sans l'actualisation qui lui est normalement associée. Le doute instaure une zone d'indiscernabilité, un espace où une chose et son contraire sont compossibles, où on trouve à la fois un mouvement d'ouverture et de fermeture. Malgré que Cioran se tourmente plutôt à propos d'une stagnation, de la double impossibilité de l'appel et du refus de Dieu, on ne peut pas dire de son scepticisme qu'il n'est qu'un simple mouvement de négation, il représente aussi quelque part, dans cette immobilité même, dans cette impossibilité même, une puissance – une puissance sans actualité. Agamben écrit, au sujet de la puissance d'être et de ne pas être attribuée à la formule de Bartleby:

> À l'expérience d'une tautologie, c'est-à-dire d'une proposition impénétrable aux conditions de vérité, parce qu'elle est toujours vraie (le ciel est bleu ou non bleu) correspond, chez Bartleby, l'expérience du *pouvoir* être vrai et, en même temps, non vrai, de quelque chose. S'il ne viendrait à l'idée de personne de vérifier la formule du copiste, c'est parce que l'expérience sans vérité ne concerne pas l'être en acte ou l'être moins de quelque chose, mais exclusivement son être en puissance. Et la puissance, en tant qu'elle peut être ou ne pas être, est par définition soustraite aux conditions de vérité, et avant tout à l'action du plus fort de tous les principes, le principe de contradiction[17].

---

16. Aristote, *Métaphysique*, tome 2, Paris, Librairie philosophique J. Vrin, 1991, p. 31 (IX, I, 1047a 20-26).
17. Giorgio Agamben, *Bartleby ou la création*, Saulxures, Circé, 1995, p. 59.

On peut ressentir une sorte de soulagement à l'idée de cette soustraction, par le biais de la possibilité (actualisée *et* non actualisée), hors de la vérité – conçue comme critère ou comme impératif. C'est peut-être ce soulagement – même lorsque le doute est associé à une maladie – d'une mise entre parenthèses, d'un retrait hors de la vérité, qui pousse à se complaire dans le doute et à y demeurer en attendant l'*éclatement* dont il a été question plus tôt. Le doute face à la foi, le tiraillement entre le besoin d'un interlocuteur et l'impossibilité de croire que réitère Cioran sur différents tons, n'est-il pas l'expression proprement cioranienne d'un « je préférerais ne pas » qui répond sans répondre non plus désormais à ce qu'exige la loi mais plutôt, dans son contexte particulier, à ce qu'exprime ou demande le besoin ? Placé entre les parenthèses du doute, Cioran fait un séjour prolongé hors de l'impératif de vérité ou de savoir, dans un espace d'exception et aussi d'aporie puisque ce vertige du doute n'actualise rien, il n'est que puissance. La formule de Bartleby interpelle encore aujourd'hui parce qu'elle n'a pas vraiment trouvé d'équivalent moderne, sinon peut-être, à un niveau métaphysique, dans le doute cioranien, plus subtil peut-être parce que moins immédiatement appréhendé dans sa mise en scène ; c'est-à-dire que sa réception l'enduit d'un vernis philosophique qui autorise à mettre l'accent sur un certain fonds existentiel tout en faisant oublier sa charge littéraire.

On pourrait d'ailleurs pousser cette association entre Bartleby et Cioran en évoquant la fascination que Cioran entretient pour les ratés. Le raté, dans sa version lyrique, est un jouisseur de l'insuccès, de la chute, de la crise. Il est celui qui résiste à la tentation de sublimer le désespoir qui l'assaille dans une œuvre. Par paresse ou héroïsme, il résiste à l'œuvre, il ne se réalise pas mais aspire plutôt à la déréalisation. Dans un passage de *La tentation d'exister* où il étale son admiration pour les ratés, Cioran en propose une typologie tout à fait intéressante :

> Délicatesse, lucidité, fainéantise ? Je ne saurais préciser quelle vertu avait traversé leurs desseins. Ils appartenaient à cette

> catégorie d'individus que l'on rencontre dans les capitales, vivant d'expédients, toujours en quête d'une situation qu'ils refusent aussitôt trouvée. De leurs propos j'ai tiré plus d'enseignements que du reste de mes fréquentations. Presque tous portaient en eux un livre, le livre de leurs revers ; tentés par le démon de la littérature, ils n'y cédaient pourtant pas, tant leurs défaites les subjuguaient, tant elles remplissaient leurs vies. On les appelle communément « ratés ». Ils forment un type d'hommes à part que j'essaierai de vous décrire au risque de le simplifier. Voluptueux de l'échec, il cherche en tout sa propre diminution, ne dépasse jamais les préliminaires de son avenir, ni ne franchit le seuil d'aucune entreprise. Rivalisant d'aboulie avec les anges, il médite sur le secret de l'acte, et ne prend qu'une seule initiative : celle de l'abandon. Sa foi, s'il en a, lui sert de prétexte à de nouvelles capitulations, à une dégradation entrevue et souhaitée : il s'affale en Dieu... (*TE*, 886)

Le raté conserve son secret, il ne livre pas la lie de son esprit dans une œuvre. Il reste à l'écart du monde, refusant le succès, castrant toute velléité de réalisation de soi, faisant plutôt de son existence une anti-œuvre, un parcours inachevé, régressif même, peut-être. Le raté n'entreprend pas, sa seule initiative, son seul acte se trouve dans un *je préférerais ne pas*. Il représente l'absence d'actualisation, de réalisation, l'absence de création aussi puisque, ne passant jamais à l'acte, il ne passe jamais non plus à l'œuvre. Le raté se complaît dans une puissance pure, comme Bartleby, le scribe qui n'écrit pas, et qui conserve ainsi cette puissance intacte. Dans la réflexion d'Agamben, la question de l'écriture comme puissance non actualisée est capitale et se pense par analogie avec le texte sacré, c'est-à-dire que la question de l'écriture appelle toujours celle de l'Écriture. Pour Agamben :

> Bartleby est un *law-copist*, un scribe au sens évangélique, et son renoncement à la copie est aussi un renoncement à la Loi, une façon de s'affranchir de la « vétusté de la lettre ». Comme en Joseph K., les critiques ont vu en Bartleby une figure du Christ (Deleuze dit : « un nouveau Christ »), qui vient pour abolir la vieille Loi et inaugurer un nouveau mandat (ironiquement, c'est l'avocat lui-même qui le rappelle : « *A new commandment give*

> *I unto you, that ye love one another.* ») Mais si Bartleby est un nouveau Messie, il ne vient pas, comme Jésus, pour racheter ce qui a été, mais pour sauver ce qui n'a pas été[18].

Que signifie cette préférence pour la non-écriture ? Qu'est-ce qu'un scribe qui peut écrire mais qui n'écrit pas ? Ne pas écrire, c'est simplement ne pas actualiser, c'est rester dans un possible d'avant la lettre, antérieur à l'énonciation, comme le raté qui n'agit pas pour ne pas perdre la puissance et, paradoxalement, est par là considéré comme impuissant. Pourtant son échec n'en est pas un, sinon aux yeux du monde qui perd le possible dans l'actualité. Le non-acte concerne la déréalisation.

Par ailleurs, un lien implicite avec la figure benjaminienne du Messie apparaît également dans ce passage, figure dont on peut dire qu'elle vient aussi un peu pour « sauver ce qui n'a pas été », puisqu'elle vient pour rédimer les traces d'un passé en danger d'effacement. Bartleby, en renonçant à la copie et du même coup à la Loi, refuse de perpétuer ce qui a été, ce qui a déjà fait l'objet d'une actualisation et qu'on reconstruit en réitérant et en recopiant. En *préférant ne pas*, il empêche la répétition et la recréation du même : son refus qui n'en est pas un met l'acte en échec, le bloque pour ramener ce qui a été et ce qui n'a pas été au seuil d'une puissance sans actualité. Le fait de ne pas réitérer, de ne pas recopier, implique-t-il de décréer ? En un sens oui, puisque la Loi ne se soutient pas d'elle-même mais doit être continuellement recréée en étant rappelée, répétée, réécrite. Si Bartleby cesse de la reprendre, elle se défait ou se décrée d'elle-même. Pour Agamben, cette décréation est en soi une forme de création messianique qui opère un genre de *reset* en ramenant l'être et le non-être, le créé et le non-créé dans une puissance essentielle que l'actualisation ou l'actualité ordinaires nous font perdre de vue.

> L'interruption de l'écriture marque le passage à la création seconde, où Dieu rappelle à lui sa puissance de non-être et crée à partir du point d'indifférence de la puissance et de l'impuissance. La création qui s'accomplit alors n'est ni une recréation

18. *Bartleby ou la création*, p. 80-81.

> ni une répétition éternelle, mais plutôt une dé-création où ce qui est advenu et ce qui n'a pas été sont rendus à leur unité originelle dans l'esprit de Dieu et où ce qui aurait pu ne pas être et a été s'estompe dans ce qui aurait pu être et n'a pas été[19].

Bartleby représente cette suspension de l'acte, de ce qui est actuel et avéré ; il représente l'anticipation d'un Messie qui viendrait décréer à partir du point de fuite du possible. Dans cette suspension, le critère de vérité s'affaisse puisqu'on pense à partir d'un point de fuite qui excède l'épaisseur de l'actualisation et son principe de non-contradiction. Au contraire, cette suspension ou mise entre parenthèses instaure un état de perpétuelle contradiction – ce qui se manifeste on ne peut plus clairement dans la formule de Bartleby *je préférerais ne pas*, ou dans les formules contradictoires où transparaissent les nombreuses expressions de tiraillement qu'on trouve chez Cioran. En dehors de la sphère de la vérité, la contradiction a le champ libre pour se déployer, ce qu'on constate dans les fragments cioraniens lancés dans un mouvement qui les projette de chaque côté de la parenthèse, dans un évitement constant d'un Savoir qui serait construit à partir des fondements du vrai et du raisonnable. La contradiction fait d'ailleurs partie du mouvement de l'écriture puisque, malgré la fascination pour les ratés, il n'est pas question pour Cioran de décréer en cessant d'écrire comme Bartleby. Un des premiers fragments qu'on trouve dans *De l'inconvénient d'être né* concerne cette injonction à décréer : « Défaire, dé-créer, est la seule tâche que l'homme puisse s'assigner, s'il aspire, comme tout l'indique, à se distinguer du Créateur. » (*I*, 1273) L'acte de décréation est ce qui distingue l'homme du Créateur et peut-être aussi ce qui l'en rapproche le plus, si on considère la décréation comme une tâche messianique dans le champ de l'immanence, comme un *reset*, comme un mouvement de recul qui tente un saut en dehors de l'actualisation. Pour Cioran, la décréation s'accomplit à même l'écriture, elle passe par la contradiction coextensive à la dramatisation ; concept qui contient ou incarne pour moi la forme, la source et la quête de

19. *Bartleby ou la création*, p. 82.

l'écriture cioranienne. En considérant son retrait de l'impératif de vérité, Cioran reconnaît sa parenté avec le raté :

> Entre autres, ils [les vaincus, les ratés] m'avaient révélé les niaiseries inhérentes au culte de la Vérité... Jamais je n'oublierai le soulagement que je ressentis lorsqu'elle cessa d'être mon affaire. Maître de toutes les erreurs, je pouvais enfin explorer un monde d'apparences, d'énigmes légères. Plus rien à poursuivre, sinon la poursuite du rien. La Vérité ? Une marotte d'adolescents, ou un symptôme de sénilité. (*TE*, 887)

Dans ce contexte, lorsque Jaudeau associe le doute à une tentative de « mettre à jour une terre d'inconnaissance[20] », elle n'a pas tort, elle révèle par là cette mise entre parenthèses, cette protection qu'il faut en quelque sorte créer contre le Savoir et la Vérité qui balisent et limitent l'étendue du possible. Cependant, si, pour elle, le doute apparaît comme un outil qui s'affûte et conduit potentiellement à la libération, on pourrait plutôt le concevoir comme une posture dramatique. Comme le note Cioran dans *De l'inconvénient d'être né* : « à quoi bon écrire pour dire exactement ce qu'on avait à dire » (*I*, 1278). Il faut affecter des postures – ce qui ne veut pas dire que ces postures soient inauthentiques pour autant. La dramatisation se rapproche en fait de l'économie des larmes chez les mystiques : les exercices d'Ignace de Loyola par exemple représentent un dispositif pour l'esprit qui cherche une brèche, un lâcher prise, un éclatement, « une émotivité menant à un dépassement de soi[21] ». Dans ce contexte, la dramatisation décrée ce qui est dans la mesure même où elle exagère ce qui n'est pas encore ; elle exagère un possible, un impossible, une transcendance ou une sortie hors des schémas de la Vérité ordinaire. Chez Cioran, l'écriture représente une poursuite de la posture dramatisante. En dehors de la dramatisation, la Vérité risque d'asservir et de faire perdre de vue cette zone d'inconnaissance qui représente aussi une zone de possibles.

20. *Cioran ou le dernier homme*, p. 107.
21. Terry Cochran, *De Samson à Mohammed Atta. Foi, savoir et sacrifice humain*, Montréal, Fides, 2007, p. 75-76.

Cela dit, cette mise en retrait s'opérant dans les nombreuses formules du doute n'est pas exempte d'un certain inconfort, elle est rivée à une insatisfaction qui ne se comble pas aisément, justement pas en invoquant les objets de vérité, de savoir ou de sacré habituels : « Ce n'est pas dans l'inquiétude, c'est dans l'*insatisfaction* que j'ai toujours vécu ; une insatisfaction essentielle, et telle que rien ne pouvait ni ne pourra jamais en avoir raison. » (*C*, 58) Cioran conçoit cette insatisfaction comme insurmontable, tout en entrevoyant qu'elle devrait être dépassée. S'il advenait un déchirement, la parenthèse se romprait et la maladie ne pourrait plus être abritée par le doute qui empêche et protège. Cette question du déchirement a été laissée en plan à la fin du chapitre précédent, et doit être reprise ici, pour penser la sortie hors des parenthèses, pour penser un possible qui renoncerait à ses compossibles pour actualiser quelque chose. Peut-être la dramatisation constitue-t-elle par ailleurs la forme pleinement littéraire de ce déchirement présagé, et dans cet esprit, elle assumerait la même fonction que la figure du Messie chez Benjamin par exemple, qui lui sert à penser le sacré, à renouveler son concept à l'intérieur de la trinité de la théologie, de l'histoire et du politique. Pour Cioran, la dramatisation jouerait le même rôle, celui de retenir ensemble les morceaux de son athéologie personnelle avec sa propre trinité, composée du sacré, de l'affect et de l'écriture. Lorsque – si – le Messie surgit, il vient rompre le fil du temps et rédimer les ruines du passé en leur donnant un choc qui les réinscrit quelque part, disons dans l'esprit. La dramatisation aussi opère un choc, mais ce choc n'est pas encore rédempteur : elle ne ressuscite pas un Sacré ou un Savoir, elle s'en tient à la nudité, à l'effort constant pour se tenir au plus près de la nudité, même dans l'écriture qui, malgré qu'elle soit une forme de médiation, devrait paradoxalement refuser d'être coincée dans les apparats du discours qui « maintient [l'esprit] dans son petit tassement[22] ». Pour réitérer le sens de la dramatisation pour Bataille : « c'est la volonté, s'ajoutant au discours, de ne pas s'en tenir à l'énoncé, d'obliger à sentir le glacé du

22. *L'expérience intérieure*, p. 25.

vent, à être nu. D'où l'art dramatique utilisant la sensation, non discursive, s'efforçant de frapper, pour cela imitant le bruit du vent et tâchant de glacer – comme par contagion[23] ».

La dramatisation n'est pas le déchirement grandiose envisagé, elle ne correspond pas, sur un plan immanent, à l'intrusion unique du Messie ; elle est plutôt conçue comme une sorte de préparation à sa venue, une tension, un « avant rédemption » à mettre en scène. La vision que Cioran propose de l'écriture est en fait, et sans même qu'il en exploite le concept, une vision de la dramatisation.

> J'ai combattu toutes mes passions, et j'ai essayé de rester encore écrivain. Mais c'est là une chose quasi impossible, un écrivain n'étant tel que dans la mesure où il sauvegarde et cultive ses passions, où il les excite même et les exagère. On écrit avec ses impuretés, ses conflits non résolus, ses défauts, ses ressentiments, ses restes... adamiques. On n'est écrivain que parce que l'on n'a pas vaincu le vieil homme, que dis-je ? l'écrivain, c'est le triomphe du vieil homme, des vieilles tares de l'humanité ; c'est l'homme *avant* la Rédemption. Pour l'écrivain, le Rédempteur n'est pas venu, effectivement ; ou son action rédemptrice n'a pas réussi. L'écrivain se félicite de l'erreur d'Adam, et ne prospère que dans la mesure où chacun de nous la renouvelle et la prend à son compte. C'est l'humanité tarée dans son essence qui constitue la matière de toute *œuvre*. On ne crée qu'à partir de la Chute. (*C*, 580)

Le déploiement de la dramatisation se situe – selon un axe qui n'est pas temporel mais spirituel – entre la Chute et la venue du Messie. L'écrivain représente les ratés de la rédemption, celui sur qui elle n'a pas agi et qui, seul dans son purgatoire personnel, met en scène son rejet et sa recherche, son étrangeté et son attente. Dans une parfaite adéquation de la forme au contenu, on peut recevoir ce passage comme un exercice de dramatisation qui propose aussi, dans le même mouvement, une vision de la dramatisation. C'est-à-dire que cet extrait montre tout ce que représente la dramatisation – soit une écriture comme mise en scène produite à partir du matériau de l'affect et tout entière tendue dans

23. *L'expérience intérieure*, p. 26.

un rapport au sacré – et en parle du même coup. Tous les plans de cette recherche (celle de Cioran et, par extension, la mienne) semblent inscrits dans la notion ou l'exercice de dramatisation. Mais il y manque encore une vision du savoir. Comment penser la dramatisation devant le savoir, c'est-à-dire comment les penser face à face en tentant idéalement de ne pas trop penser à partir d'une position de savoir ? Cette question implique de poser simultanément la question du sacré et du savoir, de l'affect et du savoir, de l'écriture et du savoir. Ces trois questions sont peut-être plus faciles à mener de front qu'isolément dans la mesure où, dans le contexte cioranien, elles s'interpénètrent les unes les autres.

Vers un savoir qui n'en serait pas un

L'idée d'un « petit savoir » évoquée plus tôt permet assez bien de penser celle, paradoxale, d'un savoir qui n'en serait pas tout à fait un, dans la mesure où elle se détache d'une vision monolithique d'un savoir construit sur le modèle scientifique, auquel on attribue le rôle de pierre de touche dans notre compréhension du réel. Ce « petit savoir », on peut aussi le penser – et peut-être y avoir accès – par la voie du besoin, par celle de l'affect, par celle du malaise de l'esprit, ou « malaise de l'intelligence », dirait Simone Weil. Ce petit savoir représenterait un peu le déchirement de la parenthèse qu'ouvre et referme le doute, que reproduisent les formules cioraniennes du doute. Un tel savoir n'aurait évidemment rien à voir avec l'idée de la science comme « théorie du réel[24] », soit avec cette définition fonctionnelle minimale de la science qui sert à Heidegger de point de départ pour une réflexion étymologique qui s'intéresse à ce que représente la science. Heidegger décrit simplement la science comme ce qui traque un objet, et on pourrait préciser en parlant d'un *discours* qui traque un objet :

> La science met le réel au pied du mur. Elle l'arrête et l'interpelle, pour qu'il se présente chaque fois comme l'ensemble de

24. Martin Heidegger, *Essais et conférences*, Paris, Gallimard, 2001 [1980], p. 51.

> ce qui opère et de ce qui est opéré (*als Gewirk*), c'est-à-dire dans les conséquences supervisables de causes données. Ainsi le réel peut-il être désormais dominé et poursuivi du regard. (La science) s'assure du réel dans son objectité. Il en résulte des domaines d'objets, domaines dont la visée scientifique peut à sa manière suivre à la piste les objets. Le (mode de) représentation qui suit à la piste et qui s'assure que tout le réel dans son objectité « pistable » est le trait fondamental de la représentation par laquelle la science moderne répond au réel[25].

Cette vision du savoir qui peut se résumer à l'idée d'un sujet qui regarde, saisit et examine un objet et qui en produit un discours, n'avance rien de particulièrement polémique. Et pourtant, une telle vision du savoir procède d'une transformation moderne de l'organisation de l'esprit. Heidegger souligne à ce propos qu'une telle « préhension » de la nature, de l'être humain, de l'histoire, du langage par exemple – éléments qui apparaissent désormais comme des objets du réel à traquer – était complètement étrangère à la pensée antique et médiévale[26]. Un petit savoir ne serait pas un plein savoir comme théorie ou traque du réel mais quelque chose qui aurait plus à voir avec la vision antique de l'« exercice spirituel » que Pierre Hadot reprend dans ses essais en proposant une vision de la philosophie comme mode de vie et non comme collection de systèmes ou assemblage exégétique d'exégèses. Pas une théorie du réel donc mais une *pratique* du réel, une pratique combinée de l'esprit et de l'affect dans laquelle on puisse admettre par exemple que souffrir soit bel et bien une façon de « *produire* de la connaissance » (*C*, 373). Et Cioran se positionne clairement dans cette vision de la pensée qui est nécessairement aussi un sentir :

> Je veux voir *penser* et non interroger sur les manières et les disciplines qui invitent à penser. Pascal a parlé de son angoisse et *non* de la psychologie de l'angoisse. Toutes ces branches modernes du savoir sont faites pour ceux qui ne peuvent rien tirer d'eux-mêmes, qui n'ont pas de substance ni même d'expériences sur quoi exercer leur esprit. On devrait philosopher

25. *Essais et conférences*, p. 63.
26. Cf. *Essais et conférences*, p. 63.

> comme si la « philosophie » n'existait pas, comme si on était le premier philosophe. À la manière donc d'un troglodyte ébloui ou effaré par le spectacle qui se déroule sous ses yeux. (*C*, 581)

Cet étonnement philosophique ou cette puissance d'être affecté *est* la philosophie, qui n'équivaut dès lors plus à un savoir mais à un questionner, à un vivre, et dans cet amalgame d'actions et de passions (questionner, expérimenter, vivre, être affecté, penser), la philosophie se détache du savoir (magistral, théorique, universel) pour accéder à un petit savoir (mineur, expérientiel, particulier). Elle devient, dans cette métamorphose, le récit d'une exception : écriture particulière, écriture de soi (*produite par* et *portant sur* soi).

Le tracé des séries que je tente de former n'est pas subtil : d'un côté, le savoir comme science qui se saisit des objets du réel pour les classer et les construire en discours à prétention universelle, de l'autre côté, un petit savoir, soit la pensée comme façon d'être affecté et sa mise en acte et en scène dans l'écriture. Terry Cochran relève ce clivage en s'intéressant à la discrimination de la littérature dans la vision spinozienne du savoir :

> Dans le cadre de son questionnement, Spinoza exprime de manière convaincante l'abysse infranchissable entre la littérature et le savoir, entre le discours inspiré et la spéculation. La littérature, pour lui, semble intrinsèquement incapable d'exprimer ou de véhiculer un savoir objectif. Dans le sens de Spinoza et d'une certaine tradition philosophique, le savoir vise des vérités immuables qui dépassent infiniment les contraintes temporelles qui conditionnent leur émergence. Or l'écriture ou la littérature ne produit que la semblance du savoir parce qu'elle ne peut jamais se séparer du temps de sa manifestation, de l'esprit qui l'a exprimée. Elle reste une expérience absolument unique qui refuse la généralisation ; incarnés dans l'écrit, les expériences et leurs effets sur des lecteurs éventuels sont inconnaissables à l'avance et imprévisibles. C'est cette instabilité, cette incertitude textuelle qui oppose la littérature au savoir[27].

27. Terry Cochran, *Plaidoyer pour une littérature comparée*, Québec, Nota bene, 2008, p. 71-72.

Cet extrait exemplifie parfaitement la scission entre littérature et savoir ainsi que les fondements de cette scission dans la pensée philosophique. Si la littérature est maintenant un domaine du savoir, s'il y a un savoir de la littérature, y a-t-il aussi un savoir propre à la littérature ? À l'intérieur de ce qui se profile comme le caractère irréconciliable de la littérature et du savoir, à force de piétiner dans ce fossé creusé depuis longtemps, il y a la possibilité de découvrir une route, qui a été effacée et qui est en partie à redessiner (avec des petits savoirs), vers le sacré.

Ce que je cherche à développer ici, ce n'est pas une vision épistémologique de la littérature, mais plutôt une vision, littéraire, de l'écriture comme réceptacle particulier d'un savoir particulier, d'un petit savoir qui se produit dans l'expérience et la mise en scène que l'écriture *est* fondamentalement. Ce petit savoir est celui qu'on trouve au bout de la question « pourquoi lit-on ? » :

> En dehors de l'expérience, c'est-à-dire de la souffrance, tout est de second ordre, non, de troisième main. C'est pour cela qu'on trouve si peu de livres vrais.
> Je n'ai jamais lu que pour chercher dans les expériences des autres de quoi expliquer les miennes.
> Il faut lire, non pas pour comprendre autrui, mais pour se comprendre soi-même. (*C*, 829)

Un livre *vrai*, c'est simplement un livre qui parle à celui qui le lit, le reçoit, le creuse, le rumine. Comme le propose Hadot, la lecture est, ou devrait être, un exercice spirituel : « nous passons notre vie à “lire” mais nous ne savons plus lire, c'est-à-dire nous arrêter, nous libérer de nos soucis, revenir à nous-mêmes, laisser de côté nos recherches de subtilité et d'originalité, méditer calmement, ruminer, laisser les textes nous parler[28] ». Un petit savoir passe dans cette communication qui sollicite autant l'esprit que l'affect. C'est-à-dire que quelque chose se communique indirectement dans l'acte de lecture, ou plutôt, ça communique, sans qu'on ait nécessairement besoin d'accoler un référent à ce « ça », sans qu'on

28. Pierre Hadot, *Exercices spirituels et philosophie antique*, Paris, Albin Michel, 2002, p. 73-74.

ait besoin de définir et de classer ce qui est communiqué. Le petit savoir en question n'a rien à voir avec la communication de savoir telle que l'entend Kierkegaard, mais plutôt avec la communication de pouvoir. « *Toute communication de savoir est communication directe*[29] » : elle va plus ou moins droit au but, soit à l'objet, au contenu, au savoir à prodiguer. Un émetteur savant remplit le vase vide, ou à moitié vide, d'un récepteur. C'est le modèle de la théorie, de la science. Ce à quoi s'oppose Kierkegaard :

> Ici comme partout, je me sens abandonné avec ma pensée. De quelque côté que je porte mes regards, je ne rencontre que sciences. Pour autant que je puisse en juger, je vois que chacune en particulier est extrêmement développée : presque partout un énorme appareil que l'on revoit et revise sans cesse. Mais je constate aussi que l'on s'occupe partout de ce qu'il faut communiquer. En revanche, si j'ai bonne mémoire, je n'ai pas lu, parmi les productions contemporaines, la moindre étude sur l'objet qui me préoccupe : qu'est-ce que communiquer, et n'en ai pas davantage entendu parler[30].

Kierkegaard décrit ici la déroute du « penseur singulier » au cœur de l'univers objectif de la science, et il révèle du même coup, implicitement, son refus de participer à cette production/communication du savoir dont l'université est la forteresse ou l'usine, c'est selon : gardienne d'un savoir ressassé en cours magistraux ou manufacture produisant en chaîne des thèses qui reprennent et réagencent un savoir bien assimilé. Pour Kierkegaard, il faut ramener le *comment* devant le *ce que*, il faut penser l'énonciation avant son objet parce que, en elle-même, elle représente un pouvoir, et, ajouterai-je, un petit savoir. La communication indirecte est indirecte précisément parce qu'elle n'est pas immédiate, elle n'implique pas la passation d'un objet (un objet de savoir) entre un émetteur et un récepteur ; elle est médiate en ce sens qu'elle est réflexion sur *comment ça communique*, sur *comment on est affecté* dans cette relation qui s'établit non plus entre émetteur et

29. Søren Kierkegaard, *La dialectique de la communication*, Paris, Payot & Rivages, 2004, p. 76.
30. *La dialectique de la communication*, p. 67.

récepteur mais entre écrivain et lecteur. La communication indirecte est ancrée existentiellement, c'est pourquoi elle est assimilée à une communication de pouvoir. Ce type de relation concerne peut-être plus immédiatement le lecteur qui ne reçoit pas un message mais bien un pouvoir (d'être, d'agir), pensé par Kierkegaard comme un pouvoir de réduplication, c'est-à-dire reprise, non pas sur le plan du discours, mais sur le plan de l'existence : ce qui correspond tout à fait à la vision cioranienne de l'acte de lecture, comme on le constate dans l'extrait précédent, lorsqu'il est question de lire pour se comprendre. Pour que la communication d'un pouvoir d'être affecté soit même possible, il fallait justement que se rompe la parenthèse du doute : le déchirement qui se produit transforme la puissance en acte, en acte d'être affecté, en pouvoir de rédupliquer.

Cette vision d'une communication de pouvoir s'inscrit tout à fait dans l'esprit de l'exercice spirituel antique ou dans celui de la *lectio divina* médiévale. Elle correspond à l'écriture et à la lecture de textes mystiques, même d'un texte comme les *Exercices spirituels* d'Ignace de Loyola par exemple, qui communique sans être écrit en fonction d'un lecteur, sans avoir en vue une quelconque réception :

> En suivant les entrées du journal ignatien, on commet une indiscrétion qui serait impardonnable si Ignace de Loyola était encore vivant. Ce modeste journal, établi à partir d'une masse de feuilles désordonnées où l'auteur notait ses rencontres intérieures avec son interlocuteur divin, est une sorte d'aide-mémoire qui ne vise pas de tiers. Ce qu'il inscrit est personnel, le registre des effets résultant de ses rendez-vous avec la transcendance. Par contre, les *Exercices spirituels*, le legs ignatien par excellence qui met en place un dispositif visant la production des motions intérieures, est un texte appartenant d'avance à une filiation collective. Autrement dit, en tant que manuel prônant l'entraînement de l'esprit, l'encadrement de son action vis-à-vis de la transcendance, les *Exercices* fournissent un guide du dépassement de soi signalé par l'apparition des larmes. En tant que mise en marche de l'imaginaire, c'est aussi une esquisse de

> la pensée littéraire, de l'engagement de l'esprit dans une dimension au-delà de la matière[31].

Alors même que ces exercices spirituels particuliers ne sont pas le fruit d'une activité littéraire pensée comme communication de pouvoir à un destinataire, ils mettent tout de même en place les modalités de la pensée littéraire comme mise en mouvement de l'esprit à partir d'une passation d'affects signalée dans une mise en scène, dans une dramatisation. Les exercices spirituels sont une mise en scène littéraire produisant une communication de pouvoir telle que l'entend et la pratique Kierkegaard. Dans une étude qui prend en compte le caractère littéraire de l'œuvre de Kierkegaard, Delecroix présente ainsi l'exercice – spirituel – de communication indirecte chez Kierkegaard: « le texte doit mimer une parole et elle s'adresse à un auditeur, précisément en ce que la parole met en présence deux individus singuliers, pris dans leur caractère d'existants. Aussi verra-t-on régulièrement Kierkegaard réclamer de son lecteur qu'il lise à haute voix[32] ». Kierkegaard reprend et renouvelle peut-être la forme de la *lectio divina*, il cherche à reconstruire une sorte de proximité dans la voix qui permettrait d'oublier le support, la matérialité et la distance de l'écrit. Delecroix ne peut dès lors que dépeindre Kierkegaard comme littéraire:

> Or c'est l'appareil littéraire qui permet à Kierkegaard d'instaurer une telle relation, c'est-à-dire de contrecarrer les effets pervers du discours, de sorte que la littérature n'est pas seulement, et peut-être pas d'abord, l'invention d'une langue adéquate pour dire ce qui est rétif au discours conceptuel: elle est une forme d'organisation de la relation, un *espace*, et correspond à cette espèce paradoxale de dialogue dont Kierkegaard avait fixé les principes dans l'exercice du philosopher. Elle constitue le seul *milieu* adéquat pour établir une communication indirecte où l'on parle de singulier à singulier et où chacun demeure dans sa propre singularité. Une communication « d'homme à homme »[33].

31. *De Samson à Mohammed Atta. Foi, savoir et sacrifice humain*, p. 85-86.
32. Vincent Delecroix, *Singulière philosophie. Essai sur Kierkegaard*, Paris, Éditions du Félin, 2006, p. 172.
33. *Singulière philosophie. Essai sur Kierkegaard*, p. 173.

Delecroix pense la littérature comme un espace, comme l'espace privilégié de la communication de pouvoir, un espace de rencontre entre singularités, voire entre « exceptions » – concept cher à Kierkegaard –, mais plus encore qu'un espace, le littéraire est une modalité de la pensée, une disposition spirituelle. La littérature *peut* être un espace, mais elle n'est pas simplement la pièce – disons le boudoir – où, dans l'immense demeure de l'esprit, se place la pensée parce qu'elle convient au tête-à-tête qu'elle envisage. Comme la mansarde de Cioran, la littérature est la seule pièce habitée par celui qui se projette dans une telle activité. Il le réalise lui-même, d'ailleurs : écrire n'a plus été la même chose à partir du moment où il a abandonné sa mansarde pour un appartement. La mansarde de Cioran, la chambre spirituelle de Huysmans, le cachot de pensée de Bernhard sont, par l'ascèse que ces pièces uniques fermées évoquent, le résidu métaphorique de la relation fondamentale – et persistante malgré qu'on tende à l'oublier – entre le littéraire et le spirituel. À même cet isolement, il y a pour Kierkegaard, dans l'acte d'écriture, la recherche d'un lecteur, de son lecteur. Delecroix note que tout un texte des *Discours édifiants* formera une sorte de « "dédicace au singulier", comme si, précisément, là se trouvait la clé de l'œuvre, dans le rapport personnel qu'elle institue avec le lecteur, comme si la forme seule de la relation était le contenu même du discours. Elle ne fait pas que dire le singulier, cependant : elle le provoque à être[34] ». L'écriture kierkegaardienne se crée un – elle se crée *le* – lecteur, c'est comme relation avec ce lecteur projeté, désiré et imaginé, et uniquement comme telle, qu'elle peut se réaliser comme communication de pouvoir. Ce genre de relation rappelle celle qui s'établit entre Cioran (sans qu'il en soit réellement conscient au départ) et des lecteurs particuliers qui ont trouvé dans son œuvre un écho, une façon de se comprendre. Je pense entre autres ici à une anecdote tirée de son entretien avec George Balan qui relate cette rencontre qu'il eut un jour avec une femme qui lui disait que ses textes sur le suicide – qui, une fois écrits, lui en ont passé l'envie – avaient

34. *Singulière philosophie. Essai sur Kierkegaard*, p. 175.

représenté pour elle l'écho de ses propres sentiments et pensées, et grâce à la relation à laquelle elle se sentait participer par l'intermédiaire de ces textes (*De l'inconvénient d'être né* principalement), l'envie de se suicider ne s'était plus fait sentir pour elle non plus.

Le petit savoir comme résidu du littéraire

Pensé dans ce contexte, le petit savoir en question n'est plus conçu selon les termes traditionnels, ceux de l'objet et de l'objectivité qui se rapportent ordinairement au savoir. Le petit savoir évoque et invoque un *comment*, c'est-à-dire une modalité, un ton, une question, une relation, et il est, par là, intrinsèquement littéraire. Selon cette conception, le petit savoir semble caractériser ce qui est, non pas acquis, mais rédupliqué par un lecteur, ou encore le pouvoir qu'un *comment* éveille en lui. Mais comment cette communication indirecte se pense-t-elle pour celui ou celle qui produit ce petit savoir, de façon consciente ou non, soit pour celui ou celle qui écrit ? Comment se pense-t-elle précisément pour Cioran (que je tente continuellement de tirer du côté de la littérature, c'est-à-dire que je tente de construire comme un écrivain qui pense plutôt que comme un penseur qui écrit malgré que Cioran se refuse à plusieurs reprises le qualificatif d'écrivain, considérant avant tout sa quête spirituelle, sa nature de mystique, même sans la foi) ? Pourtant, la plupart des mystiques sont aussi de toute façon des écrivains (qu'ils prennent la plume eux-mêmes ou qu'ils dictent), c'est-à-dire que leur expérience ne se passe généralement pas d'un récit, d'une mise en scène, d'une communication – indirecte, évidemment – d'affects. Qu'on pense à Thérèse d'Avila, à Jean de la Croix, à Angèle de Foligno, ou à l'exemple plus ambigu d'Ignace de Loyola, il y a une production littéraire qui est consécutive de l'expérience mystique mais qui peut aussi être directement à l'œuvre dans l'expérience de l'exercice spirituel lui-même. L'écriture peut être le récit d'une expérience de la transcendance, donc consécutif de cette expérience ; elle peut aussi constituer en elle-même, dans l'action de se produire ou dans sa performativité, une production d'un petit savoir qui ne la précédait pas sinon sous sa forme affective, sentie. Parce qu'il cherche quelque chose en écrivant, quelque chose de sacré, et que cette recherche qui occupe son écriture semble l'étouffer ou lui donner un statut secondaire, quasi instrumental par rapport à cette quête qui l'occupe, Cioran rejette le titre d'écrivain. « Je ne suis pas écrivain, car je n'aime pas écrire. Je cherche non pas la "vérité" mais la *réalité*, dans le sens où peut la chercher un ermite – qui a tout quitté pour elle. » (*C*, 705) Cette image de l'ermite qui cherche non pas la vérité – comme un Zarathoustra qui s'isole pour l'atteindre et qui revient dans le monde pour l'annoncer – mais la réalité semble étrange, surtout chez Cioran, qui a l'habitude de parler de la réalité en lui faisant un doigt d'honneur. Mais ce que cette image évoque surtout, c'est la quête non d'une vérité grandiloquente mais d'un petit savoir, du genre de ceux auxquels on accède lorsqu'on touche à ce que Kierkegaard appelle la primitivité. Ce concept désigne quelque chose qui se rapprocherait de la relation qu'entretient l'individu singulier avec lui-même, avec ce qui l'affecte. Dans les mots de Kierkegaard :

> Si je m'imaginais un homme élevé, et passant ensuite sa vie de manière à ne jamais recevoir aucune impression de lui-même, mais à vivre sans cesse de comparaisons, c'est là un exemple d'improbité. Et telle est justement la condition de l'époque actuelle. L'histoire de la génération suit son cours, c'est vrai, mais chaque individu pris isolément devrait, ce me semble, avoir son impression propre, primitive de l'existence – pour être homme. Et il en va de tout homme comme de tout penseur – pour être penseur. Mais le penseur qui sacrifie sa primitivité ou la refoule, la fait avorter pour être bien vite compris de ses contemporains, acquérir bien vite un peu d'influence et se précipiter dans le train de la génération qui démarre à l'instant : ce penseur-là est pire qu'une fille faisant à vil prix le sacrifice de sa vertu[35].

Pour Kierkegaard, il ne faut se départir de sa primitivité à nul prix puisqu'elle constitue le fond de notre singularité, et, par extension,

35. *La dialectique de la communication*, p. 40.

si elle représente notre puissance d'être affecté, elle constitue aussi l'essentiel de notre réalité. On pourrait dire que Cioran tient sa primitivité au-dessus de tout, qu'il ne veut absolument pas se laisser déposséder de son aptitude à souffrir, qui est pour lui la façon la plus profonde d'être affecté. Encore une fois, l'écriture semble subordonnée à cette primitivité :

> Ça n'a jamais été dans mes intentions de laisser une « œuvre », mais d'exprimer, aussi brièvement que possible, mon sentiment sur ce qu'on appelle vie et mort. Je me suis donc placé en dehors de l'art. Mes écrits ne sont pas d'un écrivain. Le fait d'écrire en lui-même ne m'intéresse en tous cas plus, si tant est qu'il m'ait jamais intéressé. (*C*, 691)

Ce qui le préoccupe apparemment se situe en dehors de l'art, dans la région du spirituel, qui n'est pourtant pas radicalement éloignée ou distincte de celle du littéraire. Ses écrits trahissent toutefois une préoccupation littéraire en ce qu'ils sont la trace – la lie, dirait-il – de son esprit, donnée à lire comme un exercice spirituel ; ils communiquent indirectement cet esprit par le truchement du « Je personnel » que Kierkegaard a voulu réveiller en rappelant que « la vérité éthico-religieuse se rapporte essentiellement à la personnalité ; elle ne peut être transmise que par un "Je" à un autre "Je"[36] ». Tout émane du *je* chez Cioran, rien ne demeure impersonnel. Mais il n'assume que par moments le petit savoir que ses écrits contiennent ; le reste du temps, il fait de la quête et des affects vécus et projetés dans la pensée après coup la seule valeur à conserver au-dessus de tout ce qui y est intrinsèquement lié, c'est-à-dire au-dessus de ses textes. Pourtant, cette subordination de l'écriture est fausse : l'écriture n'est pas l'espace indifférent d'une forme de communication indirecte. Pour préciser un peu, la forme de l'aphorisme est, pour Cioran, plus qu'un choix esthétique ou philosophique : elle correspond à la façon même – subite, discontinue, violente parfois – dont on reçoit et intègre des affects, et aussi au petit savoir qui émerge à force de les enregistrer, de les consigner, de les presser.

36. *La dialectique de la communication*, p. 62.

> Le fragment est mon mode naturel d'expression, d'être. Je suis né *pour* le fragment. Le système en revanche est mon esclavage, ma mort spirituelle. Le système est tyrannie, asphyxie, impasse. Mon antipode, en tant que forme d'esprit, est Hegel et, à vrai dire, quiconque a érigé ses pensées en corps de doctrine. Je hais les théologiens, les philosophes, les idéologues, les...
> Heureusement que Job n'explique pas trop ses cris. (Je suis peut-être coupable d'avoir trop commenté les miens...) Il ne faut jamais trop insister sur ce qui surgit de nos profondeurs. (*C*, 687)

En revendiquant le fragment, la forme abrupte et saccadée du cri, plus spontanée que commentée, il se reconnaît indirectement comme écrivain, comme un écrivain qui crie, comme quelqu'un qui vit et qui écrit à partir de ce qui n'est pas tout à fait maîtrisé : « Une pensée fragmentaire reflète tous les aspects de votre expérience, une pensée systématique n'en reflète qu'un seul aspect, l'aspect *contrôlé*, et par là même, appauvri. » (*En*, 23) L'écriture du fragment, élevé à un mode d'être, est rivée à cette communication d'une primitivité, d'un pouvoir ; elle est cet exercice spirituel autant pour le *je* qui écrit que pour le *je* qui lit.

Ce rapport très serré entre le littéraire et le spirituel est rendu particulièrement sensible dans la dramatisation, qui radicalise en quelque sorte ce lien. La dramatisation est autant une mise en scène de la primitivité qu'une pratique – à la fois comme condition et comme une mise en mots – de l'exercice spirituel. Plus fondamentalement peut-être, elle sollicite l'affect, comme puissance active et non passive ; l'affect qui déjà, pour Deleuze et Guattari, « n'est pas que le passage d'un état vécu à un autre, mais le devenir non humain de l'homme[37] ». Cette vision de l'affect tire ses racines de la philosophie de Spinoza où l'affect n'est pas simplement un changement ou une modification du corps mais se définit justement comme une puissance d'agir. La dramatisation engage cette puissance d'agir, mais en quoi peut-elle impliquer un devenir non humain de l'homme ? Autrement dit, comment penser un devenir non humain dans la dramatisation malgré l'omniprésence d'un

37. *Qu'est-ce que la philosophie ?*, p. 163.

je, malgré le cri ou le caractère senti de ce qui est écrit ou mis en scène ? Ce devenir non humain pourrait signifier que quelque chose dépasse la subjectivité tout en y étant inscrit. La dramatisation, qui met en scène l'affect, n'est pas le drame à l'état pur mais plutôt sa fabrication et son expérience. Elle est donc en partie voulue, recherchée, créée, et en partie éprouvée comme quelque chose qui ne serait pas entièrement du registre de la maîtrise. La dramatisation implique, dans le cas de Cioran, un double mouvement d'intériorisation et d'extériorisation, un cri poussé et aspiré dans le même mouvement. La dramatisation, comme expérience et exercice littéraire, n'est pas du domaine de l'« inénarrable » des mystiques, d'Angèle de Foligno par exemple qui n'écrit pas mais fait le récit de ses expériences en réitérant continuellement à quel point elles ne sont pas de ces choses qui peuvent être racontées, à quel point leur expérience dépasse tout le champ du discursif. Angèle de Foligno reçoit un savoir sacré, qu'elle conçoit comme les secrets divins, mais elle se trouve incapable de mettre convenablement en mots ce savoir transcendant :

> [Mais] s'il s'agit des opérations absolument ineffables qui sont et se font dans l'âme, dans l'instant suprême, dans l'éblouissement de Dieu, il n'y a plus même à balbutier : Mon âme est souvent ravie aux secrets divins. Je comprends alors pourquoi l'Écriture est facile et difficile ; pourquoi elle paraît se contredire ; par où l'homme échappe au salut qui vient d'elle ; comment elle condamne, comment elle sauve. Je sais ces choses et je me tiens debout sur elles, pleine de sciences, et quand je reviens des secrets divins, je puis prononcer quelques petits mots avec assurance. Mais s'il s'agit des opérations ineffables, s'il s'agit de l'éblouissement de gloire, n'approchez pas, parole humaine ; ce que j'articule en ce moment me fait l'effet d'une ruine, et j'ai l'épouvante qu'on a quand on blasphème[38].

Ce que raconte Angèle de Foligno, ce ne sont que les ruines d'une expérience, les bribes d'un savoir qui passe, de transcendant et absolu dans l'expérience, à fragmentaire et inadéquat dans les mots.

38. Angèle de Foligno, *Le livre des visions et instructions*, Paris, Éditions du Seuil, 1991, p. 88.

Bataille aussi, dans *L'expérience intérieure*, rejette le discursif, qu'il associe étroitement à l'entendement, au logos, inapte à recevoir et à traduire ce type d'expérience. Le paradoxe de la mystique, religieuse ou laïque, par lequel on qualifie d'indicible l'expérience tout en la mettant en discours, parfois de façon abondante, voire logorrhéique, est bien connu. Ce paradoxe n'est qu'en partie transposable à Cioran : la dramatisation cioranienne est rivée à l'écriture, mais une contradiction persiste néanmoins sur le plan du statut attribué à l'écriture, en même temps fondamentale et subordonnée à ses exercices spirituels particuliers, à sa quête d'un sacré. Pourtant, écrire n'est pas dans son cas traduire (comme pour les mystiques, par exemple) ; écrire, c'est dramatiser. Cioran pense dans le fragment, dans l'écriture du fragment ; il met en scène quelque chose qui se dessine dans le mouvement de cette forme particulière, discursive certes, mais qui, en même temps, déconstruit de l'intérieur le discours bien ficelé du savoir. Si « on écrit avec ses impuretés, ses conflits non résolus, ses défauts, ses ressentiments, ses restes... adamiques » (*C*, 580), c'est qu'on met en scène quelque chose qui fait problème, ou qu'on constitue comme problème ; on investit, dans le fragment, quelque chose que Cioran décrit plus loin dans le même passage comme la non-venue du Messie, et simultanément son attente. « On ne crée qu'à partir de la Chute » (*C*, 580), et Cioran crée parce qu'il faut mettre en scène cette Chute, image de son angoisse. La dramatisation, en reliant l'affect au sacré et à l'écriture, soulève du même coup la question de l'imaginaire :

> La mise en drame a lieu dans *mon* imaginaire, et constitue la condition *sine qua non*, préalable, pour la supposée expérience intérieure. Ce drame intérieur touche à l'universel qui demeure néanmoins intouchable, projette l'au-delà que je ne représente qu'en m'anéantissant, pas toujours uniquement au sens figuré. *Je me* représente la mélancolie de la mort, son injustice, la trahison existentielle, ontologique, dont elle est issue. Cet imaginaire vécu est loin de l'ineffable, la fondation tacite de la pensée institutionnelle et donc religieuse qui justifie par son absence toute affirmation actuelle ou éventuelle. Cette histoire mentale ou spirituelle met en scène *mon* angoisse face à cette mort, à

> ce sacrifice; les larmes signalant son avènement, sa réalisation, attestent l'intensification et le dépassement de soi, de *moi*: elles matérialisent *ma* propre perte, ouvrant la porte à un au-delà qui *m'*appartient, qui *m'*avale[39].

L'imaginaire met en relation avec l'universel et c'est peut-être en partie ce que représente l'idée deleuzienne de l'affect comme devenir non humain de l'homme, même si Deleuze ne pense pas dans des termes qui laissent place à la transcendance. Primitivité et petit savoir se côtoient donc dans l'écriture, par l'intermédiaire de l'imaginaire, cette scène sur laquelle on projette des sensations, des images, qui deviennent des affects dans la dramatisation; des affects qui ont le pouvoir – et communiquent le pouvoir – d'aller chercher une part non humaine, de mettre en relation avec un fragment d'universel, avec un sacré.

Cioran littéraire

Ce n'est pas cette faculté de transmettre un savoir, qu'il soit grand ou petit, que la critique refuse en général à Cioran; bien au contraire, en le construisant en penseur, en philosophe, elle la lui reconnaît d'emblée, tout en relevant la valeur spirituelle de sa pensée. Les critiques concèdent qu'il y a une difficulté certaine à circonscrire ce qui constitue le noyau de la « philosophie » de Cioran, tout en tentant néanmoins de relever le défi de l'identifier. Pour Patrice Bollon, par exemple, il s'agit de « montrer que, par-delà son apparence fragmentaire, décentrée, volontairement "stérile", il y a chez Cioran une pensée, sinon systématique, du moins cohérente, stable (y compris dans son instabilité permanente) [...][40] ». Bollon, comme d'autres, éprouve le besoin de délimiter le ou les centre(s) de sa pensée, philosophique malgré son auteur. Pour Jaudeau, Cioran reste plutôt un de ces inclassables. Elle explique:

> Qu'on le range du côté de la littérature, ou qu'on fasse de lui un philosophe raté, on tombe dans la même erreur. Si les

39. *De Samson à Mohammed Atta. Foi, savoir et sacrifice humain*, p. 100.
40. Patrice Bollon, *Cioran l'hérétique*, Paris, Gallimard, 1997 [1977], p. 148.

> apparences inclinent en faveur de la première orientation, il ne faut pas s'y laisser prendre. À l'encontre des moralistes auxquels on l'apparente, ses ambitions ne sont pas littéraires, son goût de la formule ne se réduit pas seulement à un plaisir de maniaque du verbe. Quant à la philosophie traditionnelle, elle se dissocie trop souvent de l'expérience intérieure pour que puisse s'en réclamer un homme incapable de proférer une seule idée qui n'ait pas été soumise à l'épreuve du sentiment et qui saisit toutes les occasions de nous rappeler qu'on *sait* vraiment lorsqu'on *sent* ce qu'on a compris[41].

Du coup, pour conserver cette position en apparence nuancée et juste, pour éviter la tentation de projeter Cioran dans le camp du littéraire, elle a besoin de représenter une caricature de la littérature : elle en dresse un portrait qui la rapproche d'une forme de fétichisme du style. Dès lors, elle en fait un penseur affectif ou un penseur *par* affects, ce qui semble être une façon de contourner l'alternative traditionnelle tout en choisissant son camp.

Je ne voudrais pas entrer dans une critique de la critique de l'œuvre cioranienne, je n'ai pas la fibre de l'exégète, je souhaite simplement faire remarquer que le problème que pose l'œuvre, plus précisément l'*écriture*, de Cioran, n'est pas simple. Et ce n'est certainement pas en construisant Cioran uniquement comme philosophe, penseur ou « esprit libre » qu'on parviendra à le résoudre ou, à tout le moins, à le déplier. Étant donné que la position du « Cioran inclassable » semble, de toute façon, intenable – c'est-à-dire que les critiques succombent généralement à la nécessité de le classer pour pouvoir en dire quelque chose –, l'image d'un « Cioran littéraire » sert justement à faire pencher la balance de l'autre côté, même faiblement. C'est-à-dire qu'il faut s'extraire quelque peu des discours, assez similaires, auxquels conduit l'analyse de la « philosophie » cioranienne pour s'intéresser à ce que son écriture transporte, au petit savoir qui s'y communique indirectement, dans toute sa primitivité. Il ne s'agit pas de refuser à Cioran le titre, assez vague de toute façon, de penseur, mais simplement de suivre la piste de cette pensée par un autre angle, en

41. *Cioran ou le dernier homme*, p. 14.

réfléchissant à ce que son projet d'écriture particulier signifie pour la pensée justement, et précisément à ce que la dramatisation, performée dans le fragment (la dramatisation en tant que forme qui rassemble, dans ou plutôt *par* l'écriture, affect, petit savoir et sacré), peut apporter à une vision moderne du sacré, construite dans une intériorité affectée, en dehors des institutions. Et si on voulait persister à voir Cioran comme un penseur, il faudrait néanmoins en faire un « penseur sur scène », pour reprendre l'expression que Sloterdijk utilise pour représenter la pensée et l'écriture de Nietzsche[42]. Mais même si cette formule semble tout à fait séduisante, et rappelle la dramatisation qui prend place dès lors que le dramaturge ultime ou metteur en scène du monde – Dieu – a disparu, elle n'inscrit pas avec suffisamment de force l'importance de l'écriture, que chaque fragment bâtit, brique par brique, en une non-totalité signifiante, et qui se trouve réaffirmée même dans le refus du titre d'écrivain. Je ne sais pas si Cioran accepterait le qualificatif de « dramatiseur » ou de « dramatisant », mais ce qui m'intéresse principalement, c'est de remettre à l'avant-plan son projet d'écriture (qui inclut ses *Cahiers*, plus bruts, autant que ses textes destinés à la publication), de revoir cette écriture non comme le médium d'une pensée philosophique mais comme réalité, comme expérience directe qui constitue l'itinéraire d'une quête du sacré et qui, en tant que tel, communique indirectement un tracé littéraire, spirituel, existentiel.

42. Cf. Peter Sloterdijk, *Le penseur sur scène*, Paris, Christian Bourgois, 2000.

Chapitre 4

L'écriture en quête de sacré

J'ai horreur de développer, d'expliquer, de commenter, d'appuyer, j'ai horreur de tout ce qui rappelle le philosophe, donc le professeur.
La philosophie: une pensée étalée (comme on dit d'une bouse qui s'étale, s'étend). Je n'aime que la pensée ramassée, foudroyée dans une formule.

EMIL CIORAN,
Cahiers 1957-1972, p. 507

Vous devriez travailler, gagner votre vie, rassembler vos forces.
– Mes forces? je les ai gaspillées, je les ai toutes employées à effacer en moi les vestiges de Dieu...
Et maintenant je serai pour toujours inoccupé.

EMIL CIORAN,
Syllogismes de l'amertume, p. 779

Le ratage et l'écriture

Cioran travaille fort à se dépeindre comme un être oisif, inoccupé, désœuvré, improductif. À répétition, il met en scène ce qu'il appelle son « échec » et, ainsi, ne nous permet pas un instant d'oublier qu'il appartient à ce groupe sélect des « ratés ». Cioran n'est pas le seul « raté », le lien entre la littérature et le ratage est loin d'être inusité, on connaît une pléthore de personnages qui sont devenus des figures du ratage : qu'on pense à l'Oblomov de Gontcharov, à l'homme du souterrain de Dostoïevski, au Bartleby de Melville ou aux personnages de Bernhard qui exemplifient, pour la plupart, le ratage particulier au penseur, particulier à celui qui crée. Le ratage est donc fréquemment mis en scène par la littérature, il est l'un de ses objets privilégiés. Et on pourrait également penser qu'il y a quelque chose du ratage dont l'écriture a besoin pour se mettre en scène elle-même, comme représentation et, par extension, comme dramatisation de la pensée qui fuit, qui décolle toujours d'un présent habité par l'affect. L'écriture est en soi une forme précise de ratage. Elle est la dramatisation d'une possibilité de dire ou d'exprimer coextensive d'une impossibilité à représenter le moment où ce qu'il y a à dire surgit dans le corps ou dans l'esprit. Son actualisation représente une forme de ratage, au même titre que sa non-actualisation, improductivité par excellence. Sous une forme ou une autre, le raté se raconte rarement lui-même dans son ratage propre, il faut quelqu'un qui en témoigne, qui prenne la tâche de tracer l'échec à grands traits, d'en faire une représentation, d'en faire un objet. On trouve dans l'œuvre de Thomas Bernhard un exemple de cette nécessité de témoigner. Le Konrad de *La plâtrière* et le Roithamer de *Corrections* font partie de ces ratés dont le ratage, lié à la pensée et à la création, doit être raconté par un narrateur qui y assiste.

Konrad s'enferme dans la plâtrière, une véritable prison de pensée, pour écrire le traité sur l'ouïe qu'il mûrit en pensée depuis vingt ans. Il n'écrit pas ce traité sur l'ouïe. Le traité existe, virtuellement, dans sa tête, et en même temps il n'existe pas, parce qu'il y a impossibilité de transférer le contenu de sa tête, ses pensées, sur le papier. De sorte que la masse de matériaux intellectuels s'accumule, rendant de plus en plus difficile la tâche de les matérialiser en les représentant.

> Un essai qu'on a dans sa tête mais non sur le papier n'existe pas (avait dit Konrad à l'architecte, selon Wieser). L'écrire, simplement l'écrire, avait-il toujours pensé et cette pensée – écrire tout simplement l'Essai, s'asseoir et l'écrire – avait rempli son existence jusqu'à la combler : non plus la pensée du Traité sur l'Ouïe, mais celle de l'écrire, d'un instant à l'autre, de l'écrire[1].

L'essai n'existe pas antérieurement à son actualisation, et pourtant son inexistence même possède une présence assez envahissante pour que la simple idée de sa réalisation acquière à elle seule une sorte de réalité. Étrangement, cet essai dont l'existence dépend de son écriture deviendrait, en existant, donc en étant rédigé, une œuvre d'art, alors que sous sa forme désincarnée, spirituelle, il reste de l'ordre de la science : « À présent, lui Konrad avait son traité dans la tête, le traité appartenait encore au domaine de la science, ce n'est qu'en le rédigeant qu'il deviendrait une œuvre d'art[2]. » Ce découpage n'est pas tout à fait évident. Pourquoi trancher entre un « avant » d'ordre scientifique et un « après » d'ordre artistique ou esthétique ? Est-ce à dire que la pensée serait associée au savoir alors que l'objet qui se construit autour de cette pensée (et qui, dans le cas de Konrad, ne se construit jamais) appartient au domaine de l'art ? Évidemment, il s'agit d'un fait de croyance au départ, c'est-à-dire que Konrad croit que ses pensées, son traité imaginaire, possèdent une valeur scientifique. Mais il existe peut-être quelque chose qui relève plutôt de la nature de la pensée et de la nature du littéraire qui viendrait mettre en place cette association : par exemple si on suppose que le savoir, qu'il soit réel ou factice, empirique ou imaginaire, ne dépend pas d'une actualisation ou d'un objet, alors que l'art n'existe que dans un objet ou une performance. En ce sens, le ratage de Konrad se révèle un ratage proprement littéraire ; il concerne l'œuvre d'art absente,

1. Thomas Bernhard, *La plâtrière*, Paris, Gallimard, 1989 [1974], p. 70.
2. *La plâtrière*, p. 68.

l'œuvre d'art qui ne vient pas concrétiser une pensée ou un savoir qui reste captif de l'esprit, irréalisé (et, clairement, dans le cas de Konrad, idéalisé). Et de fait, pour Konrad, il s'agit bel et bien d'un problème de mots. Sans le mot juste, tout commencement devient impossible, éternellement différé :

> Peut-être cette difficulté est-elle liée au problème des mots liminaires, au choix des premiers mots (etc.). C'est une question d'instant – d'ailleurs tout est une question d'instant. Depuis des mois, des années, au fond des dizaines d'années, il attendait cet instant ; mais parce qu'il l'attendait, l'instant se dérobait[3].

L'œuvre, sa possibilité même, dépend d'un mot, d'une inspiration, d'un instant qui se soustrait continuellement à la volonté de le faire advenir. C'est dire que l'œuvre n'est pas l'objet d'une maîtrise mais bien d'une grâce qu'attend le penseur en possession de son savoir, jusqu'au ratage qui le pousse à tuer sa femme. L'instant propice (l'instant de grâce) qui ne se présente jamais introduit la question temporelle dans l'équation, à la fois simple et complexe, du ratage. C'est-à-dire que l'instant est une de ses variables, celle qui fuit continuellement, qui n'obéit pas à la volonté, et qui est, comme telle, recherchée parce qu'elle représenterait le point de départ d'une médiation nécessaire, du passage à l'œuvre d'un savoir qui, autrement, reste captif de l'esprit. Dans cet instant, c'est la médiation qui serait rendue possible, la bonne distance sans laquelle le savoir ne passe jamais à l'œuvre, sans laquelle le savoir reste désincarné, immatériel. Cette bonne distance ne s'installe jamais pour Konrad, qui se la représente et l'attend comme un moment idéal : « comme des milliers de gens avant lui, il avait cédé à la folie de croire qu'un jour, en un instant unique, au moment optimum, il pourrait enfin matérialiser sa pensée, grâce à sa rédaction logique et concentrée[4] ». Son échec – tout à fait lié à la question temporelle – se trouve précisément dans cette attente par laquelle il diffère éternellement l'instant de la matérialisation, l'instant de la bonne distance :

3. *La plâtrière*, p. 126.
4. *La plâtrière*, p. 224.

> « Ainsi » (déclarait Fro, changeant brusquement de ton), « l'immense œuvre d'une vie se trouve anéantie ». Rien de plus déprimant qu'une carence, due au fait d'avoir toujours différé la réalisation d'une chose comme ce traité, qui, sur le plan idéologique, existait entièrement, sans faille, dans son esprit : une œuvre scientifique, fantastique, parfaitement achevée. Ni l'intrépidité, ni sa ténacité inouïe, ni l'audace intellectuelle ne lui avaient permis de le concrétiser, en le jetant finalement sur le papier, à l'intention du monde extérieur, à l'intention aussi des spécialistes et de la postérité. Au cours de ces dizaines d'années traînées en longueur de façon humiliante, comme il l'avait dit lui-même – ces années d'autre part si affreusement brèves — il n'avait cherché à ménager personne – surtout pas sa propre personne. Mais l'essentiel lui avait fait défaut : le courage de réaliser l'œuvre, de la concrétiser, en un mot le courage de basculer subitement la tête, sans le moindre ménagement, pour en verser le contenu sur le papier[5].

La longue narration du ratage de Konrad, de l'échec de l'œuvre qui devient aussi l'échec d'une vie, s'interrompt sur cette impossibilité de transvider le contenu spirituel dans le contenant matériel ; une impossibilité de vider sa tête « comme des poubelles[6] » sur le papier. La fusion avec la pensée n'est jamais dépassée ou rompue ; le transfert, salutaire, dans une matérialité, ne se produit pas ; la bonne distance, celle qui permettrait de s'extraire de ses obsessions, n'est jamais atteinte et à chaque instant où l'objectivation comme « planche de salut » (*SD*, 276) est différée, c'est la folie et le ratage qui se concrétisent. Puisque « l'écriture n'a de valeur et de justification que si elle permet de se délivrer de ses obsessions, de reculer une destruction, un effondrement » (*SD*, 276), c'est bien cette destruction qui, faute d'œuvre, est précipitée dans le cas de Konrad. Et c'est aussi cette destruction que repousse et diffère continuellement Cioran dans l'écriture. Qu'il repousse et dramatise ; qu'il repousse en dramatisant.

Ce repoussement qui s'accomplit (chez Cioran) ou s'accomplirait (dans le cas de Konrad) par l'écriture semble tout à fait lié

5. *La plâtrière*, p. 225.
6. Cf. Thomas Bernhard, *Récits 1971-1982*, Paris, Gallimard, 2007, p. 493.

à la question de la médiation étant donné qu'il s'agit en un sens d'objectiver une pensée en la transposant dans une matérialité. La médiation implique un rapport spatial entre deux éléments et, dans une vision hégélienne, se rattache, temporellement, à une conscience de soi ou à un devenir conscient. En l'absence d'une telle médiation, c'est le ratage qui guette, voire la folie ou l'enfermement dans l'obsession : « seule compte l'écriture comme moyen de se libérer de ses obsessions, comme moyen de les actualiser dans la conscience pour ensuite les balayer » (*SD*, 276). Mais la conscience n'est qu'un morceau de cette équation sans solution que représente l'écriture, un morceau contaminé par l'affect :

> Les vraies obsessions sont celles qui vous dominent et vous préoccupent à chaque instant, quelle que soit la nature de votre activité. Elles *apparaissent* beaucoup plus élémentaires et constitutives que les idées simples, nées exclusivement d'un calcul logique ou d'une réflexion fortuite. Celles-ci, comme toutes les idées quelconques, se manifestent dans la conscience seulement aux moments où l'on pense, tandis que les obsessions constituent une présence implicite, inévitable, irrésistible. Penser avec une finalité dans la pensée elle-même ne me semble pas grand-chose. Une pensée purement formelle, une pensée qui ne reflète rien des tensions élémentaires de la vie, une pensée qui n'est pas une allusion continue à la tragédie – à une tragédie permanente et immanente – est une pensée stérile et vide dans l'excès de son abstraction, tout comme est stérile et vide le cerveau qui *ne ressent pas* quand il pense. (*SD*, 278)

Chez Cioran, on trouve un réel désir de « remonter avant le concept, [d']écrire à même les sens » (*I*, 1288). Et c'est dans cet esprit que la pensée ne doit être extraite de soi dans l'écriture que comme obsession, comme affect, comme tension organique. Autrement dit, l'écriture n'est enclenchée, et, du même coup, validée, que par l'obsession, ou plutôt comme trace d'une obsession – trace qui participe du témoignage autant que de l'effacement de sa source. Pour Cioran, l'expression est cathartique, il y a « purification et soulagement par l'expression. Une idée qui nous poursuit et nous gêne, c'est en la formulant que nous nous en débarrassons. Or formuler un mal, c'est le projeter, c'est le mettre *hors* de nous, c'est le chasser de notre substance, c'est exorciser le démon. Or les obsessions sont les *démons* d'un monde sans foi » (*C*, 800). Pourtant, expression et écriture ne sont pas des réalités parfaitement congruentes. Cioran traite l'expression comme un cri, signalant par là d'une façon à peine détournée qu'il n'est pas un philosophe ni un penseur mais bien un obsédé, quelqu'un qui écrit à même le matériau de ses affects ; un matériau qui ne lui permet pas de produire du discours philosophique traditionnel étant donné qu'on le retrouve toujours lui-même à l'intérieur de la configuration de ce qu'il énonce. L'affect – qui n'est pas seulement *exprimé* mais *écrit* – le projette d'emblée dans le littéraire. Écrire avec l'affect n'implique pas de le représenter ou de l'imiter : le rapport qui s'établit va au-delà de la mimésis tout autant qu'il va au-delà de la catharsis. Le paradigme de l'écriture dépasse la pure représentation et la pure libération par l'expression, et ce, même s'il s'avère difficile d'y échapper entièrement lorsqu'on se trouve dans le registre de l'affect étant donné qu'on présume toujours une antériorité de l'affect sur l'écrit qui, en principe, devrait l'incarner. C'est dans la mesure où l'écriture déclenche à son tour des affects qu'elle se détache de la représentation pour devenir plutôt un carrefour d'affects, un espace traversé de part en part par des affects qui le précèdent, y naissent et lui survivent. C'est en ce sens que le cri écrit dit autre chose que le cri crié ; il n'en est pas la simple transposition. L'écriture étant en elle-même une composition, elle se révèle aussi une décomposition du verbiage intérieur, en cela qu'elle diffère immanquablement. Derrida avance une idée similaire dans « La pharmacie de Platon » :

> Cette *dé-composition* de la voix est ici ce qui la conserve et ce qui la corrompt le mieux. L'imite parfaitement parce qu'elle ne l'imite plus du tout. Car l'imitation affirme et aiguise son essence en s'effaçant. Son essence est sa non-essence. Et aucune dialectique ne peut résumer cette inadéquation à soi[7].

7. Jacques Derrida, *La dissémination*, Paris, Éditions du Seuil, 2001 [1972], p. 173.

L'écriture est le masque posé sur la prétendue transparence de la voix associée à la conscience, au logos. Derrida vient démanteler le présupposé habituel selon lequel l'écriture ne serait qu'une transcription de la parole. Dans son retournement, l'écriture se libère de son caractère secondaire ou de sa fonction de servante du logos, elle apparaît comme sa fausse représentation et, par là, se libère de l'ordre de la mimésis. Le logos n'est plus premier et structurant, mais se révèle lui-même structuré par les traces de l'écrit.

C'est ainsi que la conscience de soi, envahie par l'affect, tend à s'effriter avec le texte qui reste et qui ne raconte plus tout à fait le sujet qui le produit – sinon dans ses tensions –, qui se détache du présent et de la source de son élaboration pour raconter autre chose. Au-delà de la conscience, c'est la pure dimension spatio-temporelle qui semble s'émanciper d'une conscience associée à la maîtrise du sujet de l'énonciation. À ce point, ce détachement dont il est question recoupe en quelque sorte le concept multiforme, voire difforme, de *différance*, que je qualifierai d'euristique – faute de mieux – dans la mesure où il se déplace et s'applique à différents espaces de la pensée et permet ainsi de déconstruire et de reconfigurer leurs contenus. La *différance* représente ce qui diffère de la parole ; elle est la trace du différé, soit la trace d'un mouvement d'*espacement* et de *temporisation*. Elle peut se penser comme la distance qui s'installe dans l'écriture de l'« obsession » à laquelle réfère Cioran, et qui persiste dans l'« obsession » écrite : c'est-à-dire la distance – s'ouvrant sur deux plans – qui apparaît dans le mouvement de l'écriture et qui persiste dans l'objet créé, dans l'œuvre elle-même. Pour Derrida, la *différance* comme trace implique que la présence soit continuellement différée, décalée ou marquée par l'effacement :

> La trace n'étant pas une présence mais le simulacre d'une présence qui se disloque, se déplace, se renvoie, n'a proprement pas lieu, l'effacement appartient à sa structure. Non seulement l'effacement qui doit toujours pouvoir la surprendre, faute de quoi elle ne serait pas trace mais indestructible et monumentale substance, mais l'effacement qui la constitue d'entrée de jeu en trace, qui l'installe en changement de lieu et la fait disparaître dans son apparition, sortir de soi en sa position. L'effacement

> de la trace précoce (*die frühe Spur*) de la différence est donc « le même » que son tracement dans le texte métaphysique. Celui-ci doit avoir gardé la marque de ce qu'il a perdu ou réservé, mis de côté. Le paradoxe d'une telle structure, c'est, dans le langage de la métaphysique, cette inversion du concept métaphysique qui produit l'effet suivant : le présent devient signe du signe, trace de la trace. Il n'est plus ce à quoi en dernière instance renvoie tout renvoi. Il devient une fonction dans une structure de renvoi généralisé. Il est trace et trace de l'effacement de la trace[8].

L'écriture dévoile comme fausse cette « structure de renvoi généralisé » qui implique sa subordination à une parole qui serait toujours plus près de l'origine. Que l'écriture révèle elle-même cette inadéquation laisse voir la contradiction inhérente à ce paradigme qui mise sur l'antériorité du logos. Évidemment, la notion même de *différance*, en faisant de l'écriture un excès, une trace qui se déploie dans un mouvement « distanciatoire », met en échec toute théorie de la représentation qui prendrait l'identité de l'objet à communiquer comme présupposé. Rien n'est représenté, rien ne reste le même dans la transposition matérielle de la pensée qui implique toujours un mouvement d'*espacement* et un mouvement de *temporisation*. En ce sens, Konrad n'est pas seulement un raté parce qu'il lui a manqué « le courage de basculer subitement la tête, sans le moindre ménagement, pour en verser le contenu sur le papier[9] », mais plus fondamentalement parce qu'un tel mouvement est impossible et que la seule volonté de l'accomplir n'accomplit que plus sûrement le ratage envers l'œuvre qui ne se conçoit que sur le mode du différé. En réalité, l'« œuvre d'art » inaccomplie de Konrad (ce que deviendrait sa pensée transposée dans l'écrit) ou la littérature en général « littéralisent » le mouvement normal de la pensée qui s'extériorise dans le saut d'une mise en scène de son objet, de ses contenus ou de ce qui l'occupe, déclenchant du coup un mouvement de décalage, un glissement qui se poursuivra *ad nauseam*.

8. Jacques Derrida, *Marges de la philosophie*, Paris, Éditions de Minuit, 1972, p. 25.
9. *La plâtrière*, p. 225.

Malgré sa fascination pour les ratés, Cioran n'est pas un raté, en tout cas pas au même titre que les personnages de Konrad et de Bartleby, qui réalisent leur ratage en allant jusqu'au bout de leur improductivité. Cioran ressent la nécessité de se décharger, il transforme sa pensée en objets qui lui deviennent étrangers : c'est que ses livres, une fois écrits et publiés, se transforment en corps étrangers, en traces quelque peu nauséabondes et honteuses qui ne lui collent plus tout à fait, qui se distancient de lui. Le recours aux mots, déjà, implique une première distance, une première distance infranchissable :

> Écrire est devenu pour moi un supplice, une impossibilité. Les mots me paraissent tellement *extérieurs* (à mon essence) que je n'arrive pas à entrer en contact avec eux. La rupture est complète entre eux et moi. Nous n'avons plus rien à nous dire. Si je m'en sers, si je les emploie, c'est pour les dénoncer, et pour déplorer l'abîme qui s'est ouvert entre nous. (*C*, 179)

Cette relation avec les mots, insatisfaisante, voire traumatique, recouvre la relation à l'œuvre elle-même qui, d'une part, consacre ce qu'il appelle son « ratage spirituel » et, d'autre part, diffère un effondrement existentiel. Il faudrait, par exemple, pouvoir penser le sacré en dehors des mots alors même que le littéraire, dans le jeu formel et spirituel qu'il implique, se laisse appréhender, chez Cioran, comme espace de la quête du sacré. Échec. Mise en échec répétée. Mais non pas ratage qui, s'il existe virtuellement, est au contraire couvé, recouvert ou différé par l'écriture comme dramatisation du ratage, du tâtonnement, du vertige et du naufrage. C'est plus ou moins ce que Cioran raconte, dans ses *Cahiers*, avoir dit à G. lors d'une visite :

> Je lui ai dit aussi que tous mes livres tournent autour d'un naufrage spirituel, je lui ai expliqué comment j'ai failli accéder à l'absolu, et comment, me trouvant devant un mur, il m'a fallu reculer, car je n'étais pas voué à le percer, à le faire sauter. Tout ce que j'ai écrit est un commentaire sur mon recul et ma défaite.
> Je disais à G. que les mystiques ne devraient pas écrire.
> Quand on s'adresse à Dieu, on n'écrit pas, on dit des prières, on n'en écrit pas. Dieu *ne lit pas*. (*C*, 960)

Ce que met en question Cioran dans ce fragment chargé, c'est littéralement le décalage inévitable entre la pensée et l'écriture. Pour Cioran, la prière dite ou priée est immédiate et s'adresse sans médiation à un Dieu analphabète, qui possède le Verbe mais non pas la lettre, à un Dieu qui habite l'immédiateté de l'instant où on s'adresse à lui ; Dieu n'étant non pas le lecteur, mais l'« interlocuteur absolu » ou l'« ultime prétexte au dialogue ». Dans cet esprit, écrire une prière, c'est installer une médiation qui n'a de sens que dans et pour l'immanence, c'est, en invoquant la parole morte, se détacher du mouvement fluide de la pensée pour mettre en scène ce qu'elle n'est déjà plus. Écrire une prière, c'est aussi narrer quelque chose, c'est narrer à des lecteurs quelque chose qui a été destiné à Dieu, c'est raconter un monologue qui a peut-être eu lieu, mais en compagnie de Dieu ou tourné vers Dieu. Ce n'est pas tout à fait de l'authenticité de la parole par opposition à l'inauthenticité de l'écriture dont il est question, même si cette opposition binaire, pourtant déconstruite par Derrida, semble reprise ici. Si on retrouve bel et bien une différence et une *différance* entre la prière qui implore un Dieu – immédiate – et une prière écrite – médiate –, cette différence n'est pas contenue dans le décalage entre le régime de la parole et celui de l'écriture, mais implique plutôt le registre de l'affect par opposition à celui de la dramatisation ou de la mise en scène. C'est-à-dire que lorsqu'on prie, dans le placard, soustrait au regard des autres, sans se mettre en scène, sans se représenter, en suppliant à partir de l'affect, on vit quelque chose d'immédiat et de direct dans la mesure où on ne subit pas la médiation d'une conscience de soi pleine. On ne se reconnaît pas comme priant, comme adressant telle demande à un Dieu. On plonge plutôt dans cette prière sans réfléchir ou délibérer sur la façon de s'adresser à Dieu. Cet assoupissement de la conscience fait partie de la prière comme performance non préméditée, non représentée. Cette forme de prière n'est pas congruente avec le régime de la parole que la métaphysique occidentale a, depuis les Grecs, construite comme première, immédiate, authentique, etc., étant donné qu'on peut très bien prier, en son for intérieur ou à haute voix, en n'implorant pas mais en ayant conscience de ce qu'on demande, et en se mettant en scène, pour soi ou pour d'autres, comme priant. Cette prière, qu'on pourrait qualifier de médiate, faute de mieux, serait tout autant de l'ordre de la parole que la prière qui se performerait comme supplication sans se saisir comme telle, qui se mettrait en acte sans pour autant se mettre en scène. Cioran est nostalgique de cette performance qui découle de l'affect plutôt que de la conscience, de cette mise en acte qui n'implique pas d'agir autant que d'*être agi*, d'être possédé, et donc d'être projeté dans le sacré. L'expérience mystique est pour lui cet être agi, cet accès fugace au sacré qu'il recherche et qui le fuit continuellement.

La prière, celle qui a lieu comme performance affective à l'extérieur de la scène, comme imploration de Dieu dans la solitude de son placard, devient une façon de penser la spécificité de l'écriture qui, contrairement à la prière ainsi conçue, relève de la mise en scène. Écrire une prière implique inévitablement de dramatiser, sans pour autant que la mise en scène impliquée, qui se rapporte à la prise de position d'un esprit qui se projette sur un support matériel, doive être perçue comme inauthentique. La prière *dite* (sans mise en scène) n'est pas plus authentique que la prière *écrite*, elle est simplement rivée à l'affect, sans qu'un mouvement d'espacement et de temporisation ait pu introduire une distance, pensée ici en termes derridiens, mais que la tradition en général associe, dans l'héritage hégélien, à la conscience de soi. Pourtant, toute distance, toute mise en scène n'est pas nécessairement le produit d'un esprit organisateur qui dirige la pensée d'une plume rigide ; l'écriture comme dramatisation se produit souvent comme une exhortation, comme une tentative de faire sentir. Le cas des *Exercices spirituels* d'Ignace de Loyola est souvent mentionné parce qu'il exemplifie bien cette idée d'une prière écrite ou d'une prière dont la valeur discursive est marquée par la dramatisation. Il apparaît chez Bataille :

> [...] c'est une erreur classique d'assigner les *Exercices* de saint Ignace à la méthode discursive : ils s'en remettent au discours qui règle tout mais sur le mode dramatique. Le discours exhorte : représente-toi, dit-il, le lieu, les personnages du drame, et

> tiens-toi là comme l'un d'entre eux ; dissipe – tends pour cela ta volonté – l'hébétude, l'absence auxquelles les paroles inclinent. La vérité est que les *Exercices*, horreurs tout entiers du discours (de l'absence), essayent d'y remédier par la tension du discours, et que souvent l'artifice échoue [...][10].

Les *Exercices* d'Ignace de Loyola condensent cette idée de l'écriture comme mise en drame de quelque chose, comme tension discursive allant au-delà de la simple représentation de l'expérience. Ces *Exercices* – au même titre que l'écriture en général pour Derrida – ne sont pas l'imitation plus ou moins identique de la parole, de l'expérience ou de la prière. Il ne s'agit pas autant de représenter que de proposer une mise en drame qui permette de se représenter et de s'approprier cette expérience dont le vécu ne suffit apparemment pas. C'est ainsi que, pour poursuivre dans le contexte de l'écriture ignacienne :

> L'esprit retient [toutefois] sa sphère d'action qui ne se réduit pas au représentable ; penser le péché, réfléchir sur l'acte de transgression de la loi, nécessite de la représentation. Mais l'image – dans ce cas-ci, le corps mortel comme prison de l'âme – n'incarne pas le péché et ne fournit que le point de départ pour la réflexion au-delà de *ma* projection imaginée[11].

Dans le cas des *Exercices spirituels* ignaciens, de *L'expérience intérieure* de Bataille tout comme pour ce qui est de l'écriture cioranienne, il ne s'agit pas de représenter mais de dramatiser quelque chose qui puisse être, dans la réception, le ferment d'une représentation qui n'a rien à voir avec la mimésis. En ce sens, l'écriture comme dramatisation se produit en tant que mouvement initiateur d'une possible représentation. Au bout du compte, la prière *dite* et la prière *écrite* relèvent de registres différents : l'une se rattache à l'expérience mystique, l'autre fait partie de l'expérience littéraire. Et, pour reprendre Derrida, ce n'est certes pas la mimésis qui permet d'appréhender le rapport qui s'établit

---

10. Georges Bataille, *L'expérience intérieure*, Paris, Gallimard, 2000 [1954], p. 26.
11. Terry Cochran, *De Samson à Mohammed Atta. Foi, savoir et sacrifice humain*, Montréal, Fides, 2007, p. 90.

entre les deux. C'est en suivant cette configuration de pensée qu'on peut avancer que l'écriture cioranienne se conçoit, selon cet angle derridien et dans le même esprit que les modèles ignacien et bataillien, comme la narration de celui qui écrit sa prière. Cioran raconte combien tous ses livres commentent quelque chose d'affectif, une longue expérience d'ordre spirituel avortée, et ainsi dramatisent cet échec contenu. Dans ce contexte, la littérature est essentiellement le médium ou le lieu de celui ou celle qui écrit des prières, sacrées ou laïques. Dire que la littérature se produit comme prière écrite, c'est dire qu'elle tire son existence de diverses mises en scène, dramatisations et narrations de la pensée qui peuvent prendre plusieurs formes mais qui restent toujours à côté de la représentation.

Narrations

La littérature, de façon générale, se déploie par la narration, et la littérature cioranienne ressemble à une narration d'obsessions et de ratages. L'élément important étant que l'écriture cioranienne n'est pas tout à fait du domaine purement discursif : elle n'est pas la pensée écrite, soit simplement reproduite, d'un philosophe ou d'un penseur, elle est le ratage narré, mis en scène, d'un mystique inabouti – mais en réalité, il s'agit plutôt de celui d'un écrivain qui se refuse le titre d'écrivain en s'accrochant à l'expérience racontée au détriment du récit qui en est fait. En réalité, ce déni fait aussi partie de la narration, de l'impératif littéraire dont l'artifice implique de plonger dans la chose elle-même, de porter l'attention sur l'expérience, par le biais de la narration, sans toutefois mettre l'accent sur le premier plan que constitue la narration. C'est-à-dire que ce déni du titre d'écrivain correspond à la mise en scène littéraire elle-même, ou plutôt, est contenu dans cette mise en scène. Cioran se présente comme un mystique raté, soit, mais cette représentation se produit non pas sur le mode de la confession (comme certains critiques ont pu le penser en vertu de leur bonne foi envers Cioran), mais sur le mode de la narration. Selon ce mode narratif, c'est un second niveau d'espacement et de temporisation qui apparaît ; une autre distance inscrite dans une mise en récit de soi qui est aussi dramatisation. Qu'elle le rende plus ou moins évident, la littérature s'appuie et se construit sur cette distance narrative qui permet une communication indirecte (au sens kierkegaardien) plutôt que directe. Plusieurs récits de Thomas Bernhard – dont justement *Corrections*, *La plâtrière*, mais aussi *Marcher*, *Le neveu de Wittgenstein*, *Perturbation*, *Le naufragé*, *Béton*, entre autres – fonctionnent en mettant de l'avant cette distance narrative. Il s'agit souvent d'un narrateur qui met en scène un personnage en racontant, du point de vue de l'autre, les conversations qu'ils ont eues, ou encore d'un narrateur qui constitue son récit à partir du journal intime du personnage-ami qui fait l'objet du récit. Beaucoup des textes de Bernhard rendent donc explicite ce décalage propre à la narration tout en précipitant le lecteur tout aussi artificiellement que sûrement à l'intérieur même des pensées du personnage raconté. Nulle part ce décalage n'est plus présent ni plus efficace que dans *La plâtrière* où un narrateur raconte les derniers jours de Konrad à partir de la perspective de deux personnages, Wieser et Fro, absents du récit lui-même et faisant uniquement office de témoins. Il ne s'agit plus seulement d'un niveau de distance, soit d'un récit d'une expérience, mais du récit d'un récit d'une expérience. Le texte multiplie les parenthèses mettant en évidence le décalage prononcé avec l'expérience de Konrad ; des parenthèses telles que : « (avait dit Konrad à Wieser) » ou « (selon Fro) » ou encore « (avait dit Konrad à l'architecte, selon Wieser) ». On pénètre de biais le noyau du texte, le devenir-fou ou le ratage magistral de Konrad, c'est-à-dire qu'on y parvient en traversant les couches concentriques de narration superposées. On trouve un enchevêtrement narratif par moments plus manifeste encore dans *Marcher*, comme en témoigne ce passage dans lequel on remarque que la pensée perce les cercles concentriques des différents niveaux de narration :

> Je remarque combien de fois Oehler cite Karrer sans attirer clairement l'attention sur le fait qu'il cite Karrer. Souvent, Oehler dit plusieurs phrases qui sont de Karrer et il pense très souvent des choses pensées par Karrer, me dis-je, sans dire expressément :

> ce que je dis maintenant est de Karrer, ce que je pense maintenant est de Karrer. *Au fond, tout ce qui est dit, cité,* est aussi une phrase de Karrer qui me vient à l'esprit dans ce contexte et qu'Oehler utilise très souvent, quand ça l'arrange[12].

Oehler raconte les pensées de Karrer, et ces pensées de Karrer *contenues dans* Oehler sont reprises par un narrateur qui les raconte comme telles, sous la forme décalée selon laquelle elles se présentent : comme des poupées russes. Un bout de phrase, « *au fond, tout ce qui est dit, cité* » – passage plus ou moins sans importance dans la mesure où il ne signifie pas grand-chose –, passe d'une poupée à l'autre sans qu'on le remarque vraiment. De Karrer, à Oehler, au narrateur, ce petit bout de phrase qui ne parle de rien d'autre que du fait de dire ou de citer devient une sorte de truisme ou simplement un énoncé qui ne dit rien et qui n'acquiert son faible sens ou sa raison d'être que du fait d'être simultanément contenu par plusieurs ensembles. Cette structure en poupées russes est donc non seulement familière à Bernhard mais elle est rendue explicite dans son écriture ; elle rend explicite du même coup le dispositif littéraire par lequel la narration participe d'une mise en scène et d'un décalage qui, paradoxalement, contribue à rapprocher de l'expérience particulière dans laquelle on cherche à se laisser glisser. C'est-à-dire que malgré la confusion à laquelle peut donner lieu le réseau de décalages narratifs, ce rapport oblique ne fait que mettre en évidence cette « bonne distance » que met en scène la littérature, voire que représente la littérature comme mise en scène, sans pour autant mettre à distance le lecteur ; c'est-à-dire qu'elle produit un éloignement particulier sans brouiller complètement l'accès au récit. Il semble que cet éloignement incarne le type de « lisibilité » propre au littéraire.

Cette mise en évidence des rouages narratifs peut être pensée à partir de textes très différents les uns des autres. Si on s'attarde par exemple à la nouvelle de Melville qui a occupé, d'un point de vue plus philosophique, une partie du chapitre précédent, on trouve également un dispositif narratif aussi problématique que

12. *Récits 1971-1982*, p. 449.

révélateur. Le récit de *Bartleby le scribe* est indirect, raconté à travers les affects et les réflexions d'un narrateur à qui le personnage de Bartleby échappe complètement ; ce dont on nous met au courant d'entrée de jeu dans le texte :

> La nature de mes occupations au cours des trente dernières années a voulu que je fusse particulièrement en contact avec une catégorie d'hommes intéressants et quelque peu singuliers, semble-t-il, au sujet desquels on n'a encore, à ma connaissance, rien écrit : j'entends les copistes de pièces juridiques ou scribes. J'en ai connu un très grand nombre dans l'exercice de ma profession ou en privé et je pourrais, si je voulais, raconter sur leur compte une foule d'histoires qui feraient sourire les hommes d'un bon naturel ou pleurer les âmes sensibles. Mais je renonce aux biographies de tous les autres scribes pour quelques passages de la vie de Bartleby, scribe lui-même le plus étrange qu'il m'ait jamais été donné de voir ou dont j'aie jamais ouï parler. Alors que je me fais fort d'écrire la vie entière d'autres copistes, pour Bartleby on ne saurait rien faire de tel. Je crois qu'il n'existe pas de matériaux qui permettraient d'établir une biographie complète et satisfaisante de cet homme. C'est une perte irréparable pour la littérature. Bartleby était de ces individus dont on ne peut rien apprendre de certain sinon en remontant aux sources et, en l'occurrence, celles-ci sont fort réduites. Ce que mes yeux étonnés ont vu de Bartleby et cela seul, voilà ce que je sais de lui – hormis pourtant un vague on-dit, un seul, qui sera rapporté plus loin[13].

Il ne s'agit pas de faire le récit de la vie de n'importe quel scribe, mais précisément de celui à propos duquel le narrateur ne sait rien. Comme le mentionne le narrateur, Bartleby est littéralement une perte pour la littérature : il représente cette perte pour la littérature à partir de laquelle il choisit pourtant d'écrire ; il est cet objet insaisissable pour la littérature autour duquel se crée un récit ; il est cet indicible qui engendre une parole. Je pourrais encore accumuler les formulations afin de recontextualiser ce point de départ de la narration qui construit d'emblée Bartleby comme une perte pour la littérature, et l'idée semblerait toujours aussi paradoxale,

13. Herman Melville, *Bartleby le scribe*, Paris, Gallimard, 2000 [1996], p. 9-10.

et en même temps, toujours aussi cohérente du point de vue du littéraire, et même simplement du point de vue du langage. Le mot se produit comme incapacité à saisir la chose, tout comme la littérature dans ce cas-ci, qui se produit comme incapacité à saisir son objet. La narration, et, dans ce contexte, le témoignage par lequel elle se présente, s'amorce par ce décalage qu'elle prend aussi pour objet. En effet, le narrateur se donne pour tâche de raconter la vie de Bartleby tout en déclarant d'entrée de jeu qu'il n'y a aucune donnée à partir de laquelle formuler une telle biographie. Bartleby reste irréductiblement étranger. La seule façon d'appréhender le personnage, de même que la seule façon de le raconter, reste indirecte : par le biais ou le détour du narrateur, de ce que ses « yeux étonnés ont vu de Bartleby[14] ». Mais pourquoi écrire sur un « de ces individus dont on ne peut rien apprendre de certain[15] » ? Très simplement parce que le dispositif littéraire est en grande partie hétérogène à l'entreprise scientifique, parce qu'il ne s'agit pas de produire un discours de savoir mais bien plutôt un tissu d'affects (même si on convient généralement que le savoir n'est jamais exempt d'affects et que l'affect produit sa propre forme de savoir). Il serait impossible d'écrire une biographie complète de Bartleby étant donné que les faits manquent, mais c'est précisément dans ce manque que se crée et se raconte une expérience particulière – celle du narrateur – qui supplante les véritables faits inconnus, inconnaissables et indifférents. Paradoxalement, c'est précisément parce qu'on ne sait rien de Bartleby, parce que, d'un point de vue factuel, on n'a rien à en dire, qu'on a un récit qui porte sur l'étrangeté de Bartleby, d'une part, mais qui concerne d'autre part et surtout un rapport à cette étrangeté, soit la façon particulière dont est reçue cette étrangeté par un narrateur particulier. Il faut écrire pour ce qui décolle, par là où ça rate, sur ce qui se présente comme décalé. En ce sens, la perte pour la littérature, ou encore l'objet qui fuit, représente l'objet et le matériau mêmes du littéraire. Dans le contexte exemplaire de ce récit, la littérature se révèle déviation, décalage, perte commentée.

14. *Bartleby le scribe*, p. 10.
15. *Bartleby le scribe*, p. 10.

Bartleby n'est pas seulement manquant (au sens des faits), il porte aussi un ratage : celui propre au scribe qui *préférerait ne pas* écrire et qui, au bout du compte, n'écrit pas. Son ratage n'est pas volontaire, il est latent et se réalise comme une puissance dont on ne perçoit que les traits de l'impuissance (ou de la puissance de *ne pas*) qui lui est corrélative. Dans le récit de Melville comme dans ceux de Bernhard, il y a une sorte de contrainte à témoigner de ce ratage de l'écriture qui est précisément le mode par lequel s'accomplit le ratage particulier aux personnages. Il n'y aurait aucun sens à ce que Bartleby lui-même, dans son improductivité radicale, écrive ou raconte le ratage profondément non discursif auquel il est lié, entremêlé au point où on ne peut plus l'en extirper. Dans le fait de témoigner, c'est comme si la littérature se rédimait par là où l'écriture rate, en construisant son propre ratage comme objet. Et justement, le fait qu'on procède toujours par témoignages n'est pas innocent (même dans les cas où le témoignage ressemble plutôt à un témoignage de soi et de son ratage, comme dans *Des arbres à abattre* de Bernhard ou dans les *Carnets du sous-sol* de Dostoïevski, pour ne prendre que ces exemples) : le ratage, s'il n'est pas tout à fait muet, n'est pas directement dicible. Même dans les cas où il s'agit de témoigner de son propre ratage, comme chez Cioran – un ratage non pas littéraire mais mystique –, rien n'est direct, tout est dévié, dramatisé et mis en scène : malgré ce qu'il en dit ou ce qu'il en tait, l'expression qui le décharge et le libère n'est pas nue, sa possibilité n'est pas indépendante d'une mise en scène. C'est dire que le témoignage de soi ou la narration de soi n'équivalent pas à une confession – si on suppose que la confession se conçoit comme un accès direct (sans médiation et sans *différance*) à l'être. Cet accès est toujours différé, et c'est le propre du littéraire que de le différer, de l'éloigner de la raison et de la conscience pour le rapprocher de l'affect. De façon générale, le témoignage littéraire correspond à la narration, qui est aussi mise en scène, manifestation d'un décalage, dramatisation d'une dramatisation. Qu'elle soit simple ou redoublée, la dramatisation n'a rien d'une simple préférence esthétique, il s'agit plutôt d'un dispositif spirituel visant justement le défaut, le manque et le ratage. C'est le cas pour Cioran qui énonce plus ou moins la même idée en parlant de déconstruire la « vision classique » :

> La vision classique nous a habitués à une image fermée et déterminée de l'homme, selon une perspective anthropologique dans laquelle il apparaît comme un être accompli, doué d'une rigoureuse continuité intérieure et d'un équilibre formel [...]. À cause de son anachronisme, l'esprit classique (que nous devons combattre de toutes nos forces) s'intéresse uniquement à la cristallisation interne, à une virilité mal comprise et à un formalisme rigide et inexpressif. Pour ceux qui vivent toutes les antinomies et tous les paradoxes de l'esprit dramatique, que peut encore signifier l'esprit classique ? Rien. N'avons-nous pas pour mission de liquider définitivement toutes les formes classiques de l'esprit ? N'est-ce pas en nous que le *dramatisme* doit trouver une expression absolue ? (*SD*, 235)

La « vision classique » de l'homme qui mise sur sa conscience, sa maîtrise et son étanchéité est désuète. Il s'agit plutôt d'assumer les paradoxes de l'esprit dramatique, c'est-à-dire de dramatiser, voire de dramatiser le dramatisme dont on se réclame. La déroute accomplie, « nous n'avons plus rien d'autre à faire que vivre sur les cimes tous les éléments de l'esprit dramatique, afin qu'éclatent en nous ses tensions, avec toutes leurs implications » (*SD*, 235-236).

D'une certaine façon, et comme le mentionne Cioran lui-même, le *dramatisme* s'oppose à la virilité ; c'est l'égarement assumé contre la maîtrise, toujours un peu fausse. Le dramatisme émascule ; émascule au sens de « unman » : qui prive de son caractère viril, et par extension, rend immaîtrisé, égaré, comme dans l'image du « unmanned ship », du bateau à la dérive, sans direction, sans guide. C'est exactement ce qui se produit avec le narrateur de *Bartleby the Scrivener*, complètement dérouté par Bartleby, par la « suavité » avec laquelle il semble refuser sans toutefois réellement refuser ses demandes : « c'était surtout son extraordinaire suavité qui me désarmait ou, pour mieux dire, m'émasculait[16] ». Cette étrangeté de Bartleby provoque un effet et un affect très

16. *Bartleby le scribe*, p. 39.

particulier chez le narrateur : elle ne le désarme pas seulement, elle le rend impotent, l'émascule, le laisse à la dérive. Cette émasculation concerne l'incapacité à trouver une quelconque forme de direction dans son rapport à Bartleby, elle l'empêche de faire sens du personnage, elle livre à l'arbitraire et à l'affect. « Ah ! Bartleby ! Ah ! humanité[17] ! » : l'émasculation fait dériver le narrateur jusqu'à cette exclamation finale qui, si ce n'était déjà fait, souffle le vent de la déroute jusqu'au lecteur. Le récit s'ouvre sur une perte et se clôt sur une sorte d'égarement. L'écriture n'aura donc pas servi à élucider quoi que ce soit, à percer le personnage de Bartleby et son aura énigmatique et déroutante. L'écriture représente plutôt la mise en scène ou la mise en drame de cette déroute, sans y mettre fin. Il s'agit en fait de raconter, de transposer sur une scène littéraire, non pas le mystère, mais bien cette déroute face à une figure du scribe qui n'écrit pas, qui incarne justement une perte pour la littérature.

Le *Bartleby* de Melville n'est évidemment pas le seul exemple du problème de l'articulation entre l'écriture et le spirituel. À la même époque et dans le même contexte littéraire – celui du Transcendantal Club –, on trouve d'autres auteurs qui se préoccupent de cette question. Thoreau est un de ces transcendantalistes qui cherchent le spirituel en dehors des institutions et qui, de plus, cherchent à inventer une forme qui puisse incarner et porter leur quête. Son *Walden* est tout à fait exemplaire de cette quête littéraire et spirituelle qui affecte aussi Cioran. Il y met brièvement en scène un bûcheron canadien presque aussi étrange que le Bartleby de Melville. Thoreau doit conjecturer pour appréhender ce personnage énigmatique qui, en un sens, est aussi un scribe étant donné qu'il n'écrit pas pour lui-même mais pour les autres. Il rédige des lettres pour les illettrés de sa connaissance, mais il ne pourrait pas mettre par écrit ses propres pensées :

> Je lui demandais si jamais il avait eu l'idée d'écrire ses pensées. Il me dit qu'il avait lu, et écrit, des lettres, pour ceux qui ne pouvaient pas le faire, mais écrire ses pensées, – non, ça, il

17. *Bartleby le scribe*, p. 79.

> ne pouvait pas le faire, il n'aurait pas su par où commencer, il en serait mort ; et puis il y avait l'orthographe à quoi il fallait prendre garde, en même temps[18] !

Ni le bûcheron de Thoreau ni le Bartleby de l'homme de loi n'ont l'impulsion de se mettre en scène eux-mêmes avec leurs pensées. Bartleby, moins encore que le bûcheron canadien qui ne se contente pas de répéter la même formule, n'a pas besoin de se raconter : il *préfère ne pas* exprimer quoi que ce soit le concernant, ce qui le rend complètement inaccessible au narrateur. Il glisse hors de sa prise ou de toute tentative du narrateur visant à le saisir, à le comprendre, à l'encercler par sa pensée. Évidemment, l'entreprise littéraire ne consiste pas simplement à tenter de mettre en scène un objet qui, constamment, fuit un effort de préhension par la pensée, c'est l'affect qui accompagne la fuite ou la « perte pour la littérature » qu'il s'agit justement de ne pas laisser fuir et de dramatiser. Dramatiser n'est pas représenter, je l'ai déjà souligné. Aucune mimésis n'est en jeu lorsque les mots et les affects font partie intrinsèque de la chose à représenter, au point où la chose elle-même dont on témoigne devient plutôt le prétexte à témoigner de soi-même face à cette chose (qui ne se dévoile pas) ou à ce personnage (qui échoue à se raconter). En ce sens, la matérialité langagière combinée à une certaine matérialité affective place déjà le rapport entre l'auteur ou le narrateur, son objet et son œuvre, en dehors du mode de la représentation.

Se mettre en scène face au sacré

Petit à petit, ce chemin de pensée qui se construit autour des questions du ratage et de la narration conduit à mettre en relation le rapport qu'entretient le narrateur vis-à-vis de Bartleby et, analogiquement, celui de Cioran face au sacré. Le lien semble peut-être facile puisqu'il apparaissait déjà en germe dans les pages précédentes. Il faut néanmoins souligner la parenté littéraire de ces deux

18. Henry David Thoreau. *Walden ou la vie dans les bois. Walden or Life in the Woods*, Paris, Aubier, 1967, p. 279.

formes de rapport. L'homme de loi, le narrateur, ne raconte pas l'histoire de Bartleby, qui s'avère de toutes façons une perte pour la littérature, il met en scène Bartleby à travers ce que « ses yeux étonnés » en ont vu : autant dire qu'il met carrément en scène ce que ses « yeux étonnés » ont vu de Bartleby, ou qu'il met en scène sa déroute face à un être insaisissable qui, avec ou sans lui, demeure une perte pour la littérature. De façon similaire, plus explicite même, Cioran ne traite jamais du sacré en soi – le mot sacré lui-même a de toutes façons très peu d'occurrences dans son œuvre –, ce sont toujours ses pensées, ses affects, sa déroute, son malaise face à quelque chose qui résiste ou qui s'appréhende mal qui sont mis en scène. Donc, de la même façon que le narrateur, qui ne fait que raconter son rapport à Bartleby, Cioran n'a, lui non plus, aucune prétention à dévoiler quelque chose qui relèverait du sacré, il ne fait que construire une sphère littéraire où le sacré est indirectement parlé à travers ses propres affects. Cette façon d'écrire qui semble se servir de son objet comme d'un simple prétexte tient, pour une petite part, du caractère quasi indicible de l'objet lui-même et, pour une grande part, du lieu où l'esprit s'installe pour produire. Bien des livres sont écrits comme des discours à partir de la tribune du professeur, en tentant de balayer les expériences personnelles pour ne garder que l'« essence », soit les idées et les concepts qu'on suppose universels dans la mesure où on les croit désincarnés.

> Deux types de philosophes : ceux qui réfléchissent sur des idées, et ceux qui réfléchissent sur eux-mêmes. La différence du syllogisme au malheur...
> Pour le philosophe objectif, seules les idées ont une biographie ; pour le philosophe subjectif, seule l'autobiographie a des idées ; l'on est prédestiné à vivre auprès des catégories, ou de soi. (*CP*, 374-375)

La position de savoir habituelle à la philosophie n'a aucun intérêt pour Cioran qui révèle : « ce n'est pas tant les idées que les expériences qui m'intéressent chez un penseur : non ce qu'il a pensé mais ce qu'il a souffert. J'ai tort, je sais » (*C*, 907). Pourquoi aurait-il tort sinon parce qu'on n'accorde généralement aucune portée épistémologique aux affects ? Parce qu'on est porté à refouler ce qui se manifeste sur le mode du littéraire, c'est-à-dire comme une expérience particulière dont on peut, comme lecteur, s'envelopper, donc qui atteint à quelque chose d'universel par un tout autre chemin que celui des discours philosophiques et scientifiques. « Que ne peut-on remonter avant le concept, écrire à même les sens, enregistrer les variations infimes de ce qu'on touche, faire ce que ferait un reptile s'il se mettait à l'ouvrage ! » (*I*, 1288) Pour Cioran, il s'agit de remonter avant l'idée ou d'aller au-dessous du concept afin, justement, d'atteindre quelque chose dont le caractère particulier manifeste peut acquérir, grâce à un choc, une dimension universelle.

Cioran écrit ses livres dans une mansarde ; il pourrait aussi les écrire dans un sous-sol, une penderie, une grotte, un cachot, peu importe, la caractéristique de l'espace serait la même : littéraire. C'est-à-dire que cette exiguïté de l'espace où on se place pour écrire désigne la singularité de la pensée qui se met en scène et ainsi raconte une expérience – dans le cas de Cioran, une recherche spirituelle et une quête d'un sacré – dont le caractère particulier prend une valeur universelle lorsque cet espace est pénétré par un lecteur. Cioran n'a d'autre prétention que se mettre en scène, lui et son esprit. Toutes ses idées sont les « sanglots dégénérés en formule » (*C*, 909) de quelqu'un qui passe le plus clair de son temps à scruter son esprit et ses sensations. Cioran ne témoigne que de lui-même et, en mettant en drame ses propres sensations, il les offre à un lecteur qui, à son tour, se les représente. En ce sens, cette narration de soi rappelle la métaphore de la lecture que propose Thoreau dans son *Walden* avec l'image de l'« habit » ou du « manteau ». Le manteau textuel fonctionne comme quelque chose d'universel incarné dans le particulier ou encore comme une expérience exemplaire offerte pour recouvrir, exprimer ou abriter celle d'un lecteur. Comme Thoreau, qui cherche et invente une forme qui puisse accueillir sa pensée, Cioran cherche une forme qui puisse accueillir la quête toute spirituelle par laquelle il scrute les traces d'un sacré dont les formes anciennes et dépassées décollent de lui et se décalent aussi d'une modernité en mouvement et en quête d'elle-même. Ce que l'expérience de Cioran semble avoir d'exemplaire à communiquer indirectement, c'est son ratage métaphysique, un ratage qui ne se conçoit par ailleurs que si on admet que la vie ait un « sens », sans quoi c'est l'idée même d'un ratage qui n'a aucun sens. L'idée même que la vie ait un « sens » rend malade : « décidément, la vie ne peut pas avoir un sens. Ou, si elle en a, elle devrait le cacher, si elle veut nous garder encore. Qui aime tant soit peu la liberté ne se pliera pas volontiers au joug d'un sens. Même s'il s'agit de celui du monde » (*CP*, 391). C'est bien là que réside tout le drame cioranien, vécu et dramatisé sur un deuxième plan, dans l'espace littéraire. Ce drame se conçoit comme cet écartèlement subjectif et littéraire dans une quête de sens, qui se confond avec une quête de sacré, coextensive d'un rejet de l'idée même d'un sens arrêté, préexistant et déterminant pour le devenir. Rater, c'est faire de sa vie une expérience en mettant l'idée même du sens à l'épreuve, et raconter son ratage, c'est encore chercher du sens à reculons, vraisemblablement en le produisant (comme un manteau qu'on prête) plus qu'en se l'appropriant. La rencontre avec un « *quelque chose* » qui serait aussi intouchable que la psyché de Bartleby apparaît toujours comme une expérience différée chez Cioran. C'est pourtant cette rencontre manquée qui est dramatisée :

> Lorsqu'on a plongé sans pitié dans les profondeurs de la nature, et qu'on les a dépouillées de leurs richesses par des coups d'œil souterrains, on se retrouve, fier et présomptueux, dans le bercement du Rien. Mais qu'est-ce qui nous interrompt soudain dans cette débauche métaphysique, comme foudroyés par l'*être* ? Les résistances secrètes du sang, les passions qui envahissent la connaissance, ou les instincts qui assiègent l'esprit ? Quelque chose en nous refuse le Rien, quand l'esprit nous montre que tout est *rien*. Ce *quelque chose*, serait-ce le *tout* ? C'est possible, étant donné qu'on vit par lui.
>
> Les saints, les fous et les suicidés semblent avoir vaincu ce *quelque chose*, l'inexplicable essentiel et caché qui endigue l'esprit dans sa dernière fierté. Nous autres, les ratés de l'absolu – la vie nous guette, lorsque nous nous croyons loin d'elle. Et si elle vient à notre rencontre, lors même que nous l'avons oubliée,

> nous devinons dans ses murmures que l'absolu n'est que le Rien en tant que dernière étape de la connaissance. Et alors nous reculons... Par rapport à l'esprit la vie n'est qu'une *manœuvre de retrait*. (*CP*, 391)

Un « *quelque chose* » est à la source du ratage par rapport à l'absolu, *notre* ratage puisque Cioran nous tend si ouvertement le manteau en s'exprimant au *nous*. Non identifié, ce ratage est l'objet souterrain, caché, voilé, de l'écriture qui ne dévoile rien mais qui met en scène le voilement comme le voilé, ce « *quelque chose* » et son mouvement qui concernent l'affect, qui concernent une impulsion à reculer devant cette « dernière étape de la connaissance » ou devant un sacré qu'il s'agit de penser, de sentir, de deviner ou d'« intuitionner », mais pas de *connaître* comme le tentent les saints, les fous et les suicidés. C'est précisément dans la mesure où l'écriture dramatise ce « *quelque chose* », qui participe du voilement sans atteindre le sacré lui-même, qu'elle constitue une sorte de faux-fuyant et qu'elle est associée au ratage. Cioran se prononce autant sur l'écriture comme soulagement que sur l'écriture comme perte, comme dans ce cas-ci :

> Je crois que je pourrais avancer spirituellement mais à une seule condition : renoncer à mes velléités d'auteur, et surtout au regret et au remords de ne pas produire. C'est la conscience que j'ai d'être écrivain qui m'empêche de valoir *mieux*. Écrire est une déchéance ; ne plus écrire devrait être une libération. (*C*, 889)

Si écrire est une déchéance et ne plus écrire est une libération, selon la même justification spirituelle, l'inverse est aussi vrai : écrire est une délivrance, ne plus écrire est un vertige et peut conduire au naufrage :

> Ne tirent les dernières conséquences que ceux qui vivent hors de l'art. Le suicide, la sainteté, le vice – autant de formes du manque de talent. Directe ou travestie, la confession par la parole, le son ou la couleur arrête l'agglomération des forces intérieures et les affaiblit en les rejetant vers le monde du dehors. C'est une diminution salutaire qui fait de tout acte de création un facteur de fuite. Mais celui qui accumule des énergies vit sous pression, en

> esclave de ses propres excès ; rien ne l'empêche de faire naufrage dans l'absolu… (*PD*, 626)

L'écriture préserve ce « *quelque chose* », cette entrave au « naufrage dans l'absolu », elle dissout les tensions spirituelles précisément en les dramatisant. Cette capacité à dramatiser prémunit justement contre une véritable existence tragique qui semble n'admettre aucune voie de sortie hors de soi. L'alternative semble se formuler ainsi : ratage ou naufrage. Même s'il semble clair que Cioran choisit le ratage – un ratage façonné de toutes pièces par lui, un ratage entretenu – contenu dans le contexte de cette ambivalence entre quête spirituelle et quête littéraire, il reste que, d'un texte à l'autre et d'une entrée du journal à l'autre, le portrait qu'il trace de lui-même apparaît contradictoire. Un jour, il est écrivain, l'autre, il se refuse le qualificatif d'écrivain, lui préférant une étiquette dramatique comme celle du *mystique raté*. Si on perçoit là un paradoxe – puisque l'écriture, à la fois désastre salutaire et salut funeste, ne se conçoit pas à l'extérieur du paradoxe –, la contradiction n'est qu'illusoire, les deux attributs étant en réalité synonymes dans sa pensée. L'écriture est précisément la façon de rater sur le plan spirituel : le mystique raté crée l'écrivain et l'écrivain crée le mystique raté, sans qu'on sache nécessairement à quel trait attribuer l'antériorité.

En fait, l'écriture disperse, elle dénoue des tensions spirituelles en les transformant en tensions créatrices, en témoignant de ce « *quelque chose* » qui préserve du sacré. L'œuvre, qui témoigne de l'esprit et des affects devant ce qui entrave la connaissance (non comme science mais comme sacré), devient ce qui reçoit le déplacement ou la transposition *différante* d'une configuration singulière et immédiate. Très simplement, l'écriture déplace, décale, déréalise en réalisant autre chose, en reconstituant une configuration externe, un témoignage de soi qui traverse l'intériorité de part en part. Cette vision de l'écriture prend son sens lorsqu'on prend en compte que « *faire* un livre » et « écrire une œuvre » sont des activités hétérogènes :

> N'importe qui peut *faire* (quel mot !) un livre. Et effectivement presque tout le monde s'y applique et y réussit plus ou moins.

> Mais un livre ne doit pas exposer ou résoudre un problème. Un livre devrait être un défi, une sommation suprême, un ultimatum. À qui? C'est un secret que seul l'auteur connaît, s'il le connaît. La quasi-totalité des livres sont inutiles, car il leur manque ce secret justement.
> Qu'est-ce qu'une *œuvre*? C'est la manière dont tel ou tel s'est colleté avec l'univers. – Mais il ne s'est pas colleté du tout! – Très bien. Il ne s'agit donc pas d'œuvre mais de production. Le premier venu peut produire. (*C*, 662)

L'œuvre n'est pas une simple expression de la manière dont on se frotte au monde, elle en est la dramatisation. Ce fragment de Cioran met le doigt sur quelque chose, il signale la dimension de l'affect d'une part, sans laquelle l'œuvre n'est qu'un livre ou une sorte de traité orienté vers la solution de problèmes, et d'autre part, il fait ressortir la dimension universelle que contient l'expérience particulière, soit l'expérience, affective, d'un frottement nécessairement singulier. Cette vision de l'écriture correspond à l'idée de l'œuvre comme bréviaire, comme recueil de ces prières non pas tant adressées à un Dieu ou à un vide divin, mais offertes à tout le monde et à personne en particulier par ou dans l'écriture, de la même façon que le manteau littéraire de Thoreau. « Jamais incroyant n'a autant que moi songé à l'urgence d'une prière *postérieure* à Dieu et à la Foi elle-même. » (*C*, 570) C'est exactement ce que Cioran nous propose: un recueil de prières *écrites* qui témoignent d'une perte du sacré en cherchant quelque chose au-delà de la perte, c'est-à-dire en cherchant un espace spirituel qui viendrait après cette perte et qui serait propre à amortir la chute dans l'existence amorcée par la naissance; un espace qu'il veut bien apercevoir ou tâtonner, mais qu'il résisterait à pénétrer. En exprimant cette urgence, en laissant un peu partout des traces de ce besoin de se débarrasser de Dieu tout en conservant la structure spirituelle et, dans son cas, littéraire, de la prière, il produit ou réaménage du même coup ce dont il exprime la nécessité. Évidemment, ce n'est pas que son esprit soit tout-puissant au point de créer instantanément ce dont le besoin se fait sentir, mais plutôt, que son expérience spirituelle se prolonge dans son expérience littéraire au point où cette dernière n'est plus uniquement le produit de la première. Clairement, un peu partout dans l'œuvre, il est question de l'écriture comme échappatoire, comme moyen sûr de rater sur le plan spirituel, d'éviter la tentation du mysticisme ou de sombrer en Dieu : « Celui qui *s'exprime*, n'agit pas contre lui-même ; il ne connaît que la *tentation* des dernières conséquences. Et le déserteur n'est pas celui qui les tire, mais celui qui se dissipe et se divulgue de peur que, livré à lui-même, il ne se perde et ne s'effondre. » (*PD*, 626) L'image de l'écrivain comme déserteur est un cliché cioranien qui met l'accent sur le ratage redoublé : du point de vue du monde, puisque l'écrivain est un citoyen improductif ou à peu près, et du point de vue de l'esprit ou de l'âme, qui menace de se perdre dans l'aventure mystique. L'écriture consacre un ratage en soi, mais en plus, elle se constitue comme la trace de ce ratage :

> L'homme est futile et misérable, il veut laisser des traces *visibles*, et il n'y arrive qu'en frétillant devant ses semblables, au lieu de tendre vers Dieu, et comme Lui, s'ensevelir en soi, refuser de se manifester, s'abîmer dans le bonheur de ne laisser aucune marque nulle part, épouser la condition d'inconnu, se perdre dans l'extase de l'anonymat.
> Mon Dieu, je voudrais être plus inconnu que vous, me tapir dans l'essence de l'essence de ce par quoi vous êtes toujours le tout autre, l'*autre* irrémédiablement, le sommet de la non-communication, l'incommunicable hypostasié, étranger à toute genèse, à tout éclatement *dans* l'être. (*C*, 692)

L'écriture manifeste quelque chose au lieu de se tapir dans « l'incommunicable hypostasié », au lieu de laisser aller le naufrage. On peut tant qu'on voudra la considérer comme une défaite, comme une défaillance à sombrer, à tirer les dernières conséquences d'une expérience spirituelle, il reste qu'en réalité, dans l'économie de l'écriture cioranienne, la littérature n'est pas que fuite, peut-être l'est-elle au départ, comme impulsion, mais elle alimente en définitive l'expérience spirituelle. Si elle est fuite, il faut la penser comme le retrait auquel conduit le démon socratique, cette voix intérieure qui dit non, qui empêche ou réfrène l'action. Le démon cioranien, quant à lui, n'est peut-être pas autant une sorte de voix intérieure qu'un dispositif pleinement littéraire dans la mesure où c'est bien dans l'écriture que la fuite est agie. Et c'est aussi l'écriture qui fait de cette fuite bien plus qu'une évasion hors d'une forme de mystique et d'une vision du sacré qui n'ont plus cours. L'impossibilité de sombrer manifestée dans ou par l'écriture devient aussi une façon de dépasser, ou plutôt de mettre à distance un sacré qui nous rejette de toute façon continuellement dans la périphérie de ses traces. En manifestant cette mise à distance, soit en mettant en scène et en drame ce mouvement de recul face à un sacré qu'on désire et rejette dans le même élan, l'écriture produit une « prière *postérieure* à Dieu et à la Foi », une prière qui cherche à enjamber un sacré qui ne se conçoit pas en dehors d'une tradition désuète. Ce faisant, elle reconduit à l'expérience spirituelle qu'elle met en scène et face à laquelle elle apparaît, au dire de Cioran, comme une tentative de désertion. C'est-à-dire que l'écriture ne représente pas une évasion autant qu'on voudrait – ou que Cioran voudrait – le croire : l'expérience spirituelle, ses tourments et son ratage ne sont pas tout à fait évacués dans l'« expression » ; au contraire, l'écriture, qui est mise en scène ou dramatisation d'une expérience, y reconduit par un chemin de travers en reconstituant un objet à partir de celle-ci.

On pourrait considérer la confession comme une réelle tentative d'évasion, une façon d'échapper à la tension ou à la menace de vertige spirituel que produit l'« agglomération des forces intérieures » dans la mesure où elle prétend exprimer, c'est-à-dire laisser passer quelque chose, extraire d'un esprit ce qu'il contient ou rendre manifeste, dans une extériorité, un contenu intérieur. Justement, comme je l'ai déjà proposé, Cioran ne se confesse pas, il *dramatise*. La réception de l'œuvre cioranienne peut se tromper de plusieurs manières qui donnent toutes néanmoins quelque chose à penser, mais la forcer à l'intérieur du quasi défunt paradigme de la *mimésis*, c'est encore plus mal se tromper, c'est retirer à l'œuvre toute sa sève littéraire. Sylvie Jaudeau le mentionne dans son *Cioran ou le dernier homme* :

> Il convient avant tout d'écarter l'illusion qu'il se met tout entier dans ses livres et de ne plus souscrire innocemment à la

> transparence apparente de son expression, à l'instar des journalistes qui y recherchent les éléments de sa biographie. À leurs yeux, il ne fait rien d'autre que porter sa vie à l'état de littérature, fidèle en cela à l'ancienne esthétique de la *mimésis*, tenant le livre comme traduction voire embellissement de soi : selon Aristote, en effet, l'art parachève la nature. Cioran, pour nombre de ses admirateurs, transformerait en œuvre d'art sa nature, la nature humaine, et transmuterait ses rages en jouissance esthétique. Ce qui reste vrai à un certain niveau, se complique considérablement du point de vue mystique qu'il convient de ne jamais oublier chez lui. Si certains textes plus que d'autres exigent des niveaux de lecture différents, les siens relèvent de cette catégorie. Car Cioran reste profondément moderne en ce que le personnage qui s'y exprime n'est qu'un masque, la fiction d'une personnalité, unifiée dans sa fureur, belle dans son baroque expressif, mais qu'il faut se défendre de considérer dans l'optique d'une vérité qui collerait à sa vie[19].

Ce passage décrit clairement les enjeux de la mimésis en insistant sur l'illusion de la présence de l'auteur dont l'œuvre est porteuse. L'œuvre ne nous donne pas Cioran lui-même, mais Cioran comme personnage. L'image du masque exprime cette différence existant entre l'auteur et le personnage d'auteur qu'il livre dans ses textes. Cette image ne décrit pourtant pas exactement ce qui s'y produit, étant donné qu'elle réintroduit subtilement, sous une autre forme, la question de la mimésis. Le masque laisse croire que cette écriture produit un recouvrement ou une dissimulation des affects réels de Cioran l'homme, l'auteur. Il s'agit donc encore d'une réflexion qui se déploie à partir du paradigme de la mimésis qui se trouve insuffisamment voilé derrière ce petit hiatus qu'apporte l'image du masque. En réalité, dans l'œuvre, ce n'est pas tout à fait un Cioran masqué ou rendu méconnaissable dans la fiction qu'on retrouve, mais plutôt un Cioran metteur en scène d'affects (les siens comme les autres). Jaudeau, dans la suite du passage précédent, avance que « la crise du sujet qui a tant affecté la

19. Sylvie Jaudeau, *Cioran ou le dernier homme*, Paris, José Corti, 2001 [1990], p. 201.

littérature contemporaine n'a pas épargné une œuvre qui occulte son véritable auteur[20] ». La figure d'auteur est occultée précisément dans cette présence très appuyée d'une image d'auteur, ou plutôt de ce qu'on prend pour tel mais qui ressemble plutôt à la figure d'un narrateur. Le décalage est double : s'il y a bel et bien un auteur derrière l'œuvre, il reste derrière et n'apparaît pas dans l'œuvre elle-même qui se constitue dans une relation semblable à celle du narrateur de Bartleby face à son objet. Dans le cas de Cioran, l'« objet » concerne les affects qui entourent un sacré non identifié, non démystifié, qu'il s'agit de trouver ailleurs en se positionnant dans son *après*. On peut toutefois supposer qu'il y aurait réellement quelque chose de Cioran qui traverse ces intervalles étant donné qu'il ne s'agit pas autant de masquer que d'espacer et de temporiser, donc pas autant de dévoiler à partir d'une position d'auteur mais de décaler, d'envelopper ou de mettre en scène à partir d'une position proche de celle d'un narrateur qui se retrouve aussi dans l'objet – un tissu d'affects – narré. C'est en ce sens, donc non pas comme expression à partir d'une position d'auteur mais comme dramatisation à partir de la position d'un metteur en scène, que le tissu d'affects créé dans l'écriture vient se substituer à l'expérience qui lui a donné lieu. Encore une fois, cette économie littéraire rappelle la prière écrite, cette forme à la fois littéraire et spirituelle qui se produit en inscrivant un décalage du même ordre : un décalage comme espacement et temporisation. La dramatisation dont il est question ne s'inscrit donc pas à l'intérieur du régime de la mimésis, bien au contraire. La textualité cioranienne ne *représente* pas un auteur masqué derrière son personnage, c'est-à-dire qu'il n'y a rien à saisir *derrière* mais tout à saisir ou à représenter *devant*, dans un tissu d'affects marqué par la *différance*. C'est le propre de la mise en scène : soit le fait de dramatiser et, par le fait même, d'incarner quelque chose qui se saisit et se représente dans ce saisissement.

Maintenant, le fait que le Cioran qui nous est donné à lire ne soit pas la représentation immédiate et parfaite de Cioran l'auteur

20. *Cioran ou le dernier homme*, p. 201-202.

implique-t-il, comme Jaudeau le propose dans l'extrait suivant, que par cette tactique le Cioran auteur tente d'étouffer ce *je* qu'il fait disparaître derrière son personnage? Selon cette vision, il s'agirait bel et bien d'un exercice de défascination et de perte de soi:

> Le vrai Cioran se trouve non pas dans cette personnalité qui tente de se définir par les mots, mais dans la poursuite de l'évanouissement de soi. Il n'est pas mû par une ambition d'écrivain, celui qui cherche à se construire dans une œuvre, celui qui assure son identité par l'acte d'écrire. Le but secret de Cioran est exactement inverse. Bien loin d'exalter en lui l'auteur, il travaille à l'étouffer. Plus il paraît dans ses livres coïncider avec son personnage, plus il se débarrasse de lui – il pourrait reprendre à son compte le mot fameux de Benjamin Constant: «Je ne suis peut-être pas tout à fait réel.» Et de fait, plus il s'affirme comme *je* dans ses écrits, plus il s'en libère. L'illusion serait donc de croire qu'il est véritablement l'auteur ou le père de ses livres. Ne nous met-il pas lui-même en garde contre cette méprise: «Malheur au livre qu'on peut lire sans s'interroger tout le temps sur l'auteur» dit-il (*E*, 155). Cioran n'est pas à proprement parler l'*auteur* de ses livres au sens précis où il pourrait se réaliser dans leur écriture positive; il ne peut se dire qu'en creux [...]. D'où cette œuvre singulière qui plus que monument de soi serait tombeau de soi, érigé par une esthétique en creux fondée sur la perte de son auteur et qui ne peut aboutir qu'au silence et à la délivrance[21].

D'une certaine façon, cette vision rappelle un certain état d'esprit bouddhiste par lequel on chercherait à se libérer du moi et des pensées pour atteindre ce qui se trouve en deçà, une sorte de substrat désengagé, soustrait aux mises en scène. Et d'ailleurs, on sait que Cioran s'est intéressé de près à la pensée bouddhiste. En fait, il ne s'agit jamais vraiment d'un effacement du moi à la manière bouddhiste mais plutôt d'une libération partielle du *je* coextensive d'un gommage de la position de l'écrivain. Mais pourquoi Cioran tenterait-il d'étouffer l'écrivain précisément par le moyen de l'écriture? Le plus court chemin pour s'effacer de l'écriture

21. *Cioran ou le dernier homme*, p. 202-203.

serait de cesser d'écrire, tout simplement. L'idée même de l'effacement du *je* par l'écriture qui réitère un *je* est paradoxale. Ce qui est en jeu apparaît plutôt comme l'échec de l'écriture en tant que stratégie de construction identitaire. Mais ce serait là, de toutes façons, le reflet d'une vision très serrée de l'écriture qui laisserait en dehors de ses cadres toute une série d'auteurs modernes qui n'ont pas cherché à se construire ou à affermir une identité par l'écriture, mais qui ont plutôt, un peu à la manière cioranienne (de façon antérieure, contemporaine et postérieure à lui), abordé l'écriture comme une quête spirituelle qui déréalise cette position d'auteur en créant un décalage. À titre d'exemples, je pense à Kafka, Michaux, Beckett et Blanchot ; quelques noms parmi un immense bassin d'auteurs dont les préoccupations littéraires sont hétérogènes à cette vision de l'écrivain comme échafaudeur de sa propre identité par le médium du littéraire. Si on suppose que l'écrivain *n'est pas* – ou n'est pas *nécessairement* – quelqu'un qui se construit une identité en *utilisant* le médium littéraire, on n'a pas besoin d'affirmer reconnaître le « vrai Cioran » dans une vision de l'auteur qui se fuit. Effectivement, la figure de l'auteur se perd ou se fond dans celle du narrateur et du personnage narré, ce qui n'implique pas pour autant de nier le *je* ou de vouloir se dissocier de l'écriture dans une ultime délivrance. Une telle vision équivaut à présenter l'écriture comme le simple outil d'une quête d'essence mystique, donc à harnacher l'écriture à une dimension qui lui serait supérieure. Ce faisant, l'écriture perd sa spécificité propre pour ne devenir que le moyen par lequel elle finit par s'éteindre. Comme « tombeau du soi », elle devient, dans cette optique, son propre tombeau. En dehors d'une telle vision dualiste, mon propos est justement de réintégrer un troisième terme qui puisse nous extirper de l'alternative fermée entre le « monument » et le « tombeau ». Ni excès de soi ou confession d'un *je* à construire ni mort du sujet ou exercice d'effacement de soi aboutissant à une délivrance quasi mystique, l'écriture est dramatisation : soi *et* non soi, narration d'affects, mise en scène d'un *je* qui diffère, donc ni monument ni tombeau, mais scène plutôt. C'est aussi ce en quoi elle représente un état d'exception. C'est-à-dire qu'elle n'est ni le *je* lui-même, ni sa mort, elle n'est pas non plus l'expérience mais la mise en scène d'une expérience, ce qui fait qu'elle n'est pas non plus sa fuite – l'écriture se trouve entre toutes ces choses. Non seulement elle donne lieu à toute une série de décalages et d'intervalles, mais elle apparaît elle-même comme un espace mitoyen. En effet, entre l'expérience elle-même et sa fuite, il y a cet espace ou cet état qui creuse l'écart entre ratage et naufrage. Cet espace devrait justement permettre de réfréner toute tentation à faire coïncider de trop près l'auteur avec le personnage d'auteur auquel on a accès à travers la narration. Comme le mentionne Cioran dans un entretien avec Jean-François Duval :

> Entre la sensation et la formule, il y a un immense espace. Entre ce qu'on ressent, et ce qu'on dit, ce qu'on formule. Tout ce qui sépare la sensation de la formule n'est pas perceptible quand j'écris. Normalement, j'aurais dû être un musicien, par mon tempérament. C'est plus direct. Tout ce qui est dit et tout ce qui est formulé est déréglé dans la forme. Donc le lecteur devrait faire un effort d'imagination pour remonter de la formule à la sensation. Si j'avais tout dit, on pourrait retrouver le processus, mais le processus est supprimé dans ce que j'écris. On peut imaginer de quoi est partie telle formule. Mais il est très difficile de remonter à l'origine, parce que je n'ai pas exprimé le parcours. Tout ce que j'ai écrit suppose un parcours. C'est ça l'inconvénient, ou l'avantage, de ce genre d'écriture, ou de texte. C'est qu'il ne dévoile pas le processus. Il faudrait écrire des confessions, écrire une confession exprimerait tout. Mais ce n'est pas mon choix. Je ne peux pas. Ce sont mes limites, évidemment. (*En*, 51-52)

Cioran se montre très précis dans cet échange à propos de la question du décalage entre l'expérience ou la sensation et la formule qui la dramatise. Pour pouvoir reconstruire le lien manquant entre la sensation et sa mise en scène dans l'écriture, il faudrait se confesser, il faudrait offrir une complète démystification d'un espace de pensée auquel on n'a pas accès. Or c'est précisément la limite que frappe Cioran : il ne nous offre aucune confession sur son parcours de décalage et de mise en scène dans l'écriture, de sorte qu'on est pris avec le tableau d'affects d'un *je* littéraire, d'un *je* qui décolle d'Emil Cioran.

Cela dit, comment penser le *je* qui nous est donné à lire compte tenu du fait qu'il se manifeste comme un état d'exception ? Quel statut prend ce *je* qui n'est ni Cioran lui-même ni un Cioran masqué ? L'œuvre pose ce genre de questions, et c'est le propre de la tradition de la critique cioranienne que de les résoudre en tentant d'en capturer une vision cohérente grâce aux différents prismes que peuvent constituer par exemple une vision chronologique ou une certaine constellation d'idées. La critique de Jaudeau représente un exemple tout à fait pertinent de ce genre d'entreprise puisqu'on y trouve une vision chronologique réfléchie dans le contexte d'une constellation d'idées qui tournent autour de l'effacement du *je*, de l'« autothanatographie », apparemment des dérivés d'une vision bouddhiste. Le *je* y enregistre une évolution entre les écrits de jeunesse et les plus tardifs, plus aphoristiques aussi : cette première personne évoluerait « du singulier à l'universel, diluée peu à peu dans l'anonymat de l'aphorisme où s'accuse le caractère artificiel de l'écriture[22] ». Cette dilution devient l'indice d'une forme de purgation qui vide en quelque sorte le *je* de sa singularité pour laisser entrevoir le fond d'universalité qu'il contient. Cette idée rappelle le fait que, pour Hadot, il n'existe pas d'écriture de soi puisque l'écriture ne représente pas le soi mais l'universalise plutôt :

> [...] il ne s'agit pas de se forger une identité spirituelle en écrivant, mais de se libérer de son individualité, pour s'élever à l'universalité. Il est donc inexact de parler d'« écriture de soi » ; non seulement on ne s'écrit pas soi-même, mais l'écriture ne constitue pas le soi : comme les autres exercices spirituels, elle fait changer le moi de niveau, elle l'universalise[23].

Cette conception de l'universalité du *je* ne se réduit pas à son substrat, à une sorte de fond neutre qu'il importerait de retrouver

22. *Cioran ou le dernier homme*, p. 203.
23. Pierre Hadot, *Exercices spirituels et philosophie antique*, Paris, Albin Michel, 2002, p. 329.

en déblayant de multiples couches trop subjectives ou trop personnelles. Si on réenfile la pensée de Thoreau, l'universalité du *je* se pense comme ce vieux manteau qu'il décrit, donc pas comme essence, comme fond ou comme support, mais bien comme le tissu subjectif qui couvre ou enveloppe, complètement élimé à force d'avoir été porté, pas nécessairement par la même personne, avec tous ses plis, ses poches, ses taches et ses déchirures. On porte tous de toutes façons un manteau de seconde main. C'est ce manteau qui est prêté par un *je*. Et qu'il s'agisse, comme dans le cas de Cioran, d'un *je* narratif plutôt que du *je* de l'écrivain lui-même ne fait aucune différence puisqu'un *je* littéraire, décalé de la confession ou du discours philosophique, n'est pas moins valable ou universel ; le manteau qu'il propose emmitoufle peut-être même mieux. On distingue généralement le *je* personnel d'un *je* universel (qui serait celui du discours philosophique), mais si on pense dans l'optique kierkegaardienne, le *je* n'est universel que lorsqu'il ou parce qu'il est personnel. Celui qui se donne pour tâche le revirement de l'« abstraction non humaine vers la personnalité » ne reste pas silencieux au sujet de son recours au *je* :

> C'est à la personnalité que nous devons atteindre. Et je me fais un mérite d'avoir, en introduisant des personnalités fictives (mes pseudonymes) qui disent « Je » au milieu de la vie réelle, contribué dans la mesure du possible à habituer mes contemporains à réentendre parler d'un Je, un Je personnel (et non pas ce Je pur et ventriloque, fruit de l'imagination). Or c'est justement parce que l'évolution du monde s'est poursuivie le plus loin possible de cette reconnaissance de la personnalité qu'il fallait agir sur le plan de la fiction. Une personnalité poétique est toujours mieux acceptée par un monde déshabitué à entendre parler un Je. Et sans doute n'irai-je jamais plus loin. Je ne m'enhardirai sans doute jamais à user directement de mon propre Je. Mais il est une chose dont je suis sûr : le temps viendra où, dans le monde, s'élèvera un Je qui dira tout bonnement « Je » et parlera à la première personne[24].

24. Søren Kierkegaard, *La dialectique de la communication*, Paris, Payot & Rivages, 2004, p. 62-63.

Il s'agit de sortir de la ventriloquie et de proposer un *je* personnel, seul apte à prêter son manteau, pour métaphoriser à partir de Thoreau, ou à transmettre une « vérité » qui devient, dans notre contexte, une expérience, destinée à un autre *je* : « car la vérité éthico-religieuse se rapporte essentiellement à la personnalité ; elle ne peut être transmise que par un "Je" à un autre "Je"[25] ». Même réalisation chez Wittgenstein pour qui l'éthique, qui ne peut pas être une science, se communique, en dehors des généralisations, par la mise en scène d'un *je* : « À la fin de ma conférence sur l'éthique, j'ai parlé à la première personne. Je crois qu'il y a là quelque chose de tout à fait essentiel. À ce niveau, rien ne peut plus faire l'objet d'un constat, je ne puis plus qu'entrer en scène comme personne et dire je[26]. » Si le *je* particulier devient un *je* universel, ce n'est pas parce qu'il se dépouille de ses particularités ; il acquiert cette dimension universelle lorsqu'il se met en scène, comme le font, très différemment par ailleurs, Kierkegaard, Wittgenstein, Thoreau et Cioran. On remarque que cette idée de la mise en scène d'un *je* n'a rien de fortuit, qu'elle n'est pas non plus unique à Cioran. Le *je* mis en scène n'est ni son monument ni son tombeau. En fait, la scène instaure un véritable état d'exception : elle donne à tous les *je* (c'est-à-dire autant à l'écrivain qu'au lecteur) accès au non-même, à une expérience qui n'est pas l'expérience initiale, ni sa fuite dans l'imaginaire ou la fiction, mais qui est l'expérience telle qu'espacée et temporisée, telle que littérarisée. Même s'il est aisé de se sentir directement projeté dans le lieu des affects, le *je* qui les formule est un *je* non transparent, narré, mis en scène, un *je* auquel Cioran est présent et absent à la fois. À ce sujet, on peut, au moins en partie, appliquer à Cioran la façon dont Vincent Delecroix conçoit la présence de Kierkegaard derrière tous ses *je* narratifs :

> Le « vrai » Kierkegaard circule dans le texte, d'une fiction à l'autre, d'un « Je » à l'autre, dans une manifestation indirecte

25. *La dialectique de la communication*, p. 62.
26. Wittgenstein, « Conférences sur l'éthique », *Leçons et conversations*, p. 158, cité dans Vincent Delecroix, *Singulière philosophie. Essai sur Kierkegaard*, Paris, Éditions du Félin, 2006, p. 30.

> qui est le milieu même de l'écriture – parcourant un réseau d'images qui forme sa réelle présence, une présence, justement, sous forme de traces. À la fois partout et jamais visible entièrement, à l'image de *Deus absconditus* dont Climacus dit que son omniprésence est son invisibilité. Croit-on qu'on le découvrira enfin sous la signature « Kierkegaard » ? Pas plus : du texte, rien que du texte, c'est-à-dire le lieu d'une présence-absence. Croit-on qu'on le découvrira, enfin, dans les papiers intimes, les *Papirer*, une couche plus « authentique » parce que plus intime du discours ? Pas plus, c'est là encore de la littérature, avec ce piège supplémentaire, peut-être, qu'elle *semble* parfois s'effacer au profit de la confession. L'autobiographie cryptée n'est pas le moyen de faire passer dans le discours philosophique des notes personnelles – elle est le seul moyen de parler de soi, de se montrer, car on ne pourra jamais le faire qu'indirectement. La philosophie littéraire comme une machine à produire des images de soi[27].

La philosophie de Kierkegaard relève de l'écriture, d'un type d'écriture littéraire. Ce passage met en évidence le fait que le *je* kierkegaardien est bien un *je* narratif, un *je* mis en scène qui ne nous donne pas Kierkegaard lui-même, mais qui nous projette dans une expérience s'avérant d'autant plus personnelle qu'elle apparaît décollée de l'écrivain lui-même. Et même lorsqu'il s'agit de papiers personnels, de journaux intimes ou de cahiers qui laissent miroiter les leurres associés au discours autobiographique, qui laissent donc entrevoir un accès plus direct à l'esprit de l'écrivain, on reste en dehors, c'est-à-dire qu'on ne sort pas de la pataugeoire littéraire. L'autobiographie autant que la fiction nous place dans cet espace d'exception que constitue l'expérience personnelle qui traverse le littéraire et qui, selon une logique bivalente, est aussi mise en scène par le littéraire. Encore une fois, c'est l'idée même de la confession qui apparaît impossible, jamais accessible, toujours impure ou détournée ou dramatisée, et ce, même dans une forme d'écriture qui se présente ou est présentée comme telle, comme une sorte de testament spirituel. Si on pense aux cahiers de Cioran

27. *Singulière philosophie. Essai sur Kierkegaard*, p. 205.

(ou encore aux journaux de Kafka, ou aux papiers de Kierkegaard ou aux carnets de Wittgenstein), il s'agit pourtant bien d'un testament spirituel, mais précisément comme testament, on n'a encore une fois accès qu'à une pensée, une expérience ou un amas d'affects différés et codifiés dans la mise en scène spécifique au genre du récit de soi. Comme le dit si bien Delecroix, on n'a « rien que du texte » qui retient les traces d'un auteur, soit, mais qui nous les livre sous une forme dramatisée, donc toujours indirectement.

Le testament spirituel comme genre littéraire

La question de la forme chez Cioran constitue un réel problème pour la critique. Une des façons habituelles de régler ce problème consiste souvent à classer ses textes dans le champ de la philosophie, ou à les traiter comme des essais, mais qui s'inscriraient tout de même dans un genre poétique. On tend à refouler, à divers degrés, la question du littéraire, à écarter la spécificité littéraire de l'œuvre pour se concentrer sur les idées, sur sa charge philosophique, spirituelle, ou encore sur les postures « personnelles » de l'auteur. Pourtant, forme et fond sont indissociables, c'est-à-dire que l'œuvre ne se pense pas comme un contenu d'idées présenté ou représenté dans un contenant textuel : le *comment* appartient au *ce que* et inversement. Cette imbrication scelle l'échec inévitable d'une critique qui ne s'en tiendrait qu'au contenu de l'œuvre ou qui considérerait la forme comme un simple glaçage dérivé d'un goût certain pour le style. La façon d'écrire exprime ou fait ressentir quelque chose qu'on ne trouve pas nécessairement en toutes lettres sous forme d'idées dans les textes. Et le problème est toujours de donner un nom à cette forme très particulière à Cioran ; problème qui conduit parfois à incorporer l'œuvre à la forme de l'essai, comme le fait Sylvain David, par exemple. Cette catégorie a une certaine pertinence si on y réfère dans une vision qui s'approche de l'héritage de Montaigne, soit comme une tentative, comme une recherche ou comme une expérience qui se rattache au sacré, au spirituel et au littéraire. Cette conception de l'essai se rapprocherait peut-être de cette vision qu'en a Lukács, qui va dans le sens d'une écriture qui allie l'âme et la forme, qui se trouve affectée par la question sans réponse que pose l'existence :

> Il existe donc des expériences vécues qu'aucune attitude n'est apte à exprimer, et qui aspirent pourtant à une expression. [...] il s'agit de l'intellectualité, de la conceptualité en tant qu'expérience vécue sentimentale, en tant que réalité immédiate, principe d'existence spontané ; la conception du monde dans sa pureté non voilée comme événement de l'âme, comme force motrice de la vie. C'est la question posée de façon immédiate : que sont la vie, l'homme et le destin ? Mais en tant que question seulement, car la réponse ne nous apporte pas de « solution », à l'encontre des réponses de la science ou – à des hauteurs plus pures – de celles de la philosophie ; elle est plutôt symbole, destin et tragique, comme en tout genre de poésie[28].

C'est peut-être dans ce sens fébrile et incarné que la forme de l'essai correspond à l'impulsion de l'écriture chez Cioran, plus qu'à la manière dont elle se déploie. En effet, cette vision n'encadre pas tout à fait le problème littéraire que pose l'écriture de Cioran. C'est-à-dire que même s'il s'agit de narrer les événements de l'âme, contrairement à ce que véhicule la vision lukacsienne de l'essai, l'écriture de Cioran ne livre rien dans une « pureté non voilée », mais accumule au contraire les voilements successifs propres à sa mise en forme dramatisante. On constate ultimement que la forme de l'essai ne se superpose pas sans reste à l'écriture cioranienne qui, par ses mises en scène et ses écarts littéraires, déborde de son cadre. Dans ce contexte, étant donné qu'on ne peut pas laisser de côté tout le jeu narratif, toute la dramatisation que porte l'écriture cioranienne, on ne pourrait donc faire référence à l'essai que comme tentative, voire comme *tentation d'exister* dans un *je* littéraire.

Cioran, quant à lui, résiste à la tentation de classifier son écriture, il évite la plupart du temps de revendiquer un genre particulier, c'est la raison pour laquelle il réfère généralement à ses livres comme à des « livres », justement. Le livre désigne simplement

28. György Lukács, *L'âme et les formes*, Paris, Gallimard, 1974, p. 19.

l'objet matériel, la collection de pages remplies de mots groupées entre deux couvertures et réunies sous un titre. C'est platement juste et trop simple peut-être. C'est que Cioran contourne lui aussi le problème de la forme, de *sa* propre mise en forme. Il est évident qu'il demeure toujours un impensé dans la forme, autant pour Cioran lui-même que pour la critique, de sorte que plutôt que du problème de la forme, on devrait peut-être parler du problème du contournement de la forme. En effet, dès qu'on tranche et qu'on choisit une catégorie littéraire dans laquelle on fait entrer l'œuvre, on se retrouve toujours plus ou moins dans une position simplificatrice. Le problème général étant qu'en se concentrant sur une seule forme à la fois, on oublie de considérer le «jeu littéraire» dans son ensemble – un jeu de composition, de mise en scène et de perspective, un jeu où les formes disparates contribuent, chacune à leur façon, au panorama littéraire de l'œuvre. Je ne prétends pas faire mieux ou éviter l'écueil habituel, je cherche simplement un autre accès au problème de la forme, ou, si on veut être cynique, ma propre façon de le nouer plus solidement en croyant le régler.

Chaque critique cultive sa façon de circonscrire la forme, c'est-à-dire sa stratégie personnelle afin de solutionner ou de contourner le problème de la forme. Par exemple, lorsqu'on produit un classement de l'œuvre cioranienne en fonction de la chronologie, comme on le fait avec Heidegger ou Wittgenstein, on produit un genre de découpage exégétique qui, à l'aide d'un principe directeur, résout la question littéraire en l'évacuant. Alors qu'on pourrait très bien considérer que les différents textes sont en réalité le même texte; un texte à diviser non pas par périodes, mais plutôt par fragments, en utilisant son plus petit dénominateur. Si on aborde l'œuvre dans une vision plus littéraire que philosophique, plutôt que faire des distinctions entre des moments qui dominent la pensée dans l'écriture – mystique, prophétique, métaphysique, sceptique, affectif, etc. –, il est plus pertinent d'aborder les textes non pas tellement comme un monolithe (ce qu'on pourrait inférer de l'unité sur laquelle j'insiste), mais comme un même espace d'exception, entendu autant sur le plan formel que spirituel. En fait, les deux plans s'interpénètrent: il s'agit autant d'un testament spirituel ou d'une mise en scène spirituelle que d'une expérience dramatisée ou d'un bréviaire postérieur à Dieu. C'est blanc bonnet, bonnet blanc : en jouant ainsi avec la forme sur le mode du chiasme différé, en entrecoupant l'élément spirituel et l'élément littéraire dans un sens, puis dans l'autre, je ne fais qu'inverser les termes, et c'est cela qui constitue ma propre voie de contournement. Très clairement : le problème de la forme appelle aussi, jusqu'à la confusion parfois, le problème de l'interprétation de la forme.

Comme tous les écrivains, Cioran a besoin de trouver une forme qui puisse l'accueillir avec sa quête, son esprit et ses affects. Celle qu'il trouve n'a pas de nom, elle reste, dans son contexte, à l'état d'essai, de tentative littéraire et spirituelle. Qu'il l'adopte ou qu'il l'invente, par son entremise, il ne fait que construire sa propre « possibilité spirituelle de vivre » comme dirait Kafka, qui est aussi une possibilité littéraire de vivre, ou de rater, peu importe. Malgré tout, je l'ai déjà abondamment souligné, cette construction ne nous le donne pas tout entier, elle nous le donne narré, elle nous le donne par le biais d'une mise en scène. Quoi que Cioran en dise. Lorsqu'il prétend se livrer tel quel, ne rien inventer, certains critiques le prennent au mot. Un passage comme celui-ci y incite : » Tout ce que j'ai abordé, tout ce dont j'ai discouru ma vie durant, est indissociable de ce que j'ai vécu. Je n'ai rien inventé, j'ai été seulement le secrétaire de mes sensations » (*E*, 1486). Pour Sylvain David, ce passage, tiré d'un de ses derniers textes, représente une explication tardive de l'auteur sur son œuvre, sur sa démarche d'écrivain :

> L'important, dans le cadre de cette ultime formulation de sa poétique, est de souligner que l'essayiste n'entend plus présenter les êtres et les choses tels qu'il les comprend, mais tels qu'il les voit, ou, mieux encore, tels qu'il les ressent : son appréhension de soi et du monde s'inscrit sous le signe de la plus haute subjectivité[29].

Il souligne du coup le rôle de l'affect dans l'écriture. Cependant, tout en immobilisant ce fragment selon une optique interprétative de son œuvre, il ne l'accepte que comme la clé de lecture de

29. Sylvain David, *Cioran. Un héroïsme à rebours*, Montréal, Presses de l'Université de Montréal, 2006, p. 281.

la troisième et dernière période de l'œuvre, les premières reposant plutôt, selon lui, sur une lancée « prophétisante » ou sur une prétention à « énoncer de grandes "vérités" à propos des êtres et des choses[30] ». Toute la critique (moi y compris) procède de cette façon. Au risque d'user la métaphore : elle prend et se sert de fragments précis, voire de segments de ces fragments, pour les modeler en une forme précise, à faire cadrer dans l'interprétation correspondante. Il s'agit d'isoler des fragments et de décider de leur valeur herméneutique concernant l'œuvre en entier. Un fragment tel que celui tiré d'*Écartèlement* tout juste cité semble effectivement refléter une sorte de vérité ultime sur l'œuvre, mais il faut garder à l'esprit qu'il s'agit tout autant qu'ailleurs d'une mise en scène. Ce qui ne le prive pas pour autant de sa signification mais restreint simplement l'utilisation herméneutique qu'on peut en faire. Dans ce passage, Cioran se présente comme un scribe alors que l'écrivain, et encore moins le narrateur et le metteur en scène, ne sont des scribes ou des secrétaires. Le secrétaire transcrit avec une prétention à l'objectivité, en tentant d'éviter tout écart subjectif, toute mise en scène – ce que ne fait pas Cioran. Dans cet esprit, l'image du secrétaire ne constitue qu'une autre métaphore ou une mise en scène de plus qui sert à appuyer la place centrale accordée à l'affect dans l'expérience (spirituelle et littéraire). Le passage en question rappelle une entrée des pensées consignées de Kafka, cette collection de fragments publiée sous le titre *Journal intime* :

> Celui qui, de son vivant, ne vient pas à bout de la vie, il a besoin de l'une de ses mains pour écarter un peu le désespoir que lui cause son destin – il n'y arrive que très imparfaitement – et de l'autre main il peut enregistrer ce qu'il aperçoit sous les décombres, car il voit autre chose et plus que les autres, il est donc mort de son vivant et il est essentiellement le survivant. Ceci, bien entendu, à condition qu'il ne se serve de ses deux mains à la fois et de plus qu'il n'a pour lutter contre le désespoir[31].

Ce fragment décrit bien le mouvement propre à l'écriture cioranienne : un mouvement du corps et de l'esprit qui transparaît

30. *Cioran. Un héroïsme à rebours*, p. 280.
31. Franz Kafka, *Journal intime*, Paris, Payot & Rivages, 2008, p. 182.

dans les mains, dont l'une s'occupe à écarter le désespoir, voire les ruines qui s'amoncellent, comme dans la figure benjaminienne de l'ange de l'histoire, et l'autre s'applique à enregistrer, noter, écrire, et ce faisant, à narrer ce que le corps voit et comment il voit, c'est-à-dire quelle sorte de pensée se configure à partir des affects et des sensations. À mon sens, être « secrétaire de ses sensations », c'est faire comme Kafka le décrit : c'est se servir de ses mains pour enregistrer le vu, le vécu et le ressenti, non littéralement ou objectivement mais dramatiquement, en traçant peu à peu une sorte de testament spirituel.

Même en pensant l'œuvre en général comme un testament spirituel, une trace littéraire, dramatique, d'une pensée perpétuellement soumise à l'affect, on pourrait supposer que le statut de l'œuvre elle-même, la compilation des textes finis, publiés par Cioran de son vivant, et celui des cahiers, publiés de façon posthume, apparemment contre la volonté de Cioran, diffèrent. C'est-à-dire que la tradition philosophique opère généralement une distinction précise entre les œuvres et les carnets, les lettres ou les notes d'un auteur. Les œuvres sont conçues comme le produit, dirigé, planifié, d'un esprit organisateur et également comme l'espace discursif où on retrouve les traces de cet esprit. Avec Cioran, ces distinctions s'estompent dans la mesure où les cahiers, autant que les œuvres, sont le déploiement d'une quête spirituelle et littéraire. Et même si les cahiers paraissent, au premier abord, plus crus ou personnels, moins « mis en forme » que les textes très travaillés et parfois même réécrits plusieurs fois, comme le *Précis de décomposition*, essentiellement, on peut considérer que leur charge littéraire fait en sorte qu'ils ne s'en distinguent pas de façon radicale, ce que met en évidence ma façon complètement désordonnée de passer de l'un à l'autre. Justement, j'ai choisi de traiter les cahiers et les œuvres de la même façon en considérant que les cahiers aussi font l'objet d'une mise en scène et d'une dramatisation. Il reste qu'en parcourant les cahiers, on pourrait croire avoir un accès plus direct à la psyché de Cioran, mais cette impression est probablement due en grande partie au titre (un dérivé du journal) ainsi qu'aux références datées à des événements, des rencontres, des gens (désignés la plupart du temps par une simple initiale). En réalité, le *je* des cahiers et le *je* des œuvres est le même *je* narratif qui se prend, avec son malaise, pour objet. On peut supposer que les références plus concrètes à des gens, à des dates ou à des événements biographiques font aussi partie de la mise en scène. Ces références ne se retrouvent d'ailleurs pas uniquement dans les cahiers : un texte comme *De l'inconvénient d'être né*, par exemple, en abonde, qu'il s'agisse d'une référence à une émission sur les loups, à une visite à l'abattoir, aux propos de D., etc. Évidemment, mon exemple est choisi, puisqu'on ne peut pas aussi bien étendre la comparaison à certains textes moins aphoristiques et peut-être, en apparence, plus travaillés (comme *Histoire et utopie*, *La tentation d'exister* ou *La chute dans le temps*). Les cahiers constituent souvent des notes d'écriture pour ces textes et parfois des notes *sur* l'écriture de ces textes, sur leur révision ou sur la relecture du texte publié. En ce sens, il s'agit souvent d'une réflexion antérieure au texte à produire et postérieure au texte publié, donc une réflexion anté et méta, posée entre et dans ces deux moments. Cioran reprend et retravaille abondamment : certains passages, écrits autrement, reviennent quelques fois dans les cahiers et sont aussi repris, sous une forme suffisamment reconnaissable, dans d'autres textes. Par exemple, ce fragment important, déjà cité, tiré des cahiers :

> Je lui ai dit aussi que tous mes livres tournent autour d'un naufrage spirituel, je lui ai expliqué comment j'ai failli accéder à l'absolu, et comment, me trouvant devant un mur, il m'a fallu reculer, car je n'étais pas voué à le percer, à le faire sauter. Tout ce que j'ai écrit est un commentaire sur mon recul et ma défaite.
> Je disais à G. que les mystiques ne devraient pas écrire.
> Quand on s'adresse à Dieu, on n'écrit pas, on dit des prières, on n'en écrit pas. Dieu *ne lit pas*. (*C*, 960)

On le retrouve, sous une forme condensée, dans *De l'inconvénient d'être né* « Les mystiques et leurs “œuvres complètes”. Quand on s'adresse à Dieu, et à Dieu seul, comme ils prétendent, on devrait se garder d'écrire. Dieu ne *lit* pas... » (*I*, 1376) L'idée est la même, la mise en scène diffère. Cioran, adepte des formules courtes, lapidaires, produit un concentré de la mise en scène première. Ses cahiers en témoignent, il ne nous donne rien à lire qui reste cru, le premier jet ne survit pas à son travail de correction ; une tendance qui rappelle étrangement un autre personnage bernhardien, le Roithamer de *Corrections*. Si les cahiers constituent une sorte de saut de tigre temporel entre un avant et un après l'œuvre, entre une ébauche et une sorte de *point de vue explicatif sur son œuvre d'écrivain* (pour emprunter à Kierkegaard un de ses titres) ou, plutôt, les deux à la fois, on ne peut pas faire autrement que de considérer que leur mise en scène n'est pas tout à fait la même que celle des œuvres, mais on ne peut pas nier non plus qu'il s'agit encore et toujours d'une narration et non du dévoilement d'une vérité *sous* et *sur* l'œuvre.

On saisit peut-être plus vivement la différence entre les cahiers de Cioran et n'importe quel journal intime d'auteur en reparcourant après coup l'avant-propos aux cahiers écrit par Simone Boué, la compagne de Cioran. On y trouve bien des références personnelles, mais autant l'écriture elle-même que le travail d'édition fait par Simone Boué font en sorte qu'aucun fragment n'y est si intime qu'il ne pourrait se retrouver dans un quelconque texte des œuvres, sous une forme similaire malgré une réécriture ou un déplacement de la mise en scène. Simone Boué :

> Les cahiers de Cioran n'ont rien d'un journal où il consignerait dans les moindres détails les événements de la journée – genre qui ne présentait pour lui aucun intérêt. On a plutôt l'impression de se trouver en présence d'ébauches, de brouillons. Plus d'une réflexion, plus d'un fragment, on les retrouve inchangés dans les livres. Certaines entrées sont marquées d'une croix rouge dans la marge ou encadrées, comme tenues là en réserve. [...]
> Cahiers de brouillon mais aussi cahiers d'exercices. La même réflexion est reprise jusqu'à trois, quatre fois sous des formes différentes, travaillée, épurée, toujours avec le même souci de brièveté, de concision. (*C*, 9)

Il aurait même, à un moment, projeté de rassembler les réflexions contenues dans ses cahiers dans un livre dont le titre aurait pu être *Interjections* ou *L'erreur de naître* (cf. *C*, 9). *L'erreur de naître* s'est transformé en *De l'inconvénient d'être né*, texte dans lequel on retrouve justement une similarité assez frappante avec les cahiers. Ces cahiers, tous identiques, Cioran les a numérotés et laissés sur sa table de travail, à portée de la main bien que fermés. Cette accessibilité supporte encore la perception selon laquelle les cahiers seraient loin de la forme du journal intime (le journal intime, lui aussi, est le produit d'une certaine mise en scène, plus ou moins codifiée dans sa forme). Comme Kafka, Cioran voulait que ses cahiers soient détruits ; tâche dont il ne s'est pas acquitté lui-même et dont, à la différence de Kafka, il n'a chargé personne en particulier par l'entremise de l'institution contraignante que représente l'exécuteur testamentaire : « Sur la couverture des cahiers I, II, IV, VIII, X, on lit : "À détruire". Sur le premier cahier, Cioran a ajouté et souligné : "Tous ces cahiers sont à détruire", de même sur les cahiers VIII et X. Pourtant ces cahiers il les a gardés et rangés avec soin… » (*C*, 11) Cioran a gardé ses cahiers, il a demandé à son frère, dans une lettre, de les détruire. Aurel Cioran, comme Max Brod, n'a rien détruit. Cioran présupposait peut-être déjà un lecteur ou une lectrice en écrivant ses cahiers. Justement, Hadot, paraphrasant le moine Antoine, écrit que « l'écriture tient la place de l'œil d'autrui[32] ». Puisque la narration présuppose un lecteur, puisqu'elle sort du cadre incestueux d'une dramatisation de soi pour soi, la mise en scène des cahiers se révèle plus proche de celle des œuvres que de celle du journal intime. Les événements racontés sont, non pas tant filtrés, mais plutôt déplacés dans la mise en scène, et malgré tous les signes témoignant de son éloignement d'avec celle du journal intime, on persiste à recevoir ces récits comme des révélations qui concernent le vécu tout cru de ces événements. Simone Boué tend aussi à le faire quand elle compare, en lisant ses cahiers, leur perception du même événement : « Les événements qu'il rapporte, les scènes qu'il décrit (l'annonce de la mort de sa mère, par exemple), scènes auxquelles j'ai assisté, j'en ai gardé le souvenir – un souvenir qui diffère

32. *Exercices spirituels et philosophie antique*, p. 330.

parfois sensiblement du témoignage de Cioran. C'est qu'il les a vécus et sentis seul. C'est que partout et toujours il est SEUL. » (*C*, 11) Évidemment, le souvenir que deux personnes gardent du même événement sera toujours différent, mais la différence entre le récit de Cioran et le souvenir de Simone Boué n'est pas exclusivement due à la profonde solitude de Cioran. Cette disjonction est en partie imputable au fait qu'entre l'événement vécu et l'événement narré, on n'échappe pas aux mouvements d'espacement et de temporisation.

Même si j'affirme que les cahiers et les œuvres ne diffèrent pas fondamentalement, c'est-à-dire que les unes sont, autant que les autres, le produit d'une mise en scène, certes moins longuement ou minutieusement travaillée, il reste que je puise plus fréquemment et spontanément dans les cahiers que dans les œuvres. Pourquoi ? Peut-être parce que, publiés de façon posthume, les cahiers incarnent mieux la forme du testament spirituel, expression qui résonne pour moi, et qui étiquette, de façon plus évocatrice que la catégorie de l'essai (quelque peu galvaudée par le discours philosophique), l'écriture de Cioran. Mais en définitive, la question en jeu est celle de la lecture. Peut-être qu'en dépit de tout ce que j'avance concernant la similarité de la mise en scène des œuvres et des cahiers, la question que je pose, celle du sacré et de l'écriture, ou de la quête du sacré dans l'écriture, me pousse à chercher à recevoir le texte comme un dévoilement, comme un accès à Cioran, à son esprit, à ses affects, à quelque chose qui serait vrai parce que cru, moins mâché dans une mise en scène. Le besoin est réel, la projection qu'il engendre est illusoire. L'écriture est *différante*, elle se produit, dans une mise en scène, comme un voilement de l'immédiateté de l'affect et de la pensée ; un voilement qui néanmoins signifie et révèle quelque chose dans une lecture qui, lorsqu'elle rencontre et atteint son lecteur (celui qui, non seulement l'entreprend, mais la performe), est aussi un acte de communion et de foi – postérieur à Dieu, tout comme le « bréviaire » cioranien.

Chapitre 5

La lecture en quête de sacré

> Je ne pense pas avoir reçu une seule lettre d'un inconnu qui fût normal. D'un inconnu, bien entendu, qui m'ait écrit en emballé, à qui j'ai apporté quelque chose, et qui m'avouait se sentir des affinités avec moi. Épaves, déchus, malheureux, malades, déchirés, incapables d'innocence, rongés, frappés de toutes sortes d'infirmités secrètes, recalés à tous les examens d'ici-bas, traînant après eux leur jeune ou leur très vieux désarroi.
> Ils ne m'ont jamais rien demandé, car ils savaient que je ne pouvais rien leur offrir.
> Ils voulaient seulement me dire qu'ils m'avaient compris...
>
> EMIL CIORAN,
> *Cahiers 1957-1972*, p. 636

Lectio humana

Le monde universitaire a l'habitude ou la manie des classements. On tend à séparer en entités, phénomènes et concepts distincts des réalités qui pourraient se penser d'un même souffle ou dans un même mouvement. C'est que le savoir institutionnel est minutieux, pointilleux, précis, particulier, disciplinaire. À l'extérieur de la littérature comparée, les champs se perpétuent généralement de façon parallèle, chacun dans son sillon, parfois sans avoir à se rencontrer, à se recouper ou à se rejoindre, malgré leur complémentarité. Souvent, des théories qui concernent la production littéraire côtoient des théories de la réception sans qu'on soit tenté de mettre fin à ces découpages qui ne tiennent pas compte de la profonde et nécessaire interaction entre la question de l'écriture et celle de la lecture. Les bornages institutionnels et disciplinaires nous laissent avec ces champs artificiellement distincts, ces champs qui reflètent au fond une manière de faire ressortir un seul aspect d'une réalité ou d'un phénomène plus complexe. On sait très bien pourtant qu'écriture et lecture sont deux volets de la même réalité, celle du texte, ce qui implique que la plupart du temps, à une écriture qui communique indirectement, correspond, lorsque l'affect le permet, une lecture qui communie et qui communique à son tour (par l'écriture, la parole, l'art, etc.). Cette spirale décrit très justement la position de Cioran, qui est à la fois un écrivain qui lit et un lecteur qui écrit. C'est-à-dire que sa pratique littéraire n'est pas qu'écriture, elle est aussi fortement ancrée dans la lecture et peut s'éprouver et se penser comme une écriture de la réception, comme un acte de communion, comme la mise en scène d'une lecture qui s'écrit. Lecture et écriture ne se conçoivent donc pas vraiment comme les deux faces de la pratique littéraire cioranienne, encore moins, banalement, selon une dissociation entre la production de l'œuvre par Cioran et sa réception par un public ; ces éléments sont en réalité imbriqués de façon essentielle dans son expérience littéraire étant donné que sa production discursive est de l'ordre de la rencontre, littéraire principalement. Cioran est un auteur qui « lit ses lectures » dans ou par l'écriture et qui rejoue ainsi dans l'écriture la rencontre particulière ou la communion qui s'opère pour lui dans la lecture. Cette façon de lire dans l'écriture permet de mettre en scène cette dimension du sacré qui, à l'occasion, s'établit dans la rencontre avec un texte et *a fortiori* dans la communion avec ce texte, soit dans la relation d'exception qui se noue avec ce texte à partir du mouvement entre le texte et l'esprit.

Qu'il soit question de l'écriture ou de la lecture, il s'agit donc toujours chez Cioran du même problème, celui de la rencontre, de la communion, du sacré et de cette conscience qu'il tente d'acquérir de lui-même dans ces relations spirituelles et littéraires qu'il entretient. Qu'on réfléchisse à l'écriture ou à la lecture, on pense les mêmes questions, celles des interactions créatrices, de la mise en scène, de la performance, de la place de l'esprit, de la conscience de soi, etc. Écriture et lecture sont des phénomènes intercalés l'un dans l'autre : on n'écrit pas à vide (et Cioran encore moins), on ne parvient pas à écrire sans avoir rencontré des textes qui ont mis en forme une conscience et des visions particulières, de la même manière qu'on ne lit pas sans performer, sans écrire le texte pour soi, dans sa psyché, comme une glose à sa propre histoire. L'interaction est toujours là, présente en toutes lignes ou entre les lignes et la division n'est jamais aussi tranchée ni même aussi réelle que nous porte à le croire la tradition théorique littéraire : elle reflète les principes inhérents au code institutionnel qui tend à décortiquer, à isoler et à mettre l'accent sur un élément particulier et à trottiner autour par la pensée. La succession des chapitres de cette étude est elle aussi soumise à ce découpage. Concernant le problème de l'écriture en particulier – problème qui est aussi celui de la lecture –, j'ai dû opérer une répartition pour tenter de circonscrire le problème du sacré dans l'écriture de Cioran. J'ai voulu, par contre, que ce découpage ne soit pas aussi tranché que ce dont on a l'habitude. Si le dernier chapitre tentait de saisir dans sa mire la question de l'écriture telle qu'elle est foncièrement prise dans un rapport avec la lecture, le présent chapitre s'intéresse au rapport inverse : soit la lecture dans le contexte de l'écriture, la lecture *d'*un écrivain, en gardant en tête l'amphibologie grammaticale que révèle l'article dans ce contexte. Il ne s'agit donc pas de séparer un problème de son réseau ou de l'enchevêtrement de réalités duquel il fait partie, mais d'isoler un angle d'approche qui serve à aborder une configuration de problèmes.

Évidemment, cette forte interaction entre écriture et lecture n'est pas particulière à Cioran, bien au contraire, rares sont les écrivains chez qui ces deux aspects de l'expérience littéraire ne sont pas intercalés et naturellement mélangés. Ce rapport forme le noyau de l'expérience littéraire ou de la littérature elle-même; c'est-à-dire que, de façon organique ou métaréflexive, cette interaction construit et exprime le rapport littéraire. Au XXe siècle, dans le champ théorique, c'est l'approche phénoménologique qui s'est faite porteuse de ce lien entre écriture et lecture en se construisant comme le courant de réflexion qui interroge l'exercice de l'esprit et la conscience. Chez Barthes ou Merleau-Ponty, chez Ingarden, Iser ou Jauss, ou même chez Derrida (qui prolonge le type de discours phénoménologique à travers sa critique même), ce sont ces rapports essentiels entre lecture et écriture constituant le cœur du littéraire qu'on trouve interprétés, selon une différente appropriation du discours phénoménologique. On pourrait dire que Cioran aussi (et malgré lui) se situe dans ce cadre général de réflexion dans la mesure où sa pensée concerne en grande partie le problème de la conscience de soi et du monde, de ce qui la met en forme et la conditionne, de la façon dont elle se déploie dans l'existence. Ces questions sont justement transportées dans le rapport écriture/lecture que son écriture met en scène ou reconstruit dans ses cahiers et d'un texte à l'autre, plus particulièrement peut-être dans ses *Exercices d'admiration* qui font, à travers diverses réflexions, lettres et préfaces, le portrait d'auteurs qui l'ont marqué ou, plutôt, le portrait des *lectures* des auteurs et des amis (amis-auteurs) qui ont marqué sa pensée et son écriture.

Dans le contexte de la théorie littéraire, Roman Ingarden est un des représentants les plus importants du courant phénoménologique, dans le champ esthétique. Il conçoit le texte comme une structure potentielle à concrétiser par le lecteur. Cette concrétisation consiste, dans le contexte de sa pensée, en une mise en rapport du texte avec des valeurs et des contenus extralittéraires; elle advient et réalise l'œuvre en quelque sorte par ce métissage. Dans son essai *L'œuvre d'art littéraire*, Ingarden réfléchit précisément au problème de la lecture. À la question – simple, complexe, inutile, essentielle – de pourquoi lire, il répond, entre autres, pour accéder à « la sereine contemplation des qualités métaphysiques[1] ». L'acte de lecture représente pour lui une sorte de fenêtre qui permet d'apercevoir la bête métaphysique tout en se protégeant de ses griffes affectives. C'est-à-dire qu'on est affecté, mais indirectement seulement ; on est touché mais pas envahi.

> L'œuvre d'art littéraire atteint son sommet dans la révélation des qualités métaphysiques. Mais le tour proprement artistique réside dans le *mode* de cette révélation dans l'œuvre d'art littéraire. C'est précisément ce qui représente, d'un point de vue ontologique, un manque des « objets » figurés qui leur permet d'atteindre au mode de révélation des qualités métaphysiques propres aux œuvres d'art littéraires. Évidemment, l'hétérogénéité ontologique des situations figurées exclut que les qualités métaphysiques puissent se *réaliser* là ; mais elles sont *concrétisées* et amenées à dévoilement, et elles partagent leur mode d'être avec les « objets » figurés : en elles-mêmes ontologiquement hétéronomes et purement intentionnelles, elles simulent leur réalisation. Et cela n'enlève rien à leur concrétude et à leur pleine détermination[2].

Ce passage, qui décrit en quelque sorte l'écart entre le réel – soit le lieu où les qualités métaphysiques se présentent – et le texte littéraire toujours décollé du réel, met en évidence le décalage qui appartient au littéraire, comme écriture, d'une part, et comme lecture, d'autre part. Dans l'univers littéraire, les qualités métaphysiques sont dévoilées dans un contexte où manque perpétuellement l'objet figuré. Selon cette vision, la littérature apparaît un peu comme une représentation décalée du réel, comme une « concrétisation » mais pas une « réalisation », comme une mise en scène qui rejoue le réel et, ce faisant, affaiblit ou allège les affects qu'il contient. Sans trop vouloir caricaturer la vision d'Ingarden, cette idée de la littérature comme version *soft* du réel, de sa charge de « qualités métaphysiques », tend à réintégrer la théorie antique de la mimésis.

1. Roman Ingarden, *L'œuvre d'art littéraire*, Lausanne, L'Âge d'homme, 1983, p. 249.
2. *L'œuvre d'art littéraire*, p. 249-250.

> [L']hétéronomie ontologique [des situations figurées] rend possible de les contempler dans un calme relatif, car dans cette concrétisation-là elles n'ont pas la plénitude et la force qui est la leur dans leur pleine réalisation. Quelle que soit la violence avec laquelle, dans la contemplation esthétique modifiée des qualités métaphysiques, celles-ci nous « prennent », nous « ravissent » et éventuellement nous élèvent au-dessus du niveau de notre vie quotidienne, leur non-réalité de fait, la circonstance qu'elles ne soient concrétisées que pour autant que l'exige leur révélation, permet pourtant de les saisir dans une certaine sérénité et de tenir une certaine distance entre le lecteur et les qualités métaphysiques concrétisées. Elle permet une contemplation qui n'est pas pour autant une perception (Perzipieren) des qualités en tant que qualités oppressantes. Ainsi les concrétisations des qualités métaphysiques acquièrent une valeur spécifiquement esthétique. Nous pouvons les contempler, en être ravis, goûter tout ce que, qualitativement, elles offrent, sans que pour autant elles nous oppressent, nous accablent ou nous élèvent véritablement. En rapport avec cela, les contempler ne provoque pas en nous des changements aussi importants que n'en entraînent leurs authentiques réalisations[3].

Autrement dit, par comparaison à l'affect tel que vécu dans des situations réelles, l'affect contemplé à travers l'œuvre d'art littéraire s'avère relativement inoffensif. C'est toujours plus ou moins (c'est-à-dire de façon consciente ou non) le paradigme de la mimésis et de la représentation qui met en forme cette vision de la littérature comme reflet, comme dérivé ou comme apparence, comme espace situé en dehors du réel, à contempler sans danger.

Un tel présupposé du littéraire conçu sur le modèle de la représentation a été maintes fois remis en doute dans différents contextes, autant littéraires que théoriques. Mais cette « impasse de la représentation » n'est pas autant liée à des conditions historiques particulières qu'à l'inaptitude du concept à décrire ou à *représenter* ce qui se produit dans l'expérience littéraire, c'est-à-dire dans l'écriture comme dans la lecture. Dans l'épilogue à son texte *The Fictive and the Imaginary: Charting Literary*

3. *L'œuvre d'art littéraire*, p. 250.

Anthropology, Iser souligne toute l'ambivalence que contient la notion de mimésis chez Aristote. Le rôle de l'artiste n'en est pas un d'imitation des choses de la nature comme elles sont, mais comme elles *devraient être*. Selon cette vision, la mimésis implique plutôt une forme d'extrapolation *différante* qu'une banale imitation ou représentation. La relation mimétique qui s'établit entre la *technè* et la nature se présente comme une objectification qui concerne la puissance ou le possible contenu dans les choses et qui, comme action performative, ne peut que se distancier de la chose elle-même. C'est-à-dire que pour Iser :

> *Technè* simply brings the constitutive *morphè* out into the open and tries to complete what Nature has left incomplete, though this incompleteness is such only in human eyes. *Technè* does not, therefore, repair Nature – it is not necessary to do so – but, by imitating a pregiven object, objectifies that object. The imitation of natural things as they ought to be then presents itself as the "factually *not yet* arrived-at *goal of becoming*" (p. 73). This means that, although nothing is added to Nature which is not already present in it as a possibility, the extrapolation achieved by *technè* and the objectification of what has been copied constitute performative activities that, in turn, cannot be copies of given objects. For extrapolation and objectification are not given in Nature. If they were, imitation of Nature would be superfluous, whereas in fact *technè* achieves something that is not altogether without importance for Nature itself: as everything real and everything possible, Nature cannot present all her possibilities as things already realized (if they were realized, they would no longer be possibilities)[4].

C'est entre autres ce travail d'objectivation et surtout d'extrapolation faisant partie de la mimésis qu'on trouve à l'œuvre dans ce qu'Iser lui-même appelle la mise en scène littéraire. En réalité, il s'agit souvent plus de faire parler l'intangible, qui ne peut être un objet de représentation, que de tenter de reproduire ou de répéter

4. Wolfgang Iser, *The Fictive and the Imaginary : Charting Literary Anthropology*, Baltimore et Londres, The Johns Hopkins University Press, 1993, p. 283.

le réel. Selon cette vision, la notion de mimésis tend à se détacher de ce qui l'a construite, au sein de la tradition littéraire, comme pure représentation ou imitation. Elle se conçoit plutôt selon le paradigme du jeu de la mise en scène, soit à l'autre extrémité du spectre de ce que contient déjà la notion de mimésis chez Aristote en tant qu'activité performative et dont la tradition n'a retenu que l'aspect représentationnel. Cet intangible se trouve au cœur du jeu littéraire ; c'est-à-dire que l'espace littéraire, pour Iser, apparaît comme le lieu des mises en scène qui se déploient à partir de cet intangible, sans toutefois l'éluder dans des définitions ou dans un savoir arrêté. Dans le même texte, il écrit :

> [Staging] relates to states of affairs that can never have full presence, for empirical life as such is as closed to knowledge as it is to experience. Staging inscribes this inaccessibility into all its exemplifications, allowing it to permeate the whole range of patterning that appear to give presence to what can never be present. Staging therefore can never be an epistemological category, but it is an anthropological mode that claims a status equal to that of knowledge and experience insofar as it allows us to conceive what knowledge and experience cannot penetrate[5].

Au final, il n'est pas nécessaire de sortir du cadre traditionnel puisque l'ambivalence propre au concept de mimésis, qui n'est jamais pure représentation mais se présente plutôt comme une extrapolation, permet de concevoir la littérature selon le paradigme de la mise en scène ou de la dramatisation (qui sont peut-être elles-mêmes des extrapolations de la notion d'extrapolation). L'écriture cioranienne devient une exemplification de cette ambiguïté qui constitue la mimésis dans la mesure où c'est *a priori* la catégorie de la représentation qui semble être à l'œuvre dans ce désir de confession que Cioran nous donne à lire quand il se présente comme le scribe de ses sensations, ou quand il dit se placer en dehors de l'art. Mais ce qui nous est présenté comme une confession ou comme une collection de pensées sans médiation est en réalité le produit d'une mise en scène grâce à laquelle on a accès à la pensée précisément

5. *The Fictive and the Imaginary : Charting Literary Anthropology*, p. 298-299.

telle qu'elle ne se déploie qu'à travers le filtre de la mise en scène. Si la lecture peut nier la mise en scène (tout le *comment*) pour donner créance au *ce que*, à la pensée telle qu'on la croit restituée par le moyen de l'écriture, l'écriture, elle, reste constamment harnachée à l'artifice de la narration. C'est en cela que se resserre le lien entre l'écriture de Cioran et la littérature. L'écriture cioranienne, en tant qu'écriture littéraire, se présente comme la mise en scène, narrée, d'obsessions, de quêtes et de ratages. Au contraire de ce que certains lecteurs et critiques laisseraient penser, elle n'est pas tout à fait du domaine purement discursif : elle n'est pas simplement la pensée d'un philosophe calquée dans l'écriture. Déjà la forme du fragment implique une écriture qui se nie comme discours et qui s'affirme comme mise en scène. Cioran conçoit en effet le fragment comme se trouvant aux antipodes de la pensée discursive philosophique. Il note dans ses *Cahiers* :

> Le fragment est mon mode naturel d'expression, d'être. Je suis né *pour* le fragment. Le système en revanche est mon esclavage, ma mort spirituelle. Le système est tyrannie, asphyxie, impasse. Mon antipode, en tant que forme d'esprit, est Hegel et, à vrai dire, quiconque a érigé ses pensées en corps de doctrine. Je hais les théologiens, les philosophes, les idéologues, les...
> Heureusement que Job n'explique pas trop ses cris. (Je suis peut-être coupable d'avoir trop commenté les miens...) Il ne faut jamais trop insister sur ce qui surgit de nos profondeurs. (*C*, 687)

En revendiquant le fragment, la forme abrupte et saccadée du cri, il se reconnaît indirectement comme le metteur en scène de ses affects, comme quelqu'un qui écrit à partir de ce qui n'est pas tout à fait maîtrisé. Cet autre fragment le souligne : « Une pensée fragmentaire reflète tous les aspects de votre expérience, une pensée systématique n'en reflète qu'un seul aspect, l'aspect *contrôlé*, et par là même, appauvri. » (*En*, 22-23) Nicolas Cavaillès, dans son article « Décomposition de la philosophie : l'écriture de Cioran[6] », s'intéresse au problème du statut accordé à la conscience et à la

6. Nicolas Cavaillès, « Décomposition de la philosophie : l'écriture de Cioran », dans *Alkemie 1*, Falconara Marittima, L'Orecchio di Van Gogh, 2008.

philosophie en général dans la pensée cioranienne en recourant à un texte de Derrida qui traite du rappel que fait Valéry à la philosophie, qui oublie qu'elle est avant tout écriture. Il y a un déni de l'écriture à l'œuvre dans la philosophie, au point où l'écriture philosophique se veut le plus souvent une maîtrise de l'écriture. Pour Derrida, « le philosophe écrit contre l'écriture, il écrit pour réparer la perte de l'écriture, oubliant et déniant par là même, ce faisant, ce qui se fait de sa main[7] ». Le penseur « systématique » cherche un usage instrumental de l'écriture ; il écrit dans l'optique selon laquelle l'écrit reflète parfaitement sa pensée et, ainsi, reste au plus près du paradigme de la métaphysique de la présence que critique justement Derrida :

> Le philosophe écrit pour se tenir dans le cercle logocentrique. Mais aussi pour le reconstituer, pour intérioriser une présence continue et idéale dont il sait, consciemment ou inconsciemment, peu importe puisqu'il en subit de toute façon l'effet, qu'elle a *déjà* été rompue dans la voix elle-même. La discontinuité, le délai, l'hétérogénéité, l'altérité travaillaient déjà la voix, la produisant dès son premier souffle en système de traces différentielles, soit en écriture avant la lettre. L'Écriture philosophique vient alors, littéralement, colmater cette brèche, fermer la vanne et rêver la vierge continuité[8].

L'écriture du fragment, quant à elle, se situe toujours déjà dans la trace, dans cette perte irrécupérable d'une présence idéale, donc jamais réellement présente. Cette forme d'écriture, élevée à un mode d'être, est rivée à la communication d'une primitivité, d'un pouvoir ; elle est cet exercice spirituel autant pour le *je* qui écrit que pour le *je* qui lit. Dans ce contexte, l'écriture ne peut pas être la reproduction ou la représentation du réel de celui qui écrit. Dans le cas de Cioran, il s'agit du ratage toujours *mis en scène, dramatisé*, de l'écrivain qui se refuse le titre d'écrivain en prétendant s'accrocher à l'expérience racontée et à l'intangible qui en fait l'objet au détriment du récit qui en est fait. Et ce déni fait

7. Jacques Derrida, *Marges de la philosophie*, Paris, Éditions de Minuit, 1972, p. 346.
8. *Marges de la philosophie*, p. 346.

aussi partie de la narration, de l'impératif littéraire dont l'artifice implique de plonger dans l'obscurité de la chose elle-même, de porter l'attention sur l'expérience qui consiste à sonder cette zone insaisissable, cette dimension du sacré, par le biais de la narration, sans toutefois mettre l'accent sur le premier plan que constitue justement la narration. C'est-à-dire que ce déni du titre d'écrivain est non seulement contenu dans la mise en scène, mais correspond à cette mise en scène littéraire elle-même, à son paradoxe. Lorsque Cioran se présente comme un mystique raté, cette représentation se produit non pas sur le mode de la confession (comme certains critiques ont pu le penser en vertu de leur bonne foi envers Cioran), mais bien sur le mode de la narration. Selon ce mode narratif, c'est un second niveau d'espacement et de temporisation qui apparaît ; une autre distance inscrite dans une mise en récit de soi qui est aussi dramatisation.

Lorsqu'on se représente le concept même de mimésis à partir de la mise en scène, le réel n'a plus préséance sur le texte littéraire ; il ne s'agit plus d'une question d'antériorité comme c'est le cas dès qu'intervient la notion de représentation. Il n'y a dès lors plus tout à fait lieu de penser la lecture comme une « *sereine* contemplation des qualités métaphysiques » : c'est-à-dire qu'on ne peut plus présupposer de la façon dont se vit cette contemplation qui est aussi une sorte de performance. Toutes les tonalités affectives peuvent être au rendez-vous lors d'une lecture chaque fois singulière et chaque fois différente. Sérénité ou anxiété, détachement ou obsession, on ne peut pas anticiper avec quelle voix affective sera conduite cette lecture puisque le texte littéraire n'est plus le voile qui recouvre le réel, permettant une contemplation plus posée, plus dégagée de ces qualités métaphysiques sous-jacentes risquées (parce que plus directement expérimentées) qui appartiennent à l'espace du réel. Il ne s'agit pas de laisser entendre que le littéraire et le réel seraient parfaitement congruents, au contraire, j'ai amplement déconstruit l'image de Cioran comme scribe de ses sensations pour proposer celle du metteur en scène de ses sensations qui ne reproduit pas, mais dramatise. La dramatisation signifie que l'écriture se produit comme performance, que rien ne colle au réel, qu'au contraire, tout décolle, et cet écart, loin de nous éloigner, nous rapproche paradoxalement d'une expérience ou d'un affect à recevoir dans cet espace littéraire où le texte et le lecteur se rencontrent, où peut se produire une forme de communion. C'est-à-dire que ce contexte de dramatisation crée un espace d'exception qui ne se saisit pas selon le paradigme de la représentation et de cette image qui lui correspond (celle de la fenêtre qui laisse voir et nous sépare du réel). L'écriture comme mise en scène, comme dramatisation, force une lecture qui n'est ni pur décodage ni contemplation sereine, mais qui est aussi une forme de dramatisation, une véritable performance. Cet espace d'exception signifie que l'écriture comme dramatisation et la lecture comme performance se rencontrent sur un terrain commun (par opposition à l'écriture comme dramatisation et à la lecture comme décodage ou encore l'écriture comme représentation et la lecture comme concrétisation). Le propos d'Iser consiste justement à dégager une vision de la lecture comme performance qui, comme telle, se positionnerait à l'extérieur du cadre qu'a défini Ingarden. Sa critique se déploie en ces termes :

> [Le concept de concrétisation chez Ingarden] ne désigne pas l'interaction entre le texte et le lecteur, mais bien l'actualisation de schémas présentés par le texte au cours de la lecture ; et cela veut dire qu'il n'a pas trait à un rapport réciproque, mais bien à une relation unilatérale que le texte établit avec le lecteur. De ce point de vue, il est logique de postuler la valeur et les qualités métaphysiques dans la mesure où celles-ci incorporent l'instance référentielle nécessaire pour que le lecteur puisse établir un lien entre la configuration schématique du texte et sa concrétisation dans des conditions où ce processus peut être contrôlé. La valeur esthétique et les qualités métaphysiques prennent, chez Ingarden, la place de l'asymétrie entre le texte et le lecteur, et ils assument la fonction d'un code garant de l'exactitude de la concrétisation[9].

Le concept de concrétisation semble être une façon de penser une forme de communication directe dans le rapport à sens unique

9. Wolfgang Iser, *L'acte de lecture. Théorie de l'effet esthétique*, Bruxelles, Pierre Mardaga, 1985, p. 304.

allant du texte au lecteur. L'idée de performance amène quant à elle à concevoir une forme de communication indirecte au sens kierkegaardien, c'est-à-dire de l'ordre d'une communion pouvant, dans un ordre opaque soustrait à la volonté, conduire à une reprise.

Cette vision de la lecture, plutôt existentielle et créatrice, n'est pas propre à Iser. On retrouve un type de pensée similaire chez Jauss de même que chez plusieurs penseurs français, dont Barthes, Blanchot et Derrida. Jauss critique l'herméneutique gadamérienne selon laquelle « comprendre un texte, c'est comprendre la question qu'il pose[10] », et il le fait en plaçant la question dans le champ du lecteur plutôt que du texte :

> Mais un texte du passé n'a pas le pouvoir de nous poser par lui-même à travers le temps, ou de poser à d'autres qui viendront plus tard encore, d'autre question que celle que l'interprète doit reconstituer et reformuler en partant de la réponse que le texte transmet ou semble transmettre. La tradition littéraire est une dialectique de la question et de la réponse, dont le mouvement se poursuit toujours à partir des positions du temps présent, encore que l'on refuse souvent de le reconnaître. Un texte du passé ne survit pas dans la tradition en vertu de questions anciennes que celle-ci aurait conservées et qu'elle poserait dans les mêmes termes au public de tous les temps et donc aussi au nôtre. C'est toujours en effet un intérêt issu de la situation présente, qu'il aille dans le sens de la critique ou de la conservation, qui décide qu'une question ancienne ou prétendument intemporelle nous concerne encore ou de nouveau, tandis que d'innombrables autres questions nous laissent indifférents[11].

Cette critique de Jauss adressée à l'herméneutique littéraire rappelle celle de Benjamin à l'endroit de l'historisme (ou historicisme), il révèle lui-même cette filiation d'ailleurs en référant à cette nécessité pour le matérialisme historique de rompre le

10. Hans-Georg Gadamer, *Wahrheit und Methode*, p. 351-355, cité dans Hans Robert Jauss, *Pour une esthétique de la réception*, Paris, Gallimard, 2001 [1978], p. 117.
11. Hans-Georg Gadamer, *Wahrheit und Methode*, p. 351-355, cité dans Hans Robert Jauss, *Pour une esthétique de la réception*, p. 117-118.

continuum de l'histoire des vainqueurs pour s'installer dans un *Jetztzeit*, un « temps d'à-présent » d'où les questions sont posées. Dans un contexte littéraire, ces questions sont performées à travers le texte, elles sont ce qui guide la lecture. Ce qui fait en sorte que la lecture n'est pas pur décodage interprétatif mais performance et création, non pas du texte lui-même, dont l'existence matérielle demeure indépendante, mais de sa charge spirituelle. Pour Barthes, le lecteur est toujours pris dans un paradoxe ou dans une dialectique impliquant un décodage qui devient simultanément un encodage ou un sur-codage :

> [...] il est communément admis que lire, c'est décoder : des lettres, des mots, des sens, des structures, et cela est incontestable ; mais en accumulant les décodages, puisque la lecture est de droit infinie, en ôtant le cran d'arrêt du sens, en mettant la lecture en roue libre (ce qui est sa vocation structurelle), le lecteur est pris dans un renversement dialectique : finalement, il ne décode pas, il sur-code ; il ne déchiffre pas, il produit, il entasse des langages, il se laisse infiniment et inlassablement traverser par eux : il est cette traversée[12].

La lecture, dans ce cadre de pensée, semble appartenir au mode du dialogue, un dialogue décalé, cela va sans dire, où le lecteur pose les questions au texte et performe, dans sa psyché, les réponses du texte. Dans le contexte spécifique propre au texte cioranien, la lecture performe aussi le texte *comme littéraire* en parcourant le fil ou la maille de cette écriture qui se défile à toute systématisation de même qu'à l'entreprise critique en général, qui cherche à en déchiffrer et à en traduire la vérité ou le sens. C'est que la lecture critique est guidée par des impératifs propres au savoir qui empêchent de simplement parcourir le texte sans le percer, de se laisser affecter sans le saisir à bras-le-corps pour le faire basculer dans une posture critique intenable à long terme. Cioran, lui-même lecteur et à ses heures critique malgré lui, polarise en quelque sorte la lecture, faisant la distinction entre lecture critique et lecture affective ou performative :

12. Roland Barthes, *Le bruissement de la langue*, Paris, Éditions du Seuil, 1993 [1984], p. 47.

> Lire un livre pour le plaisir de le lire, et le lire pour en rendre compte, c'est là deux opérations radicalement opposées. Dans le premier cas, on s'enrichit, on fait passer en soi-même la substance de ce qu'on lit ; c'est un travail d'assimilation ; dans le second, on reste extérieur, voire hostile (même si on admire !) au livre, car on ne doit le perdre de vue un seul moment, on doit au contraire y penser sans cesse, et *transposer* tout ce qu'on dit dans un langage qui n'a rien à voir avec celui de l'auteur. Le critique ne peut se permettre le luxe de s'oublier ; il doit être conscient à chaque moment ; or ce degré de conscience exacerbée est finalement appauvrissement. Il tue ce qu'il analyse. Le critique se nourrit sans doute, mais de cadavres. Il ne peut comprendre une œuvre, ni en tirer profit, qu'après en avoir extirpé le principe vital. Je considère comme une malédiction d'avoir à contempler quoi que ce soit pour en parler. Regarder *sans savoir ce qu'on regarde*, lire sans peser ce qu'on lit, tel est le secret. Tout ce qui est trop conscient est funeste à l'acte, à n'importe quel acte. (*C*, 916)

La forme de lecture à laquelle il souscrit semble évacuer la raison, voire la conscience, pour ne s'attarder qu'à ce qui laisse sa trace, par le biais du discursif, dans une zone qui serait paradoxalement débarrassée du discursif ou qui lui serait antérieure. Tout le problème de la lecture se situe dans l'opposition entre une approche liée au savoir, ou à sa construction, qui implique de saisir le texte comme un objet, et un rapport au texte qui correspondrait à l'image que propose Thoreau de l'habit textuel offert pour envelopper les affects d'un lecteur. De façon plus générale, cette façon de classer les différentes lectures en deux types d'approches de la lecture tend à réitérer l'antagonisme traditionnel entre une lecture herméneutique sacralisante qui réinstituerait le modèle transcendant et une lecture « affective » plutôt pensée selon un plan d'immanence. Ce découpage apparaît on ne peut plus clairement chez Barthes qui, en proposant le modèle du texte contre celui de l'œuvre, réitère ce tiraillement proprement littéraire qui se transpose dans plusieurs figures de pensée, qu'on pense, entre autres, au rhizome contre le bulbe ou l'arbre, ou au modèle démonique contre le modèle christique. Pour Barthes :

> Dans l'écriture multiple, en effet, tout est à *démêler*, mais rien n'est à *déchiffrer* ; la structure peut être suivie, « filée » (comme on dit d'une maille de bas qui part) en toutes ses reprises et tous ses étages, mais il n'y a pas de fond ; l'espace de l'écriture est à parcourir, il n'est pas à percer ; l'écriture pose sans cesse du sens mais c'est toujours pour l'évaporer : elle procède à une exemption systématique du sens. Par là même, la littérature (il vaudrait mieux dire désormais l'*écriture*), en refusant d'assigner au texte (et au monde comme texte) un « secret », c'est-à-dire un sens ultime, libère une activité que l'on pourrait appeler contre-théologique, proprement révolutionnaire, car refuser d'arrêter le sens, c'est finalement refuser Dieu et ses hypostases, la raison, la science, la loi[13].

Il semble que notre espace pour penser la littérature (autant comme écriture que comme lecture) semble emprisonné entre ces murs qui imposent toujours les deux mêmes paradigmes qu'on se représente encore à partir de l'idée de Dieu ou de sa mort. Ce tiraillement concerne notre position à l'égard des configurations institutionnelles liées au savoir et implique de réfléchir à ce que j'ai appelé plus tôt un « petit savoir », soit un savoir qui n'en est pas un, un « savoir » qui part des affects et non des institutions. Dans le contexte littéraire général qu'exemplifie l'œuvre de Cioran, ce problème conduit à la question de comment penser l'espace littéraire par le biais de la mise en scène et de la performance (liées à l'écriture et à la lecture) sans pour autant évacuer toute la dimension du sacré, un sacré différant de la sacralisation entreprise par la critique. C'est-à-dire comment penser ensemble le littéraire, la mise en scène, l'affect et le sacré sans replonger dans les catégories prédéfinies qui rejouent l'éternelle valse entre le modèle transcendant et le modèle immanent ? Ces questions concernent directement la lecture dans la mesure où il s'agit de comprendre comment le texte agit sur celui qui le pénètre. C'est-à-dire que, même en écartant toute la structure institutionnelle qui sert de cadre à la réception d'un sens, la façon dont on lit, reçoit, contemple et performe le texte peut conduire à une reformulation,

13. *Le bruissement de la langue*, p. 68.

pleinement existentielle, de ce qui construit l'espace sacré, de ce qu'on entend par « sacré ». Afin de saisir ce qui se produit ou peut se produire pour le sacré dans la lecture, j'ai justement choisi de sonder la question ou le phénomène de la lecture dans le contexte cioranien en empruntant le modèle de la *lectio divina*. Ce choix de ligne directrice ou d'armature réflexive découle d'une difficulté à trouver un modèle théorique qui soit actuel et qui permette de rendre compte de ce que la lecture révèle dans le contexte d'une quête du sacré. En un sens, la *lectio divina* est au Moyen Âge ce que la phénoménologie est au XXe siècle, c'est-à-dire que ce sont des méthodes de pensée, inscrites historiquement, qui permettent de réfléchir à la façon dont la conscience humaine se déploie, se projette, se saisit. Cependant, la phénoménologie, dans la façon dont elle a été formulée ou exercée au XXe siècle, reste ancrée dans le contexte laïque et ne permet pas de penser la lecture en interaction avec la question, le problème, la réalité et la quête qu'est le sacré. C'est pourquoi il importe de trouver un discours qui soit apte à rendre compte de la façon dont l'esprit se positionne par rapport au sacré dans la lecture, de même que par rapport à la lecture dans un élan vers le sacré.

Sans m'attarder à expliquer exactement et une à une les étapes qui constituent la *lectio divina*, je chercherai néanmoins à les réorienter selon ce que commande le contexte actuel dont la laïcité sous-jacente côtoie une aspiration ranimée pour le sacré ; c'est-à-dire à repenser cette forme de lecture non pas en fonction d'une esthétique de la réception qui resterait pleinement dans la veine phénoménologique, mais en m'intéressant à quelque chose qu'on pourrait appeler une « spiritualité de la réception ». Il s'agira de penser la lecture dans le contexte de l'écriture cioranienne selon le modèle d'une lecture spirituelle qui non seulement performe le texte d'une étape à l'autre, mais qui parvient finalement à le laisser de côté, à s'en extraire paradoxalement par une forme de communion qui ne relève pas du dialogue et qui libère en quelque sorte la lecture des étapes associées au chemin de croix qu'elle entreprend, marquée par un désir de s'inscrire dans une relation sacrée.

Lectio

Dans le parcours ou le chemin de croix littéraire de la *lectio divina*, la première étape, celle de la *lectio*, concerne la rencontre initiale avec le texte, sa compréhension, son décodage dirait Barthes, étape préliminaire à un autre encodage ou à un surcodage singulier, personnel. C'est l'étape intellectuelle qui concerne la façon dont on comprend le texte, ce qui implique aussi d'identifier et de comprendre le genre auquel il appartient. Dans le contexte de Cioran, la question du genre ne va pas de soi (c'est pourquoi elle a fait l'objet du chapitre précédent), et la décision qu'on prend ou le classement qu'on opère oriente nécessairement toute la lecture. Lire les textes de Cioran comme des textes philosophiques commande une lecture qui se concentre sur les idées en les intégrant à une armature philosophique liée à l'histoire des idées. Une lecture philosophique implique donc de dégager des idées du texte pour reconstruire un raisonnement à partir d'elles s'inscrivant dans ou contre un cadre de pensée assemblé pièce par pièce, idée par idée. Ce type de lecture fait appel – dans sa compréhension et sa reconstitution – au paradigme classique du savoir qui se conçoit sur le modèle de l'architecture, soit de l'architecture comme façon d'écrire et comme façon de regarder et de recevoir un texte écrit. La lecture philosophique implique donc de dégager d'un texte les inscriptions déposées par un esprit et de recevoir ces inscriptions sous forme d'idées, ces blocs avec lesquels on pourra reconstruire l'édifice de la pensée de l'auteur lors d'une *meditatio* et d'une *oratio*. L'exégèse cioranienne fonctionne à partir d'un présupposé philosophique général et donc part à la recherche des idées centrales aux textes ; elle comprend les textes selon ce cadre, selon cette architectonique précise et commune.

Lorsque la lecture prend en compte la dimension littéraire, ce ne sont plus autant les idées qui sont saisies dans le texte, c'est plutôt l'ensemble de la mise en scène qui s'imprime en quelque sorte sur le lecteur. Dès lors, la réception devient plus affective qu'intellectuelle et la compréhension du texte passe par autre chose qu'un simple décodage des idées. Mais qu'est-ce qui décide du type de lecture ? Qu'est-ce qui oriente le classement entre littéraire et philosophique ? On peut décider de ce qu'est le texte avant même de l'avoir entamé, c'est ce qui se passe quand la critique précède le texte. On peut aussi faire une lecture qui ne prend pas position et qui se laisse aller dans cette jouissance du texte dont parle Barthes. En lisant ainsi, on ne décide pas nécessairement ou consciemment que le texte qu'on a sous les yeux est littéraire, on le lit simplement comme littéraire ; c'est-à-dire que c'est la lecture qui se produit sur un mode littéraire et qui, du même coup, performe le texte comme littéraire. Il ne s'agit pas tout à fait d'avancer que le livre s'écrit dans la lecture, comme Blanchot qui demande : « Qu'est-ce qu'un livre qu'on ne lit pas ? Quelque chose qui n'est pas encore écrit. Lire, ce serait donc, non pas écrire à nouveau le livre, mais faire que le livre s'écrive ou *soit* écrit, – cette fois sans l'intermédiaire de l'écrivain, sans personne qui l'écrive[14]. » Blanchot place l'écriture dans le champ de la lecture, ce qui rappelle l'idée de la lecture comme performance. Pour diluer un peu la vision de Blanchot, disons simplement que le livre, sans s'écrire, se performe dans la psyché d'un lecteur. Au stade de la *lectio*, il ne s'agit pourtant que de recevoir, pas encore de performer le texte. Mais ce n'est pas une subjectivité vide qui reçoit, c'est-à-dire que l'esprit n'est pas une tablette de cire sur laquelle vient s'imprimer le texte. Il arrive plein de ses propres contenus, mais ouvert devant le texte. Et la rencontre ne se fait pas autrement. C'est d'ailleurs probablement cette singularité du lecteur qui permet une rencontre avec celle du texte. Cioran d'ailleurs sait très bien *qui* le lit : « J'ai remarqué que ceux – ou celles – qui s'intéressent tant soit peu à ce que j'écris ont un trait commun : la neurasthénie (pour simplifier). Que nul n'ouvre ce livre s'il n'a pas été visité pas l'anxiété, c'est ce qu'on devrait mettre sur la bande de chacun de mes livres. » (*C*, 955) Il sait ou pressent le dialogue que ses textes – que les affects qu'il a mis en scène – créent et avec qui il a lieu.

14. Maurice Blanchot, *L'espace littéraire*, Paris, Gallimard, 1973 [1955], p. 256.

Meditatio

À ce stade, la *lectio* vient se fondre dans la *meditatio*, c'est-à-dire dans une réception qui tend à recontextualiser le texte dans l'esprit, dans la mémoire des expériences et des affects. Le texte se produit en écho au lecteur en devenant ce manteau textuel dont parle Thoreau, et le lecteur se produit en écho au texte puisque celui-ci se joue sur le canevas déjà chargé d'images, de souvenirs, d'affects, de la psyché du lecteur. Le lecteur ne disparaît pas dans le texte, il est la toile colorée, trouée par endroits, sur laquelle est projeté le texte, et c'est vers cette toile subjective que Cioran (auteur et lecteur) renvoie la réalité et le pouvoir du texte. Il dit en effet n'avoir jamais lu que pour se comprendre à travers les expériences des autres (*C*, 829). En somme, il est conscient de lire en jetant sur ses épaules différents habits textuels qui recouvrent ses expériences et ses affects. En projetant les expériences des autres en lui, il atteint une forme de saisie du sens du texte métissé de sa propre réalité, de ses propres pensées. Encore une fois, il ne s'agit pas d'une saisie critique mais bien d'une saisie affective. Dans le même esprit, pour Blanchot, le rapport du lecteur au livre en est un de reconnaissance :

> Le vrai lecteur ne récrit pas le livre, mais il est exposé à revenir, par un entraînement insensible, vers les diverses préfigurations qui ont été les siennes et qui l'ont comme rendu présent, par avance, à l'expérience hasardeuse du livre : celui-ci cesse alors de lui paraître nécessaire pour redevenir une possibilité parmi d'autres, pour retrouver l'indécision d'une chose incertaine, toute encore à faire. Et l'œuvre retrouve aussi son inquiétude, la richesse de son indigence, l'insécurité de son vide, tandis que la lecture, s'unissant à cette inquiétude et épousant cette indigence, devient ce qui ressemble au désir, l'angoisse et la légèreté d'un mouvement de passion[15].

La mémoire, les expériences, les pensées, les affects du lecteur le rendent présent au texte, c'est-à-dire que c'est par là que le texte circule, c'est à travers ce contenu embrouillé qu'il est médité. Dans

15. *L'espace littéraire*, p. 272.

cette proximité d'une subjectivité avec une œuvre à travers l'acte de lecture demeure paradoxalement une distance ; c'est ce rapport qui permet une méditation qui laisse au texte tout son possible, qui n'arrête pas définitivement son sens. On pourrait plutôt dire que cette proximité se produit littéralement comme distance, comme dans le contexte de l'expérience auratique chez Benjamin. Le concept d'aura, déjà évoqué au premier chapitre, que Benjamin décrit comme « l'unique apparition d'un lointain, si proche soit-il[16] », convient pour décrire ce qui se produit dans la lecture. Il faut ici citer à nouveau un passage éclairant :

> Quand Novalis écrit que « la perceptibilité est attention », il songe à celle de l'aura. L'expérience de l'aura repose donc sur le transfert, au niveau des rapports entre l'inanimé – ou la nature – et l'homme, d'une forme de réaction courante dans la société humaine. Dès qu'on est – ou qu'on se croit – regardé, on lève les yeux. Sentir l'aura d'une chose, c'est lui conférer le pouvoir de lever les yeux[17].

L'aura contient, dans ce mouvement élastique entre proximité et distance, les rapports entre l'inanimé et le sujet, elle recouvre ce rapport qui prend, qui se crée, entre le lecteur et le livre – objet inanimé qui transporte les traces d'un esprit – et qui nécessite cet effort premier d'attention. Cette attention, peu importe sur quoi elle se pose (un texte sacré ou un problème de mathématiques), a toujours, pour Simone Weil, quelque chose de divin ; elle est en soi une forme de prière ou, plutôt, la condition nécessaire à la prière. L'attention requise par la lecture s'entame dans la *lectio* et se poursuit dans la *meditatio* qui implique de se concentrer sur le texte pour établir avec lui un rapport intellectuel, imaginaire, affectif et spirituel, dans un espace paradoxal de proximité et de distance. Il s'agit de reconnaître son engagement dans le texte. Dans le contexte de la lecture, l'attention qui s'affine dans la méditation passe par une mise en scène intérieure. Le cas déjà cité des *Exercices spirituels* d'Ignace de Loyola est exemplaire à cet égard :

16. Walter Benjamin, *Œuvres II*, Paris, Gallimard, 2002 [2000], p. 310-311.
17. Walter Benjamin, *Charles Baudelaire*, Paris, Petite Bibliothèque Payot, 2002, p. 199-200.

> Comme le titre le suggère, la praxis des *Exercices spirituels* [...] consiste fondamentalement, pour l'adepte, à fournir des moyens de s'approprier, dans son for intérieur, le réel des épisodes littéraires ou textuels. À partir de *ma* connaissance de la tradition chrétienne, de *mes* rencontres avec les mystères, avec leurs récits et les sentiments qu'ils évoquent, *j'*agis *mes* sens, tous *mes* sens, mais exclusivement dans l'espace intime de *ma* psyché. En tant que pratiquant, *je* projette des images sur l'écran de *mon* esprit, créant une visualisation intérieure. [...] Habitant les entrailles de *mon* imaginaire, *je* possède toutes *mes* facultés déployées dans le réel, mais tout a lieu dans *mon* esprit, tout comme si *je* lisais un livre dont les événements, les paysages et les protagonistes exigeaient *ma* participation afin qu'ils existent pour *moi*. Cette mise en scène intime, en deçà de ce qui pourrait jamais être objectivement partagé avec un autre être humain, constitue le terrain de *mon* état psychique, de *mon* avancement spirituel[18].

La lecture méditative implique un travail de l'esprit qui ne fait pas que se représenter le contenu d'un livre mais qui agit toutes ses facultés dans une « mise en scène intime », dans une performance. Autant l'écriture que la lecture relèvent plutôt de la mise en scène que de la représentation. L'écriture est mise en scène de pensées et d'affects, tandis que la lecture est une mise en scène qui part d'un texte mais qui se produit dans l'intériorité, qui ramène à soi ce qui a déjà été dramatisé par un auteur, qu'il s'agisse des textes d'Ignace de Loyola ou de Cioran. L'imaginaire est particulièrement sollicité évidemment, mais il ne s'agit pas simplement de l'imaginaire comme source productrice de fantasmes et de rêveries, mais bien plutôt de l'imaginaire comme forme de vision. Il s'agit de voir, par le médium spirituel, les lieux, les visages, les objets mis en scène dans le texte, et aussi de ressentir les affects qui parcourent le texte. L'imagination implique tout autant cette sensibilité ou perception affective que la capacité à voir – par représentation et mise en scène – un objet. Elle n'est pas complètement déconnectée du réel ; au contraire, elle accompagne et suit le réel sous la forme d'une mise en scène intérieure.

18. Terry Cochran, *De Samson à Mohammed Atta. Foi, savoir et sacrifice humain*, Montréal, Fides, 2007, p. 88-89.

Oratio

La *meditatio* glisse imperceptiblement dans l'*oratio* au moment où la mise en scène imaginaire atteint la conscience, connecte avec l'expérience et devient une forme d'action ou de mise en action. Dans l'*oratio* et tout spécialement dans le contexte des *Exercices spirituels* ignatiens, l'imagination est loin d'être une faculté passive ou un simple mode de réception. L'esprit qui imagine conserve « sa sphère d'action qui ne se réduit pas au représentable[19] », l'image qu'il se représente n'incarne pas la chose représentée, elle devient plutôt « le point de départ pour la réflexion au-delà de *ma* projection imaginée[20] ». Point de départ pour la réflexion qui est aussi un point de départ pour l'action dans la mesure où il s'agit d'imaginer, de mettre en scène, d'interpréter, de ressentir et de *vivre* ce qui est imaginé, mis en scène et ressenti, donc de rendre plus réelles encore les projections intérieures intégrées dans la lecture. Chaque lecture produit une différente façon d'agir, pour soi, le texte. Peu importe le genre, qu'il s'agisse d'un récit de fiction, d'exercices spirituels ou de fragments spirituels, la dimension spirituelle appartenant à l'économie littéraire conduit à agir le texte en soi, à le mettre en marche pour soi, à intégrer et vivre son sens. Lorsque Kafka lit Kierkegaard, c'est cette mise en action pour soi qui se produit. À partir de sa lecture du *Livre du juge* – un titre donné à ses papiers posthumes –, il met en scène et agit pour lui ce qu'il y puise, soit quelque chose qui serait peut-être de l'ordre d'un rapport au père tyrannique. Il écrit : « J'ai reçu aujourd'hui le *Livre du juge* de Kierkegaard. Comme je le pressentais, son cas, en dépit de différences essentielles, est fort semblable au mien, du moins se trouve-t-il du même côté en ce monde. Il me confirme tel un ami. Je projette la lettre suivante au père, que j'expédierai demain si j'en ai la force[21]. » Kafka prend le manteau textuel kierkegaardien et se laisse envelopper par lui. Il se laisse confirmer par Kierkegaard et, après avoir reçu son écho, il le relance dans sa vie, dans ses textes aussi puisque c'est bien par

19. *De Samson à Mohammed Atta. Foi, savoir et sacrifice humain*, p. 90.
20. *De Samson à Mohammed Atta. Foi, savoir et sacrifice humain.*
21. Franz Kafka, *Journal intime*, Paris, Payot & Rivages, 2008, p. 167.

un texte qu'il écrit qu'il agit le texte kierkegaardien. Dans la suite du passage, Kafka transcrit une partie de la *Lettre au père*, cette lettre qu'il n'a jamais envoyée. Le fait que cette lettre n'ait jamais atteint son destinataire est secondaire au final. L'important étant qu'il l'ait écrite, qu'il l'ait agie par et dans l'écriture. S'opposer au père par écrit équivaut à s'envelopper dans l'habit textuel et spirituel kierkegaardien pour faire résonner son sens dans sa vie. La lecture pour Kafka construit une relation et conduit à la production littéraire, qui représente sa façon de vivre le texte. Le littéraire (la lecture) retourne au littéraire (l'écriture), non pas sur le mode de la critique, mais plutôt comme le corps retourne à la terre. L'objet de cette lettre d'ailleurs est non seulement une tentative d'affirmer son existence en dehors du père souverain mais, plus fondamentalement encore, une façon d'exister dans et par la littérature en dehors de lui. Il se réclame de la littérature sans prendre aucun détour : « Ma situation m'est insupportable parce qu'elle contredit mon unique désir et mon unique vocation, la littérature. Comme je ne suis que littérature et que je ne peux ni ne veux être rien d'autre, mais situation ne pourra jamais me séduire, elle ne pourra au contraire que me détruire totalement[22]. » Vivre ou agir le texte signifie dans ce cas-ci s'affirmer comme littéraire par et dans la littérature.

Cioran fait quelque chose de similaire à partir de sa lecture des saints – et surtout des saintes (Thérèse D'Avila, en particulier) – de laquelle il tire un livre entier, *Des larmes et des saints*. On ne peut pas avancer que Cioran se reconnaisse dans l'expérience des saints, sinon dans leur déséquilibre, leur balancement entre extase et acédie. Il ne peut s'y reconnaître ni s'y comprendre tout à fait dans la mesure où leurs écrits ont quelque chose de surhumain : « Leurs œuvres sont d'une simplicité surhumaine, mais comme ils n'y traitent pas du monde, ils ne peuvent s'intituler écrivains. On ne les reconnaît pas comme tels, car on ne se retrouve pas en eux. » (*LS*, 297) On ne se retrouve pas dans cette part surhumaine, mais Cioran s'identifie tout à fait à leur dimension profondément

22. *Journal intime*, p. 168.

humaine, à cette « volupté de la souffrance », à cette « soif de vacillations » qui les caractérise. Leurs extrêmes le ramènent à lui-même, à ses paradoxes : « La passion de l'absolu dans une âme sceptique ! Un sage greffé sur un lépreux ! » (*LS*, 320) Malgré tout, Cioran prend une portion de l'habit textuel offert par les saints pour envelopper ses propres expériences, il se recouvre de cette part profondément humaine, paradoxale, vacillante, alternant entre un plein et un vide d'absolu. Et il agit, pour lui-même, ces écrits de saints et vies de saints, en écrivant à partir de cette tension que produisent ces œuvres, en entamant une conversation avec eux, leur posant les questions qui sont les siennes, qui sont aussi le produit d'une interaction avec les réponses du texte. Dans ce contexte, l'*oratio* s'éloigne considérablement d'une vision herméneutique ou exégétique de l'œuvre. Plutôt que de rapporter les questions ou vérités éternelles que le texte transporte et d'en rendre compte, il s'agit de ramener l'œuvre à soi, à sa propre vie, de converser avec elle, de l'intégrer en questionnant, en produisant, en se laissant accompagner et agir par elle. Écrire une lettre ou un livre à partir d'une lecture personnelle d'un texte, c'est un peu dire le texte à haute voix, pour soi-même, dans ses mots, afin de vivre le texte et de se saisir dans cette expérience du texte.

Contemplatio

Dans le contexte religieux, la contemplation vécue dans la *lectio divina* est de l'ordre de la rencontre : une rencontre de Dieu. Il y a quelque chose de peut-être contre-intuitif dans le fait que la rencontre n'est pas la première approche du texte, mais plutôt ce qui clôt la lecture. Il faut avoir déchiffré, intériorisé et agi le texte avant de le rencontrer, de rencontrer ce qui s'y trouve et de se rencontrer dans ce qui s'y trouve. Que la *lectio* soit *humana* ou *divina* est indifférent, cette étape de la lecture implique une rencontre qui est toujours de l'ordre du sacré. L'esprit qui reçoit l'inscription déposée dans un texte et qui dialogue avec lui peut finir par entrer en communion avec lui. La lecture spirituelle, quel que soit le texte, peut s'ouvrir dans ce moment sacré où le lecteur et le texte forment une communauté qui n'a rien d'une aliénation de soi pour le lecteur puisqu'il ne s'agit pas tant pour le lecteur de penser les pensées d'un autre que de penser avec un autre. La contemplation, en ce sens, diffère de la façon dont Ingarden présente la contemplation, soit comme saisie de la valeur esthétique d'une œuvre. Il n'a pas tort de souligner l'importance, pour la lecture, d'aménager une certaine distance entre soi et l'univers de ses préoccupations, mais cette distance créée n'est que relative puisqu'à trop s'extraire du réel, on court le risque de perdre l'assise permettant de rencontrer le texte. Il écrit :

> Cet éloignement de notre monde environnant réel a un double effet : d'une part les « objets » figurés amenés à intuition forment pour nous un monde propre, éloigné de toute réalité ; d'autre part, nous avons la possibilité d'entrer avec les « objets » figurés dans une relation de pure contemplation, et de jouir des qualités-de-valeur esthétiques qui se manifestent dans l'œuvre. C'est entre autres par elles que nous acquérons l'attitude spécifiquement « esthétique » (« voyante ») dans laquelle des œuvres d'art peuvent être amenées à saisie, et dans laquelle devient possible un contact vivant avec elles[23].

Si le monde figuré n'est pas la réalité, il est tout de même une mise en scène, dérivée d'une réalité particulière, voisine du réel. Ingarden semble avoir besoin de mettre en évidence cette distance entre l'œuvre de fiction et le réel pour penser la réception comme attitude esthétique. Mais l'attitude esthétique n'est-elle pas aussi une attitude spirituelle qui, elle, commande ce rapport de proximité-distance que Benjamin souligne dans sa réflexion sur le phénomène auratique ? C'est dire que l'attitude esthétique n'est pas qu'éloignement ou distance. L'attitude esthétique est une attitude spirituelle et, comme telle, elle est une distance (au réel, à soi) qui est aussi une proximité (au réel, à soi, au texte). La rencontre, la communauté de pensée, la communion avec le texte ne se produit pas lorsque le lecteur n'est pas pleinement présent à lui-même, à son réel, à ses expériences. Et même avant que

23. *L'œuvre d'art littéraire*, p. 284.

toute contemplation soit possible, le dialogue ne se concrétise que lorsque les deux parties y participent, parlent, racontent, se questionnent et se répondent. C'est exactement cette façon d'entrer en rapport avec les textes que Machiavel décrit dans une lettre à Francesco Vettori. Il explique ainsi sa façon d'entrer en dialogue avec les livres :

> Le soir venu, je rentre à la maison et j'entre dans mon cabinet. Sur le seuil, je me dépouille de mon vêtement de tous les jours, couvert de fange et de boue, et je mets des habits de cour. Décemment habillé, j'entre dans les cours antiques des hommes de l'Antiquité : là, aimablement accueilli par eux, je me nourris de l'aliment qui par excellence est le mien, et pour lequel je suis né. Je n'éprouve aucune honte à parler avec eux, à les interroger sur les mobiles de leurs actions, et eux, en vertu de leur humanité, me répondent. Et durant quatre heures je ne ressens aucun chagrin, j'oublie tout tourment, je ne crains pas la pauvreté, je n'ai pas peur de la mort[24].

Machiavel décrit sa lecture comme une réelle conversation avec des amis. Il ne laisse pas entendre le caractère virtuel ou imaginaire de cette conversation, il ne dit pas explicitement que c'est de la lecture qu'il est question, même si on le devine facilement. La métaphore de l'absorption du livre comme d'un aliment réitère l'idée d'une communion ; une communion spirituelle et littéraire qui, comme dans le rite chrétien, implique une ingestion ou une assimilation de ce avec quoi on communie, dans ce cas-ci, le texte lui-même. L'éloignement des préoccupations et le détachement du monde réel ne sont peut-être pas tant, comme l'affirmait Ingarden, les conditions préparatoires à la lecture, que plutôt ou aussi ce à quoi parvient, parfois, la lecture lorsque advient cette forme de communion dans le dialogue. La peur et les peines s'évaporent dans ce rapport étroit avec les textes. Ce détachement accompagne les étapes de la *lectio divina* et se creuse encore dans la contemplation. Pour Machiavel, cette conversation qu'il entretient n'a rien d'imaginaire ou d'irréel, c'est la raison pour laquelle

24. Machiavel, *Œuvres*, Paris, Robert Laffont, 1996, p. 1239.

il n'a pas besoin de préciser qu'elle se produit à partir de la lecture. Elle participe à son quotidien, à son réel, duquel il ne s'aliène pas, mais qu'il enrichit au contraire en se laissant transformer. Bien que l'extrait très personnel de Machiavel n'illustre probablement pas encore les transports de la contemplation, il nous permet de relever la dimension pleinement spirituelle – et non pas seulement esthétique – de la lecture (quelle que soit l'œuvre en question).

Ce n'est pas un hasard si, dans le discours universitaire laïque, la dimension encore plus personnelle de la lecture qu'est la contemplation a été plus ou moins écartée. Au-delà des autres étapes, la contemplation représente le moment mystique de la lecture, le moment où une transformation spirituelle devient possible, où le saut d'une reprise kierkegaardienne peut s'accomplir. Il ne suffit pas de lire en performant les étapes de la *lectio divina* pour y parvenir, la contemplation n'est pas de l'ordre de la maîtrise ou de la volonté, elle représente le possible de la lecture, l'instant sacré de la lecture. La forme particulière de communion avec l'œuvre dans la *contemplatio* est ce moment sacré qui *peut* conduire à une reconfiguration spirituelle ou à une reprise. La notion de reprise, que je tire de la pensée kierkegaardienne, constitue une des façons de penser la conversion. Pierre Hadot, dans son petit article sur la conversion, recense les deux sens différents du mot latin *conversio*: d'une part, il signifie un changement d'orientation, dans l'idée d'un retour à l'origine ou à soi, et, d'autre part, il signifie un changement de pensée qui implique l'idée d'une mutation, d'une renaissance[25]. En tant que « seconde puissance de la conscience », la reprise correspond à cette idée d'un retour à l'origine, d'un retour à soi. Kierkegaard décrit la notion en faisant une analogie avec le ressouvenir, avec cette particularité que la reprise est plutôt de l'ordre d'un « ressouvenir *en avan*t ». Dans le contexte précis de la lecture, le concept de reprise pourrait renvoyer à l'image de l'habit textuel proposée par Thoreau. Ce n'est pas un habit neuf, il est vieux et usé et on ne l'enfile que s'il nous convient, que s'il est taillé pour nous. Le terme « reprise » implique le retour de ce qui

25. Pierre Hadot, *Exercices spirituels et philosophie antique*, Paris, Albin Michel, 2002, p. 223.

a déjà été. L'habit textuel quant à lui représente ce qui vient envelopper des affects, des pensées, des expériences qui appartenaient déjà au lecteur, ce qui revient à soi sous une autre forme, pourrait-on dire. Cette vision de la lecture comme retour, sous une autre forme ou dans une autre voix, de ce qui a été, correspond assez bien à l'explication que donne Kierkegaard de la reprise :

> La dialectique de la reprise est aisée : ce qui est re-pris, a été, sinon, il ne pourrait pas être re-pris ; mais précisément, c'est le fait d'avoir été qui fait de la *re-prise* une chose nouvelle. Quand les Grecs disaient que toute connaissance est un ressouvenir, ils disaient que l'existence tout entière qui existe a existé. Quand on dit que la vie est une reprise, c'est dire que l'existence qui a existé voit maintenant le jour. Si on n'a pas la catégorie du ressouvenir ou de la reprise, la vie tout entière se résout en un vacarme vide et creux. Le ressouvenir, c'est la manière païenne d'envisager la vie, la reprise, c'est la moderne. La reprise est l'intérêt de la métaphysique et, en même temps, l'intérêt sur lequel la métaphysique achoppe[26].

Si on veut, les affects et expériences qui existent ont existé, ils existent aussi ou ont existé ailleurs, dans des textes. La *contemplatio* serait la façon proprement littéraire et traditionnelle d'envisager cette forme d'écho. Je ne sais pas quelle serait la façon moderne de nommer cette communion qui peut advenir dans la lecture, et il n'est pas fondamental, à mon avis, qu'il y en ait une. L'important est simplement de saisir ou d'entrevoir toute la dimension sacrée de cette contemplation qui devient le point tournant d'une transformation possible d'ordre existentiel, spirituel, voire métaphysique. Nulle part Ingarden ne décrit-il mieux ce phénomène de communion d'essence métaphysique que lorsque, précisément, il décrit ce qui se produit non pas dans l'espace littéraire – lieu d'une contemplation non oppressante parce qu'en dehors du réel – mais bien dans l'expérience réelle, dans l'événement vécu.

> Dans notre vie ordinaire, orientée à des « fins » pratiques quotidiennes et « modestes » et à leur réalisation, il se produit rarement

26: Søren Kierkegaard, *La reprise*, Paris, Flammarion, 1990, p. 87-88.

> des situations dans lesquelles ces qualités [métaphysiques][27] se révèlent. La vie s'écoule, grise et insignifiante, « sans avoir de sens », si l'on peut dire, quelles que soient les grandes choses qui s'opèrent dans cette fourmilière. Et puis arrive un jour – comme une grâce – où se produit, pour des raisons imperceptibles et inaperçues, en général cachées, un « événement » qui nous enveloppe, nous et notre environnement, d'une semblable atmosphère indescriptible. De quel genre que soit la qualité de cette atmosphère, terrifiante ou enchanteresse jusqu'à l'extatique oubli de soi, c'est elle qui s'arrache à la grisaille quotidienne comme l'éclat d'un lumineux éventail de couleurs, et qui fait de cet événement un sommet de la vie, qu'elle ait pour fondement le cruel et impie tressaillement du meurtre ou le ravissement spirituel de l'union à Dieu. Ce sont ces qualités « métaphysiques » – comme nous les appelons –, révélées de loin en loin, qui confèrent à la vie une valeur expérientielle (Erlebenswert) ; et après ces révélations concrètes, tous nos actes et toutes nos actions sont chargés d'une secrète nostalgie qui nous habite et nous pousse, que nous le voulions ou non. Leur révélation représente les sommets et les ultimes profondeurs de l'étant[28].

Ingarden décrit le phénomène de la transfiguration subjective (existentielle ou spirituelle) qui se produit lors d'un événement marqué par des qualités métaphysiques particulières. Ce phénomène est pour lui « réel » par opposition au caractère fictif du littéraire, le littéraire étant, pour lui, une dimension esthétique où les « objets » ne sont que figurés, donc où manquent les « objets » réels. Dans une vision de la littérature qui se fonde sur la mise en scène plutôt que sur la représentation, les « objets » littéraires ne sont pas des succédanés aux « objets » réels ou des représentations qui en signalent le manque, mais simplement d'autres « objets » mis en scène, dramatisés à partir du réel et dans le réel. Dans ce contexte, ces qualités métaphysiques qu'Ingarden attribue au réel,

27. Un peu plus haut, Ingarden trace une liste de ces qualités métaphysiques : « le sublime, le tragique, le terrible, l'émouvant, l'insaisissable, le démoniaque, le sacré, le peccamineux, le triste, l'indescriptible clarté de la joie, mais aussi le grotesque, le ravissant, le léger, la sérénité, etc. ».
28. *L'œuvre d'art littéraire*, p. 247.

à ses moments ou tournants exceptionnels, peuvent aussi s'appliquer au littéraire, plus précisément à la lecture, où agissent des affects dans la contemplation à laquelle elle peut parvenir – des affects qui n'ont pas nécessairement la sérénité ou le détachement qu'Ingarden associe à la contemplation littéraire. Cette contemplation, il la décrit de façon très sensible dans ce passage, même si elle n'y est pas rapportée au littéraire spécifiquement :

> [Les] formes [des qualités métaphysiques] ne se laissant pas définir et « comprendre » (comme on « comprend » par exemple une proposition mathématique) de manière purement rationnelle, on ne peut que les *contempler* (erschauen) sobrement, pour ainsi dire « extatiquement », dans certaines situations où elles parviennent à réalisation. Mais on ne peut les contempler dans leur particularité incomparable et indescriptible que si *primairement* on vit soi-même cette *situation*, ou si au moins – pour utiliser une expression schélerienne – on se « sent un » (eins fühlen) avec quelqu'un qui vit une telle situation, sans du tout se donner le but de contempler des qualités métaphysiques. C'est lorsque nous ne nous en occupons pas thématiquement, et que simplement elles nous saisissent, qu'elles sont le plus originairement offertes à la contemplation et les plus proches de nous[29].

Clairement, dans la contemplation des qualités métaphysiques, c'est l'affect qui agit ; on peut même avancer que c'est cette dimension affective qui serait la condition de base permettant la contemplation des qualités métaphysiques. Il s'agit bien d'une condition de possibilité et non d'une condition effective puisque, comme le souligne Ingarden, la réalisation des qualités métaphysiques est une sorte de grâce :

> [...] nous ne pouvons pas provoquer à volonté, et pour elles-mêmes, les situations, resp. [*sic*] les événements, dans lesquelles les qualités métaphysiques se réalisent ; et [qu']elles ne parviennent justement pas à réalisation lorsque nous en recherchons ou en escomptons la réalisation et la contemplation[30].

---

29. *L'œuvre d'art littéraire*, p. 248.
30. *L'œuvre d'art littéraire*.

Dans la vie réelle, comme dans la vie réelle littéraire, la contemplation se prépare et s'attend, elle ne se commande pas ; la reprise non plus.

La contemplation au-delà du texte

Si différence il y a entre le monde « réel » et le monde littéraire, traversés par moments par ces qualités métaphysiques qui occupent Ingarden, elle ne réside pas dans le caractère serein ou non de leur contemplation, mais bien dans ce qu'est véritablement la contemplation. Cette différence ne suppose pas que le littéraire ait un statut ontologiquement dérivé par rapport au réel – le littéraire reste voisin du réel –, mais implique plutôt que la contemplation soit une catégorie littéraire, qu'elle se produise dans la lecture ou encore dans la vie « réelle ». La contemplation est un rapport essentiellement auratique qui se produit dans l'intervalle entre une proximité (qui implique une communion dans le fait de se « sentir un » avec une expérience, comme l'a noté Ingarden) et une distance (qui se rapporte plutôt à un décalage qu'à un détachement serein). Lorsqu'elle advient dans le réel, comme un état de communion apparenté à la grâce, c'est sous un mode littéraire, c'est-à-dire comme plongée dans l'expérience, comme saisissement par l'affect sans pour autant impliquer un aveuglement. Lorsqu'on entre en contemplation, on communie par le regard, partant de l'intériorité, qui se porte sur une expérience vécue dans la « vie réelle » ou sur une expérience vécue dans un texte. Il peut arriver que dans le « réel » on lise une situation, une expérience, qu'on communie avec elle en performant un dialogue sans avoir à agir et réagir selon des contraintes événementielles, dans ces cas, on expérimente le « réel » sur le mode contemplatif (hautement réel) qui appartient au littéraire. En observant le « réel » avec les yeux de l'imaginaire, de l'intériorité et de l'affectivité, on réalise une expérience littéraire dans le « réel », on prépare peut-être même le terrain d'une transformation spirituelle. Cette façon de concevoir les instants de contemplation ou de communion qui se produisent dans la « vie réelle », en dehors du quotidien, comme des expériences littéraires, qu'il y ait un texte en jeu ou non, peut sembler procéder d'une logique inversée. Ce retournement que je tente vise en fait à réaffirmer les caractéristiques et le pouvoir de la pensée littéraire qui, à travers ses catégories et ses étapes, est une façon d'être dans le monde et de produire du savoir – du « petit savoir » – existentiel et spirituel. C'est que « la désignation "littérature" nomme le médium et la matière de la connaissance elle-même[31] », et en dehors de la matière ou du médium, la littérature (et dans ce contexte, la contemplation à laquelle elle peut aboutir) reste, dans la « vie réelle », une approche, un état d'esprit, une façon de recevoir les expériences de même qu'un type de savoir hérité d'une longue tradition de réception de textes sacrés qui demeure et se transpose dans d'autres situations auxquelles se frotte l'esprit. La contemplation, comme façon de lire dans les signes des événements, de recevoir et d'interpréter leur sens, de communier, est une pratique fondamentalement littéraire, issue d'une longue tradition de pratique du texte qui, ultimement, peut se passer du texte pour s'appliquer.

Les fragments de Cioran peuvent donner lieu à cette pratique contemplative du texte, lors de la lecture et même en dehors de la lecture. Une correspondance intime existe entre l'écriture et la lecture qui fait en sorte qu'on peut recevoir, absorber, comme lecteur, dans notre performance imaginaire et spirituelle du texte, non seulement ce qui y a été mis en scène, mais l'esprit qui, explicitement ou non, préside à cette mise en scène. Cet esprit, Cioran le dévoile continuellement dans ses textes, il le dramatise au point d'en décomposer le squelette pour le donner en pâture aux lecteurs. Cioran écrit à partir d'une quête de soi, d'une quête d'un sacré dont l'issue incertaine viendrait reconfigurer la place qu'il occupe dans le réel et c'est aussi cette quête qu'il met en scène. Il est indifférent de savoir s'il parvient ou non au bout d'une telle quête puisque le chemin importe plus que l'aboutissement. Ce chemin passe par l'écriture ; ce chemin est l'écriture. Contrairement aux mystiques qui racontent après coup leur expérience du sacré, Cioran prend

31. Terry Cochran, *Plaidoyer pour une littérature comparée*, Québec, Nota bene, 2008, p. 58.

l'écriture comme moyen de parvenir à une expérience du sacré. C'est-à-dire que plutôt que de raconter dans l'après-coup, plutôt que de faire le récit d'une expérience métaphysique bouleversante, il raconte dans l'« avant-coup », dans cet espace où la transfiguration ne s'est pas (encore) produite, et cette anticipation créatrice devient le chemin qui s'y rend peut-être tout en ne menant nulle part. Ce point de départ de l'écriture – avant la ligne de départ plutôt qu'après le fil d'arrivée – a des répercussions sur le plan de la lecture. Son œuvre, qui traverse et retraverse un continent spirituel par pas discontinus et, par moments, désorientés, peut pourtant conduire à cette contemplation et à cette communion avec le texte. Au-delà de la révélation, ses tâtonnements sont plus intéressants dans la mesure où ils laissent la production du savoir ouverte au champ de la lecture. Que Cioran rencontre ou non le sacré est plus ou moins indifférent, il ne pourrait le livrer sous la forme d'une révélation, il ne peut que raconter son chemin, ses expériences avortées ou incomplètes et le savoir bégayant qui en émerge, comme dans ce passage :

> Cette fièvre vide, qui ne mène à aucune découverte, qui n'est porteuse d'aucune idée, qui nous donne un sentiment de puissance quasi divin, lequel s'annule dès qu'on essaie de l'analyser. À quoi correspond-il ? Qu'est-ce qu'il vaut ? Impossible de le savoir. Peut-être ne rime-t-il à rien, peut-être est-il plus important que n'importe quelle révélation métaphysique. (*C*, 340)

Il décrit là une expérience dont il ne sait rien, dont il ne nous livre que les grandes lignes, une expérience qui, en elle-même, ne mène pas à une réalisation ou à une transformation quelconque, mais qui laisse entrevoir cette incertitude qui peut apparaître dans la lecture lorsqu'on interrompt l'état de communion pour tenter de *comprendre*, de *saisir* ce qu'on reçoit ou ce qu'on contemple. Cet extrait parle autant du décalage propre à l'écriture que de celui qui peut survenir dans la lecture lorsque l'état de grâce cesse pour laisser place à des préoccupations intellectuelles et épistémologiques.

Cette fièvre, vide ou non, concerne en fait la *contemplatio*, c'est-à-dire la communion avec un texte, une réalité, une expérience, qui se passe jusqu'à un certain point du régime discursif, qui se trouve en deçà ou au-delà de l'impératif du savoir. Elle suppose une projection imaginaire et spirituelle qui, bien sûr, dans le contexte de la lecture, émane du texte, sans toutefois s'enfoncer dans le territoire du discursif. Ce moment a une dimension mystique évidente : dans la mystique chrétienne, il s'agit de rencontrer Dieu dans le texte ; dans d'autres contextes spirituels, on rencontre plutôt le cosmos, le Tout, ou le Rien. Cette forme de communion est sacrée. Elle relève du sacré et peut produire un certain sens existentiel, une forme particulière de savoir – de « petit savoir » – qui ne se communique pas aisément. Dans le contexte littéraire, le sacré relève plutôt de la lecture que de l'écriture. Cet accent mis sur la dimension sacrée de la lecture contemplative n'implique pas pour autant tout le modèle transcendant (ou théologique, dirait Barthes) qui implique qu'on assigne au texte une vérité cachée ou un sens ultime à découvrir dans la lecture ou dans la tradition. Une lecture se voulant herméneutique s'inscrirait dans ce paradigme « sacralisant » du texte. La lecture ne fait en réalité que tirer du texte certaines des traces de ce qui a été déposé dans l'écriture, par l'écriture. L'écriture cioranienne en particulier ne livre pas un sens ultime, pré-construit, elle ne laisse que ces traces dont le sens sera performé dans la lecture. L'écriture cioranienne ne livre pas non plus du sacré, elle ne fait que le chercher et en aborder les tensions. La possible dimension sacrée propre au littéraire ne se produit que dans la lecture, qui ne reconstitue pas un sens mais qui parvient parfois à créer l'espace d'exception où le lecteur, avec tout son lot d'affects et d'expériences, rencontre le texte, et à communier avec les traces qu'il y saisit ou qui le happent. C'est cet espace ou ce moment qui est sacré, et non pas tant les traces et les bribes de sens avec lesquelles le lecteur entre en relation – ce qui fait qu'on ne se trouve pas dans un retour du paradigme théologique construisant le texte comme porteur d'un sens sacré, mais dans un cadre extensible de pensée où transcendance et immanence se côtoient tant dans l'écriture que dans la lecture. La lecture, qui communie librement avec le texte, qui connecte avec certaines de ses traces, qui se performe différemment selon le bric-à-brac affectif et spirituel de chaque lecteur, est nécessairement immanente. Mais selon la façon dont elle se déploie, elle peut être frappée par une transcendance qu'elle n'atteint pas par la volonté, ni en suivant à la lettre les étapes de la *lectio divina* ni en tentant de restituer au texte sa vérité profonde – c'est-à-dire en tentant de transmuer l'écriture en Écriture (ou en écriture sacrée). Le sacré, cette forme de communion avec le texte, ne se trouve pas dans le texte lui-même, encore moins dans la sacralisation du texte, il transcende absolument toute tentative de ramener au texte ce qu'on vit lorsqu'on interagit avec lui. L'idée que j'essaie d'articuler se trouve presque telle quelle dans ce passage du texte du philosophe japonais Kaiten Nukariya (*The Religion of the Samurai : A Study of Zen Philosophy and Discipline in China and Japan*) traduit et cité par Terry Cochran dans son *Plaidoyer pour une littérature comparée*, passage que je restitue ici en partie :

> Le canon est la fenêtre par laquelle on observe le paysage magnifique de la nature spirituelle. Afin d'être en communion avec elle, il faut sortir de la fenêtre. Ce n'est qu'une mouche égarée qui reste prise à l'intérieur, vrombissant et cherchant à sortir. Ceux qui passent la plupart de leurs vies en étudiant les Écritures, ceux qui les dissèquent et les expliquent par le moyen de raisonnements qui coupent les cheveux en quatre, sans accéder au plan supérieur de l'esprit, sont des mouches religieuses qui ne servent à rien à part leur vrombissement à propos des détails pointilleux et niais[32].

Ce passage pointe vers la sortie du texte qui ne conserve pas, enfermé en lui, le paysage spirituel auquel il nous ouvre. La métaphore de la fenêtre et du paysage – par opposition à celle du texte comme coffre rempli d'idées et de significations plus ou moins précieuses – nous place sur la voie d'un sacré qui dépasse les institutions (religieuses, littéraires ou autres), un sacré qui n'est ni matérialisé, ni contenu, ni représenté par un texte ou dans l'écriture qu'on voudrait pouvoir penser avec une majuscule. Le sacré

32. *Plaidoyer pour une littérature comparée*, p. 56-57.

n'est pas (ou n'est plus) régi par un canon, et c'est exactement ce que réitère l'écriture de Cioran, fragment après fragment. En commentant ce passage du philosophe japonais, Terry Cochran souligne l'enchevêtrement du littéraire et de la pensée, au-delà du texte lui-même :

> Comme l'auteur de ce passage nous en avertit : ceux qui assument la place des gardiens de la lettre passent à côté de l'essentiel, du sens littéraire qui échappe à la mainmise de l'histoire. Cette notion de l'écrit joint le littéraire inextricablement à la pensée, la littérature étant à la fois le moteur de la réflexion et le résidu de son expression. C'est-à-dire que la littérature exprime l'esprit humain en lutte avec son monde, ses problèmes et soi-même. Elle appartient à la pensée d'une manière fondamentale et habite toute la production intellectuelle, dans tous les domaines du savoir compartimenté. La référence à la littérature souligne aussi la composante matérielle qui accompagne nécessairement la pensée sans usurper sa place. La littérature – que ce soit l'écriture ou l'artefact matériel en général – porte la marque de l'esprit sans se limiter au moment historique de sa création, à une forme donnée du savoir ou à sa place préconçue dans l'évolution du savoir[33].

Ce propos, rappelant celui de Cioran qui parle de la lecture critique comme d'une lecture qui « se nourrit de cadavres », laisse entrevoir cette particularité qu'a la littérature de dépasser la trace matérielle qui la représente et la condense. C'est dire que la pensée littéraire n'est pas harnachée au texte, pris dans un contexte historique et, souvent, institutionnel, qui l'incarne et la met en scène. Vient un moment où elle peut ouvrir la fenêtre et se disperser dans ce paysage spirituel dont parle Nukariya. Ce détachement du texte n'éloigne pourtant pas de la pensée littéraire, il représente la poursuite, non interprétative, non discursive, d'une communion qui se produit sous une autre forme, en dehors du dialogue que nous propose le texte.

33. *Plaidoyer pour une littérature comparée*, p. 58.

La lecture quand on ne lit plus

Que devient la lecture quand on ne lit plus ? Vers quoi se déplace-t-elle ? Qu'est-ce que ce détachement qui fait qu'à un moment il peut arriver qu'on cesse de penser les pensées d'un auteur pour penser nos propres pensées, qui conservent encore peut-être les lambeaux ou le souvenir du manteau spirituel de l'auteur ? Ces questions concernent l'après-contemplation, cet état de communion qui n'a plus besoin des traces et des balises proposées par le texte pour se produire. Elles concernent également quelque chose de sacré, qui *peut* advenir, en soi-même, sous la forme d'une reprise. Je n'ai pas de mot ou de concept qui puisse décrire cette communion qui se produit dans l'après-contemplation. J'en suis réduite aux paraphrases, comme à cette idée d'une lecture qui se produit quand on a cessé de lire, mais qu'on continue à communier avec le texte, au-delà du texte. Qu'est-ce que cette communion qui implique de passer à ses propres rêveries ? Ces questions concernent la lecture qui s'achève, le livre qui se referme, et la lecture qui se poursuit en même temps, dans une rêverie, dans un déplacement des pensées. La lecture implique nécessairement qu'on pense à partir de ce qu'on trouve dans le livre, elle implique qu'on s'imprègne sans toutefois se perdre complètement dans le texte puisque toute projection imaginaire se produit en résonance avec ses expériences, ses affects, ses idées singulières. Mais lorsqu'on sort du texte, à quel point sommes-nous vraiment sortis, débarrassés des idées et des images qu'on a, tout au long de la lecture, projetées en soi ? Comment un texte nous marque-t-il ? Comment reprend-on le fil transformé de ses pensées, ou le fil, dévié, de ses pensées ? Peu importe la façon dont on en sort, il faut pourtant arriver à s'extirper du texte, il faut parvenir à un après-contemplation qu'on ne contrôle pas tout à fait, même s'il implique de revenir à ses propres pensées, qu'on ne retrouve justement jamais intactes.

Lorsqu'elle performe les étapes d'une lecture spirituelle, la pensée se produit souvent comme un monologue ou un dialogue, avec soi, avec l'autre ou l'Autre en soi, avec un texte, une personne, un personnage ou une figure introjectée. Cette situation est décrite par Machiavel dans sa lettre à Francesco Vettori. Cioran a un rapport similaire aux textes avec lesquels il entre en contact. Dans son cas, le dialogue qu'il entretient avec ces figures pour la pensée que sont Dieu, les saints, le Bouddha, ne s'épuise pas facilement. Divers fragments rappellent ces interactions ou ce dialogue constant de la pensée avec Dieu, allant jusqu'à supposer que l'homme n'a peut-être pas d'autre raison d'être que de « *penser* à Dieu » (*LS*, 312). Ailleurs, il avance que « toute version de Dieu est autobiographique. Elle est non seulement issue de nous, elle est aussi notre propre *interprétation*. Il s'agit d'une double vision introspective qui nous découvre la vie de l'âme comme un *moi* et comme *Dieu*. Nous nous reflétons en lui et il se reflète en nous » (*LS*, 313). Il s'agit toujours du même dialogue dont la pensée se nourrit pour se mouvoir. En réalité, cette mise en scène dialogique fait partie des exigences de la pensée, et Cioran met en scène cette mise en scène : « Depuis bien longtemps – combien d'années ? vingt, trente ? – *penser* pour moi se réduit le plus souvent à un dialogue avec le Bouddha..., à une querelle souvent, car si j'ai les mêmes obsessions que lui, je n'en tire pas les mêmes conséquences. » (*C*, 489) La pensée se forge et s'expérimente dans ce dialogue qu'elle entretient avec des figures liées à des textes, dont plusieurs sont, dans ce cas-ci, sacrés (les Testaments, le Dhammapada, le Bhagavad-Gîtâ, les écrits des saints, les hagiographies, etc.) ; elle se travaille à partir de la littérature, qu'elle lâche à un moment pour se poursuivre quand même sur un mode littéraire. C'est-à-dire qu'elle décroche du texte matériel et des traces spirituelles qui y sont inscrites pour poursuivre son propre chemin, un chemin qui se trace à mesure et dont la fin n'est pas écrite. C'est-à-dire que vient un moment où, pour Cioran, la communion avec ces textes et ces figures se transforme en écriture à travers l'acte de dramatisation, en mettant en scène la manière dont se vit ce dialogue. Dans l'écriture se vit le retour aux pensées et aux rêvasseries dont le cours a été interrompu et qui reprend, autrement, dans des embranchements différents, toujours instables et fluctuants. Les textes de Cioran sont, entre autres, les pensées et les rêveries d'un lecteur mises en scène. Ses dramatisations ont quelque chose de l'après-contemplation singulier d'un lecteur marqué à l'encre noire par ces textes dont il se laisse recouvrir, qu'il abandonne, achève et ouvre par l'écriture. Peu importe la façon dont elles sont performées, par l'écriture ou en notre for intérieur, ces pensées et rêveries représentent peut-être la survie ou la postérité spirituelle, existentielle, d'un texte ; elles constituent une des réponses possibles à la question « pourquoi lit-on ? ». On lit pour susciter un dialogue intérieur et pour, peut-être, parvenir à le dépasser, dans un relâchement de la pensée dialectique ou de la pensée discursive, dans un retour en direction de soi, en direction de l'esprit. Chaque rêverie est singulière, même si un même texte peut être la source, oubliée, d'une infinité de pensées ou de rêvasseries.

Au-delà de la contemplation, il existe également une forme de rêverie où on est au plus près de soi, et qui peut se produire comme un sentiment de plénitude, une extase ou un vide. Quand elle advient, on communie encore avec quelque chose qui dépasse le texte, qui dépasse aussi, en les prolongeant à sa façon, les traces spirituelles qui y sont inscrites. Mais que se produit-il justement dans cet état où on continue à communier avec le texte au-delà du texte, au-delà même des mots parfois, ce qui reconduit sensiblement aux questions posées au début de cette section et à celles-ci, posées par Cioran : « Quand mon esprit se décroche des mots, comment fonctionne-t-il alors ? quelle est son identité ? *qui* est-il ? existe-t-il encore ? » (*C*, 411) Que devient l'esprit, la pensée, en dehors des mots et, spécifiquement, que devient la pensée littéraire quand s'achève la lecture ? Cioran se pose avec raison la question insoluble de ce qu'est l'esprit lorsqu'il n'est plus habillé par la pensée discursive. Lorsqu'on parvient à éplucher l'esprit de ses pensées, et qu'on atteint son noyau dénué de mots, qu'est-ce qu'il nous reste en réalité ? Un retour à soi, à une essence prélangagière ? Ou encore une communion supra-langagière ? C'est-à-dire que cet esprit, vidé de ses pensées et de ses mots, s'apparente à une communion qui se produirait au-delà du dialogue, donc aussi au-delà du texte, ou dans sa suite non écrite. Abandonner le texte, ses mots, c'est peut-être aussi, en aménageant cette distance ou cet espace, se diriger au plus près de l'esprit du texte; son esprit n'équivalant pas à ses pensées et à ses idées, mises en scène, par le moyen des mots, dans des constructions imaginaires, mais à quelque chose de sous-jacent aux pensées, une sorte de fondement (qu'on atteint rarement) sous le discours. Ce genre de réflexion dérive directement de la pensée bouddhiste, que Cioran a côtoyée et qu'il a poursuivie, remodelée, dramatisée au cours de ses propres rêvasseries. La pensée est, pour Cioran, qui pense à partir du bouddhisme, ce qui recouvre, camoufle, habille, enterre, l'esprit :

> La pensée [...] est préjugé et entrave. Elle ne libère qu'au début, lorsqu'elle nous permet de briser certaines attaches ; après, tout ce dont elle est capable c'est d'absorber notre énergie et de paralyser nos velléités d'affranchissement. Qu'elle ne puisse nous aider d'aucune façon, le bonheur qu'on ressent lorsqu'on la suspend, le prouve assez. Tout comme le désir, auquel elle s'apparente, elle se nourrit de sa propre substance, elle aime à se manifester, à se multiplier ; à la rigueur elle peut tendre vers la vérité, mais ce qui la définit, c'est l'affairement : nous pensons par goût de la pensée, comme nous désirons par goût du désir. Dans l'un et l'autre cas, une fièvre au milieu de fictions, un surmenage à l'intérieur du non-savoir. [...] Dans tant de fièvre, il n'y a de sensé que les *pauses* où nous respirons, les moments d'arrêt où nous avons raison de notre halètement [...]. (*MD*, 1219)

La pensée (ou la pensée de la pensée) comme surmenage, comme excès, comme débordement revient souvent dans l'écriture de Cioran. Il s'agit de trouver une façon d'aménager ces pauses, ces moments où la course des pensées – qui est aussi une course *aux* pensées – s'essouffle et s'interrompt, laissant place à ce vide, qui « n'est pas une idée mais ce qui nous aide à nous défaire de toute idée » (*MD*, 1219). Le dialogue intérieur est précisément ce qui se perd, l'espace d'un court instant, quand la pensée s'interrompt au terme d'une rêverie, qu'il ne s'agit pas de condamner comme illusion ou entrave à l'affranchissement, mais d'accueillir comme telle, comme un chemin sans destination précise. C'est-à-dire que la rêverie, qui abandonne et prolonge un texte, est une sorte de *road trip* qui ne conduit pas nécessairement là où on le souhaiterait, dans ce vide qui permet de respirer entre les pensées. Ce n'est ni la volonté ni les manœuvres de l'esprit qui y conduisent, simplement le hasard d'une route pour laquelle, clairement, il n'existe aucune *google map*. Ce vacuum de pensées auquel on peut parvenir est aussi immaîtrisé que les rêvasseries qui n'y conduisent pas mais le précèdent, ces pensées qui poursuivent, prolongent et abandonnent le texte, dans une sorte de détachement qui, étrangement, n'est pas si éloigné de la communion qu'on pourrait le croire. Lorsqu'on se laisse aller au flot des pensées qui surgissent en nous quand le texte s'est refermé sur lui-même, et qu'on n'en conserve que quelques traces à partir desquelles rêvasser, on vit encore quelque chose du texte, en dehors du texte, en soi, selon un parcours qui n'obéit pas à la volonté. Un parcours qui peut s'interrompre, prendre des pauses, laisser respirer et culminer dans une reprise, un « ressouvenir en avant ».

Maintenant, comment expliquer ce qu'on peut faire dans l'immanence pour parvenir à cet état sacré, à cette reprise qu'on ne peut pas contrôler, qui n'est pas de l'ordre de la volonté ? Ce n'est pas une question à laquelle on répond facilement, il n'y a pas de recette en vue de la reprise. La *lectio divina* n'en est pas une, malgré que, d'une étape à l'autre, on semble s'approcher, sur le mode d'une communion toujours plus grande, de quelque chose qu'on suppose sacré. C'est-à-dire que la *lectio divina* est une démarche de lecture qu'on peut entreprendre mais dont on ne contrôle pas tout à fait l'issue – on ne sait pas si on parviendra à un état qui s'apparente à une reprise, à un « ressouvenir en avant ». Elle fonctionne comme une approche de plus en plus profonde du texte, mais elle n'inclut pas d'étape conçue en vue de l'abandon du texte, ce qui suit la contemplation, cet « après » qui peut être vide ou fait de rêveries peuplées de l'esprit du texte, traversées par ses ombres et non plus baignées de sa lumière crue. La *lectio divina* constitue une façon d'entrer dans le texte, sans aucune garantie que le chemin mène au sacré qu'on suppose au cœur du texte, caché comme son trésor. Mon propos est justement de questionner cette conception traditionnelle selon laquelle on accéderait au sacré en grugeant le texte jusqu'à son noyau. Pourquoi le sacré ne se situerait-il pas à l'intérieur du chemin qu'implique la sortie hors du texte ? Hors des mots, des images, des figures, dans ces échos qui restent – qui restent aussi souvent, longtemps après, inconscients – et qui viennent interférer avec une pensée glissante, singulière mais influencée et influençable (séduite plutôt), il existe un chemin sinueux de pensées, interrompu çà et là par des vides, des pauses, des crevasses ; un chemin qu'on prend sans le choisir, un chemin qui nous mène quelque part, toujours ailleurs ou nulle part, peu importe. Les chemins de sortie sont aussi les chemins d'une possible reprise, les chemins d'un sacré qui, lorsqu'on pense à l'extérieur des balises institutionnelles, ne vient pas tel quel figé dans le texte, mais qui se diffuse en soi-même, dans la communion dégagée (si une telle chose est envisageable) qui se produit entre les échos du texte et les affects, les pensées et les expériences d'un lecteur qui a achevé et refermé le livre. La reprise qui peut, ou non, se produire à partir de cet après-contemplation constitue une forme de transformation intérieure, une transformation spirituelle, existentielle, littéraire même dans certains cas. On ne sait pas de quoi est faite cette possible transformation littéraro-existentielle, qui dépend de toutes façons du texte, ouvert puis refermé, et du lecteur, avec sa charge d'affects, d'expériences, de pensées. On sait simplement qu'une reprise en avant peut se produire à partir d'une sortie hors du texte, à partir de la façon incontrôlée dont on s'en extirpe. Penser une reprise à partir du littéraire, comme prolongement du littéraire, se révèle aussi une façon de rappeler les fondements et la portée intrinsèquement spirituels de la littérature et de souligner le lien profond existant entre les projections littéraires et l'expérience existentielle et spirituelle de l'individu, du lecteur qui performe pour lui-même ces projections imaginaires, ces mises en scène spirituelles, et repart avec quelques miettes qui s'ajoutent à ses expériences, dont il se nourrit au besoin, sans même s'en rendre compte parfois.

Cette communion dégagée (faute d'une meilleure expression) de l'après-contemplation, qui ne force rien, qui laisse couler la pensée, les divagations, les rêveries, tire la lecture en avant pour créer autre chose. C'est-à-dire que, parfois, la rêverie qui peut suivre et poursuivre la lecture réécrit le texte, pour soi, sur le mode de la reprise – une reprise littéraire, spirituelle, existentielle. C'est d'ailleurs ce qu'on constate dans l'écriture cioranienne, qui se produit comme un mouvement, une mise en scène de pensées, de rêveries, d'affects qui sont le produit d'interactions avec des textes, des figures, des mots d'abord étrangers, puis fragmentairement intégrés, et finalement relâchés autrement, dans un autre contexte (ou dans un autre texte). Cioran ne rencontre peut-être pas le sacré dans une reprise – ce ressouvenir en avant qui change tout, cette transformation de soi radicale –, mais il produit quelque chose dans l'immanence pour parvenir à cet état dont, paradoxalement, il ne contrôle ni la venue ni l'issue. S'il n'est pas possible de provoquer cet état, il peut à tout le moins l'anticiper, imaginer et dramatiser de quoi il serait fait. À partir de ses lectures transformées en rêveries, en questions, en affects, il produit du texte ; c'est-à-dire qu'il reprend dans l'écriture les résidus de ses lectures, de façon à produire, par la dramatisation, un chemin de pensée, un chemin d'errance de la pensée. L'écriture se présente donc chez lui comme un mouvement en vue de la reprise, une longue suite de rêveries mises en scène. Parce que, pour Cioran, comme pour une série d'auteurs, le courant de la pensée doit être recueilli par l'écriture pour éviter qu'elle ne se perde et en même temps pour se dérober au danger qu'elle n'entraîne loin de soi. Kerouac est un autre de ces auteurs qui écrivent pour assumer ces pensées en surnombre parmi lesquelles il faut parfois tracer un chemin, même grossièrement, à la machette, autant que pour en gérer le flot, pour prévenir l'inondation. À propos de ce flot constant de pensées, il écrit dans son journal :

> What thoughts I have ! – What thoughts ! a whole host, multitude, and world of thoughts, I keep devising new ones and reworking old ones, some of the old ones are concluded and are only thought of as conclusions, whole worlds of new ones come crashing into my feelings, and it never ends. Why do I think ? It's my life, right there. That's why I must be alone and thinking

> six days out of the week, because it's my life. What will these thoughts win me? – They are not of this world. I don't know *what* they are myself[34] !

L'étrangeté que ressent Kerouac par rapport à ses propres pensées est liée à la façon dont elles surgissent dans l'esprit sans être y invitées. Ces pensées ne sont pas de ce monde, elles ne sont pas tout à fait les siennes, elles menacent toujours de l'envahir. Et c'est aussi un peu ce qui se produit chez Cioran qui, comme Kerouac, semble avoir besoin de faire quelque chose avec ces pensées en s'en déchargeant dans l'écriture, en créant des chemins littéraires. Dans cet esprit, l'écriture devient une façon de saisir, dans l'immanence, les moyens d'une quête. En traçant des chemins littéraires qui correspondent plus ou moins à la dérive des pensées, ou plutôt *qui mettent en scène ces pensées autant que leur dérive*, Kerouac et Cioran se mettent en marche, dans un quotidien devenu littéraire, en direction d'une reprise existentielle et spirituelle qu'ils recherchent tous deux mais dont l'atteinte échappe à leur volonté. Le littéraire alors prend un caractère organique, comme le décrit Kerouac: « Work of this kind is like a human being: *What* is it, *whence* does it come, where is it going, and why, and when, and *who* will know it? Work like this is something alive, and full of unknowables, and it abides even as you do not know what it is[35]. » Parce qu'elle est un travail *de* la pensée et *sur* la pensée, la littérature retient quelque chose d'organique qui sera ressaisi, repris par on ne sait qui, abandonné et dévié à nouveau en pensées, en affects, en rêveries, comme dans une reproduction continue de la pensée par mise en scène.

Dans ce contexte général, l'écriture chez Cioran fonctionne en tirant la lecture en avant, dans la direction supposée d'une reprise, elle produit ou met en scène du ressouvenir, les déviations d'un après-contemplation. C'est dire que Cioran écrit, entre autres, parce qu'il lit et parce qu'une fois abandonnés, les livres le laissent chargé de ces pensées qui défilent en s'entremêlant à

---

34. Jack Kerouac, *Windblown World. The Journals of Jack Kerouac 1947-1954*, Londres, Penguin Books, 2004, p. 15.
35. *Windblown World. The Journals of Jack Kerouac 1947-1954*, p. 12.

ses expériences. Il peut sembler banal de rapporter en définitive l'écriture de Cioran à la lecture, ou plutôt à sa façon d'abandonner les textes tout en se laissant contaminer, et de chercher du sacré, c'est-à-dire de penser et d'écrire en direction d'une reprise qui viendrait le transformer au risque de mettre fin à l'écriture – ou alors de penser et d'écrire à défaut d'expérimenter une reprise. C'est par ce trop-plein qu'implique la lecture, même ou surtout dans l'abandon du texte, que se produit l'écriture. Dans le cas de Cioran, dans mon cas aussi. Ce déploiement autour de la lecture apparaît assez peu subtilement comme une méta-réflexion visant à abandonner ma propre lecture de Cioran et à penser en dehors des textes, dans l'écho qu'en portent encore mes pensées. C'est-à-dire que j'ai fini de lire Cioran, j'ai aussi fini de m'accrocher à ses fragments, à ses mots ; j'ai fini de les interpréter, de les contempler, de communier avec eux. Il ne s'agit pas de les rejeter, mais simplement de les abandonner en laissant respirer leurs traces en moi, et donc de penser et d'écrire au-delà de Cioran, mais pas complètement, en conservant tout de même quelque chose de l'esprit de ses textes.

Conclusion

> Un ouvrage est fini quand on ne peut plus l'améliorer, bien qu'on le sache insuffisant et incomplet.
> On en est tellement excédé, qu'on n'a plus le courage d'y ajouter une virgule, fût-elle indispensable.
> Ce qui décide du degré d'achèvement d'une œuvre, ce n'est nullement une exigence d'art ou de vérité, c'est la fatigue et, plus encore, le dégoût. »
>
> EMIL CIORAN, *De l'inconvénient d'être né*, *Œuvres*, p. 1301

« Dès que quelqu'un s'intéresse à mes livres, je sais qu'il est “fichu”, que quelque chose s'est cassé en lui, qu'il ne pourra pas se “débrouiller” dans la vie. Je n'attire que les vaincus. Le Patron des Vaincus. » (*C*, 855) Celui qui a produit un tissu spirituel qui se parcourt comme un bréviaire postérieur à Dieu, qui témoigne justement d'une postérité en lambeaux, et qui s'est cherché un interlocuteur absolu en mettant en scène ce besoin dans son écriture, se pose en définitive lui-même comme interlocuteur ; l'interlocuteur absolu des lecteurs qui se reconnaissent appelés en le lisant : des vaincus, apparemment.

Il y a quelques années, quand je lisais ces extraits, quelque chose résonnait en moi. Je m'identifiais sans le vouloir à ces vaincus, à ces anxieux, habités par un vide, qui ont été coupés du sacré et qui en cherchent les miettes et les traces, là où ils le peuvent, de façon solitaire, en empruntant aux institutions ou en tâtonnant à l'aveuglette en dehors d'elles. Cette déliquescence moderne des paradigmes traditionnels du sacré et toute la débâcle existentielle qui l'accompagne, Cioran l'a vécue, enregistrée et mise en scène dans ses textes. Il « [a reçu] en plein visage le faisceau de ténèbres qui [provenait] de son temps[1] », comme le dirait Agamben. Il est contemporain dans ses questions et dans son tiraillement et il m'est contemporain dans la mesure où j'ai reçu en plein visage le faisceau de ténèbres qui provient de son écriture. La notion de contemporanéité concerne la pensée, elle s'applique à ce qui circule et se manifeste de façon diffuse. Elle semble calquée sur la notion d'aura benjaminienne ; elle est le pendant temporel de ce que Benjamin a cherché à exprimer en utilisant la métaphore spatiale. Le rapport de contemporanéité que j'entretiens avec Cioran est avant tout spirituel et il est devenu littéraire à mesure que je me suis intéressée non plus simplement à la pensée, mais à l'écriture qui la contient, qui lui donne forme et la met en mouvement. D'abord, la pensée que j'y trouvais m'apparaissait comme l'écho d'une quête qui m'habitait, quoique de façon inconsciente encore. Quelque chose résonnait, mon affectivité était engagée dans ce rapport existentiel et spirituel contrarié dont la pensée de Cioran se fait porteuse. J'ai reçu la pensée de Cioran au point de stagner avec lui, de m'installer dans cet espace solitaire où on envoie des prières à un Dieu muet en qui on ne croit pas. L'espace des vaincus peut-être. Puis, insensiblement, j'ai traversé le registre de la voix que j'entendais en lisant Cioran et de l'écho que sa pensée produisait en moi pour recevoir son texte comme écriture. C'est-à-dire que la même affinité s'est déplacée : elle est sortie du texte et de son écho intérieur pour revenir au texte, pour reprendre le texte d'une autre manière. Cette reprise concerne un repositionnement

1. Giorgio Agamben, *Nudités*, Paris, Payot & Rivages, 2009, p. 24.

face au rapport entre le texte et la pensée ; elle se rapporte à un recentrement de la perspective vers l'écriture qui n'est pas qu'un support pour la pensée mais plutôt l'incarnation matérielle de sa mise en scène. C'est-à-dire que d'une certaine façon c'est l'écriture qui produit la pensée, et non l'inverse. Non pas qu'il n'y ait pas une pensée qui soit antérieure à l'écriture, mais cette pensée se produit déjà sur un mode littéraire, elle se produit en vue de l'écriture ; comme si la littérature était un mode de pensée, une disposition spirituelle avant que d'être une trace matérielle. La littérature devient un espace, non pas nouveau, mais renouvelé en dehors des institutions, où une quête du sacré se produit, où le sacré est cherché et parfois produit. La *lectio divina* instaurait jadis un paradigme qui concernait une lecture participatoire au sacré, une réception par laquelle on reconstruisait le sacré en soi-même, pièce par pièce, avec l'apport d'une intériorité à l'écoute. Même si le contexte institutionnel dans lequel la *lectio divina* s'inscrivait s'est désagrégé, bien qu'incomplètement (en contenu plus qu'en structure), ce mode participatoire caractérise toujours une lecture qui cherche maintenant à produire du savoir plus qu'à reproduire un savoir qui trouve déjà sa place assignée dans l'institution. C'est en ce sens qu'écriture et lecture se répondent et se complémentent dans l'expérience d'une élaboration d'un sacré et d'un savoir qu'on ne peut plus autant relier au cadre de l'institution, seulement peut-être à ses résidus. Ce parcours d'abandon me permet de réaliser qu'alors que je cherchais à interpréter le problème du sacré dans le contexte exemplaire de l'œuvre de Cioran, c'est le fantôme du texte sacré qui a surgi dans un contexte laïque. Donc, non plus tant la question du sacré *dans* l'œuvre de Cioran, mais bien celle de l'œuvre de Cioran comme quête du sacré où jaillit, dans l'échange littéraire qui se joue entre écriture et lecture, la mise en question (et en scène) de comment produire du sacré et du savoir en dehors des paradigmes institutionnels. Cette question était présente au départ, mais elle a pris le chemin de la dialectique écriture-lecture que le littéraire sous-entend et qui est rendue explicite dans les textes cioraniens, comme prières mises en scène et en écriture, toujours en quête de leur lecteur ; un lecteur qui n'est pas ou qui n'est plus Dieu, parce que « Dieu ne lit pas » ; un lecteur dont la réception affective, affectée, agit, réagit et reprend le texte pour lui-même ; un lecteur qui, en créant du savoir spirituel pour lui-même, participe au dialogue littéraire et contribue à faire de l'œuvre un *soulwork*. Le terme vient de Kerouac, il décrit « *someone's writing* all-out *for the sake of earnestness and salvation*[2] ». On pourrait exprimer son complément en ces termes : *someone's reading* all-in *for the sake of earnestness and salvation*. Le même mouvement spirituel se scinde et se joint dans l'expérience littéraire.

L'accent mis sur l'écriture et la lecture est évidemment le reflet d'une mise en question de mon propre rapport à l'exercice d'écriture : à la pensée et à la lecture que j'y mets moi-même en scène et à ce que je construis spirituellement, pour moi-même (considérant que la lecture et l'écriture ne sont pas que des exercices intellectuels). On a l'habitude de considérer l'exercice critique universitaire comme une forme de *meditatio*, comme le moment interprétatif d'un texte, d'une œuvre, d'un corpus. J'ai accompli, à ma façon, un travail de *meditatio* en tentant d'interpréter l'interaction entre le sacré et le littéraire chez Cioran, mais surtout peut-être le « comment » de cette interaction, soit l'écriture comme dramatisation d'une quête du sacré. La question de la lecture traitée dans le dernier chapitre fait partie de cette interrogation sur le « comment » de l'interaction entre le littéraire et le sacré. Elle poursuit l'interprétation et représente en même temps une façon de penser son dépassement dans la mesure où elle concerne non seulement la façon dont on lit, mais aussi la façon dont on ne lit plus, ce qu'on fait avec le texte au moment où on le quitte pour poursuivre son propre chemin de pensée. Lorsqu'on parcourt un essai ou un texte critique, on a rarement clairement accès à ce moment de distanciation encore marqué par une certaine proximité. Pourtant, la façon dont on abandonne le texte est intéressante en ce qu'elle implique sa perte autant que sa survie dans cette dilution même. Et conclure n'est pas clore le

2. Kerouac, Jack, *Windblown World. The Journals of Jack Kerouac 1947-1954*, Londres, Penguin Books, 2004, p. 95.

propos sur un sujet donné, c'est plutôt ouvrir la voie d'un abandon qui se conçoit aussi comme une survie, c'est ouvrir la pensée d'un après-texte.

Dans le contexte universitaire (dans l'usine de production du savoir), on refoule souvent la dimension contemplative des textes critiques produits. C'est-à-dire qu'on oublie le côté existentiel et spirituel au profit du contenu intellectuel, lequel est censé ajouter une brique de plus à l'édifice du savoir. Pourtant, l'industrie du savoir se transforme, et on devrait pouvoir y concevoir l'écriture d'un objet de pensée selon des critères renouvelés, qui s'éloigneraient de la conception traditionnelle d'un savoir monumental, qui se rapprocheraient plutôt d'un savoir aux proportions plus existentielles et spirituelles : un savoir singulier qui, à partir de cette singularité même, peut être étendu jusqu'à englober d'autres expériences, d'autres pensées, selon un modèle du savoir qui correspond à la façon dont le texte littéraire, dans la vision de Thoreau, propose son habit pour recouvrir l'expérience et la pensée d'un lecteur. On devrait pouvoir penser l'exercice d'écriture comme un chemin particulier en vue d'une reprise, un chemin dont le caractère particulier révèle peut-être en définitive une dimension plus universelle ou universalisable – d'un point de vue existentiel et spirituel – que peut l'être son « apport à la connaissance », toujours destiné à étoffer un savoir *disciplinaire*, donc nécessairement particulier, fragmentaire. Sans le chercher consciemment, j'ai poursuivi, avec cet essai, comme Cioran dans son écriture, un chemin en vue d'une reprise qui ne m'a pas frappée (étant donné qu'elle ne dépend en rien de ma volonté). Comme pour Cioran dans sa quête du sacré, qui se poursuit au-delà ou en deçà de l'accomplissement, c'est le chemin de pensée qui importe. Cette gloire du ratage que ressent Cioran est liée à cette valorisation du chemin de pensée avant tout, avant toute délivrance ou toute reprise :

> Quand je pense à ce que j'ai voulu faire, je trouve que j'ai cherché une formule de vie, une façon de m'accommoder de l'existence et que mes efforts n'ont pas abouti ni échoué. Le vrai est qu'il m'a été impossible de me fixer à une de ces formules qui m'ont tenté. Je suis passé par plusieurs étapes ou plutôt je me

> suis débattu sur plusieurs plans, sans trouver un moment ou un lieu privilégié. Non, je n'ai pas trouvé une formule de vie dont je puisse me réclamer. Cet échec est ma caractéristique et presque ma gloire. (*C*, 613)

J'ai déjà cité ce fragment dans un contexte assez similaire, et je le reprend ici à mon compte, comme un manteau textuel qui abrite et exprime ma propre expérience d'écriture et de quête. Comme Cioran, et avec Cioran (ou en utilisant Cioran), j'ai cherché une formule de vie et une formule pour repenser un savoir littéraire, un savoir particulier qui se répand par la lecture, et « mes efforts n'ont pas abouti ni échoué ». Ils ont dévié pour me ramener vers mes propres pensées concernant la littérature ; un dévoiement qui m'a poussée à abandonner peu à peu Cioran pour penser mes propres questions avec les échos qu'il m'en reste, donc à me tracer un chemin à travers ou entre les formules et finalement en dehors d'elles.

L'entreprise critique consiste la plupart du temps à chercher une formule de savoir sur un objet visé par ce savoir ; l'entreprise critique médite, contemple parfois, et restitue une vérité sur le texte ou la pensée qu'elle prend pour objet. Or j'aimerais bien que le travail critique que renferme mon essai ne soit pas reçu dans les mêmes termes. Je n'ai pas cherché à reconstituer une vérité sur la pensée de Cioran, mais bien à penser l'exemplarité de l'écriture cioranienne dans le contexte d'une reconfiguration, dans l'espace littéraire, des miettes traditionnelles du sacré. L'intérêt de ses textes étant qu'ils se situent à un carrefour de la pensée et que, précisément à partir de cette position, ils permettent de revoir ce qu'on entend par pensée littéraire en y réfléchissant comme à un amalgame d'un type particulier de savoir et d'affect. La littérature est cet espace d'exception qui retient les traces d'un sacré et elle est aussi un mode de dramatisation de la pensée qui devient le matériau spirituel d'une reconfiguration de ces empreintes, non seulement en tant qu'écriture, mais également comme lecture. Toute cette élaboration répond en quelque sorte à une irritation (à un affect donc) qui résulte de cette apparente nécessité critique de choisir son camp, de décider de l'espace disciplinaire dans lequel caser l'œuvre de Cioran, et plus particulièrement sa quête d'un sacré qui ne soit plus maîtrisé par les institutions. C'est en grande partie l'élément affectif qui justifie ce choix: non seulement la nature très incarnée, très chargée d'affects, de l'écriture cioranienne, mais aussi ma propre lecture affectée de ses textes. Cette dimension affective nous place d'emblée sur le terrain littéraire et elle semble du même coup nous éloigner de la forteresse bien gardée du savoir. C'est ce paradoxe apparent qui pose problème: cette nécessité de choisir entre l'affect et le savoir. Et c'est probablement la raison pour laquelle un grand nombre de critiques ont choisi de prêter à l'œuvre cioranienne la « dignité » d'une affiliation philosophique, œuvre dont on ne peut nier qu'elle soit porteuse d'une charge de savoir (ontologique, épistémologique ou autre). La seule présence de l'affect vient cacher ou fausser toute la dimension du savoir; c'est-à-dire qu'on pense généralement qu'il faut peler un texte des affects qui l'encombrent pour parvenir à son noyau de savoir, ces deux réalités étant considérées comme hétérogènes. Or cet essai se propose simplement de penser ces catégories enchevêtrées telles qu'elles le sont toujours réellement et à penser la charge spirituelle propre à cet enchevêtrement. La littérature, en tant qu'espace de cet enchevêtrement, nous donne à interpréter une autre façon de comprendre le savoir, un savoir impur, qui passe par l'affect et qui, ainsi, se pense aussi dans des termes proches de ceux qu'on associe au sacré, qui est une forme de savoir qu'on ne capte ou qu'on n'attrape que par l'organe de l'affect, ce mélange d'émotion et d'imagination.

On sait que le sacré a souvent été pensé, notamment par Otto, qui réfère à l'esthétique de Kant entre autres, comme proche du sublime, ce qui, par extension, laisse entrevoir que le sacré est aussi intimement lié à l'affect. La réflexion de Kant concernant l'esthétique s'inscrit dans une filiation qui remonte à Baumgarten, qui a importé en allemand la notion d'esthétique, empruntée au grec, en lui donnant l'acception platonicienne qu'on connaît, celle de science du sensible, par opposition à la science de l'intelligible. Avant d'être conçue comme une théorie du beau ou une théorie du jugement, l'esthétique concerne donc le vaste champ du sensible. Le sacré est généralement associé à une réflexion religieuse ou esthétique précisément parce qu'il implique plus directement le ressenti que le concept ou l'intellect. Selon Otto, la dimension esthétique constitue en quelque sorte le schème élémentaire du sacré :

> [...] il paraît vraisemblable que l'association intime du sacré et du sublime ne se réduit pas à une simple concomitance de sentiments ; celle-ci ne fait que l'éveiller dans l'histoire et n'en est que l'occasion première. La connexion intime et durable de deux sentiments dans toutes les religions supérieures indique que le sublime est aussi un véritable « schéma » du sacré[3].

On pourrait aller jusqu'à avancer que le sublime fonde la matrice à partir de laquelle on peut accéder au sacré. Le ressenti qu'on associe à l'esthétique est le véritable fondement de l'expérience du sacré ; en fait, si l'affect représente la condition de possibilité de l'expérience du sacré, les pratiques esthétiques, comme celle de la littérature, constituent quant à elles un espace où se met en scène et se dramatise cette tension extrême ressentie ou recherchée dans le sacré. La littérature particulièrement, en raison de sa portée spirituelle, est une matrice qui contient, dans une mise en scène, un bagage d'affects auxquels s'entremêle une pensée. Quand elle se fait porteuse d'une expérience ou d'une quête du sacré, elle permet d'effectuer la liaison avec le savoir, un savoir qui n'est ni logique ni conceptuel, mais qui concerne la dimension existentielle de l'affect dans cette tension étrange et extrême qui caractérise le sacré. Ces trois pôles s'appellent et se rejoignent l'un l'autre, de sorte qu'il s'agit bien d'une relation trinitaire qui s'établit entre l'affect, le sacré et la littérature, cette dernière réunissant en fait les dimensions esthétique, affective et sacrée d'où un savoir peut émerger. Un savoir qu'on ne sait pas toujours comment positionner sur l'échiquier disciplinaire et qu'on laisse dans la case littéraire, faute de « mieux », parce que ce qui concerne

3. Rudolf Otto, *Le sacré. L'élément non rationnel dans l'idée du divin et sa relation avec le rationnel*, Paris, Payot & Rivages, 2004 [2001], p. 93.

l'affect est souvent dévalorisé au sein des disciplines. La littérature, en tant que mise en scène particulière, peut générer chez le lecteur un savoir qui est aussi toujours particulier, un savoir qu'on peine à penser et à raisonner parce qu'il s'inscrit dans un ressenti. Mais comment l'aborder, ce savoir ? Comment préserver en soi les traces des expériences et des affects d'un auteur de façon à ce qu'elles sécrètent un savoir qui, en plus d'être assimilé et contemplé, est aussi augmenté, métissé par ses propres affects et expériences ? Les traités d'esthétique et les critiques littéraires ne nous aident pas le moins du monde à transformer ces amas d'affects et ces traces de sublime ou de sacré en un savoir qui ne serait ni théorique ni conceptuel, mais qui se concevrait comme un savoir *pour soi*. La théorie herméneutique ne nous aide pas non plus à penser la particularité du savoir qui émerge d'une lecture puisque, pour elle, le lecteur, inscrit dans une tradition, est le récepteur du sens ou de la « vérité » du texte. L'herméneutique moderne, avec Gadamer comme figure de proue, a proposé une conception de la lecture où la compréhension advient et se déploie de façon circulaire entre le texte et la tradition dans laquelle il a été inscrit. Les préjugés et les horizons d'attente qui sont en jeu émanent d'une tradition et d'un horizon temporel et sont appelés à être révisés et corrigés, confirmés ou infirmés, à travers la lecture d'un texte. La vérité herméneutique ne se trouve pas telle quelle au cœur d'un texte qu'il nous appartient de pénétrer, mais elle ressort d'un travail de compréhension qui se met en marche à partir d'une logique de la question que nous adresse le texte et à laquelle on trouve des réponses qui impliquent le langage, l'histoire et la tradition. De la même façon que dans la tradition sacrée, la théorie herméneutique pense la vérité du texte comme excédant le texte, le texte ne faisant qu'incarner et condenser cette vérité appréhendée selon un modèle similaire à celui de la transcendance. Le sens ne nous est pas donné immédiatement dans le texte, il émerge d'une tradition et il continue de se construire justement dans le cumul des lectures à travers le temps, dans l'accroissement qui constitue une tradition en expansion. Le sens n'est donc pas fermé en apparence, mais, parce qu'il est restreint dans le jeu entre le texte et la tradition, il reste limité à ce que l'institutionnalisation permet, à ce qui pénètre la tradition. Puisque le cercle herméneutique se pense et se produit essentiellement dans le jeu entre le texte et la tradition qui le contient, l'herméneutique est un discours qui ne permet pas de penser une lecture qui surgirait à l'extérieur de la tradition d'interprétation dans laquelle s'inscrit le texte. Admettre une lecture qui se poserait en dehors de la médiation des institutions impliquerait d'emblée de l'institutionnaliser et de lui faire prendre la voie royale de la tradition.

On ne peut nier qu'il semblerait particulièrement ironique de lire les textes de Cioran dans cette optique herméneutique, en se référant continuellement à la tradition qu'on a construite autour de ses textes, lui qui, justement, dramatise une recherche qui se situe à l'extérieur des institutions. L'important n'est pas qu'on puisse s'imaginer qu'il approuve ou non une lecture qu'on ferait de ses textes, mais de trouver une façon de penser la lecture qui puisse correspondre à un rejet des institutions, et de l'institutionnalisation en général, et qui puisse rendre compte d'une réflexion sur le sacré non pris en charge par le dispositif religieux – ce que ne permet pas l'herméneutique qui reprend la structure religieuse en transformant son contenu, en remplaçant son sacré par une tradition fondée sur l'esthétique. À l'inverse de l'herméneutique et à l'instar de Cioran, c'est une réflexion sur le sacré en dehors du dispositif religieux que je tente de proposer avec la notion de l'après-contemplation, qui implique que la vérité du texte puisse être non seulement excentrée par rapport au texte, mais surtout par rapport à la tradition. Ce n'est pas tant qu'elle se trouverait au contraire dans le lecteur, dans sa propre vérité (qu'il ignore essentiellement de toute façon), mais elle se manifeste ou se réalise plutôt dans le chemin qu'elle fait en dehors du texte, donc non plus simplement comme contemplation, comme conjugaison avec les affects et la pensée singulière d'un lecteur, mais comme la postérité, plus ou moins consciente, « rêvassante », du texte dans l'intériorité d'un lecteur qui l'a abandonné. Une lecture qui se clôt et se poursuit dans une rêverie personnelle n'est pas vraiment assimilable en vue d'une institutionnalisation.

Évidemment, si la vérité du texte s'exprime dans un lecteur, pour un lecteur, à travers son chemin de pensées, elle est aussi, nécessairement, multiple, plurielle. Mais ce n'est pas cette dimension qui m'intéresse. Ses connotations poststructuralistes ont quelque chose d'énervant. La singularité du rapport qui s'établit entre un texte et un lecteur singulier m'interpelle plus que l'idée abstraite de la multiplicité de ces rapports. C'est dans cette singularité que l'élément sacré apparaît. Un sacré qu'on perçoit dans le relief différent du réel et du temps de l'après-contemplation. Un sacré qui n'aplanit rien justement, comme tend à le faire le savoir dogmatique. Un sacré qui se manifeste comme une constellation de tensions, qui se manifeste aussi comme la mise en relief d'une constellation de tensions qui nous constituent – cette mise en relief qui s'opère en entendant ces tensions et en contribuant à les faire parler. En ce sens, dans les rêveries d'un après-contemplation, c'est nous qui parlons d'après un texte, après un texte, au-delà d'un texte : c'est notre vérité, partielle, telle qu'elle a été partiellement entendue par un texte, qui s'exprime, qui se produit dans un chemin d'errance.

La littérature livre des récits qui nous sont indirectement adressés et qui ont le pouvoir d'exprimer quelque chose de nous et de nous transformer. Cette question de la lecture, du comment lire, occupe Thoreau dans son *Walden* :

> Il y a probablement des paroles qui s'adressent juste à nous et à notre condition, et qui, si nous pouvions vraiment les entendre et les comprendre, seraient pour nos vies plus salutaires que le matin ou le printemps, et nous révéleraient peut-être un nouvel aspect des choses. Que d'hommes ont vu une ère nouvelle commencer pour eux, à la lecture d'un livre ! Peut-être existe-t-il pour nous, le livre qui expliquera nos miracles, et nous en révélera de nouveaux. Ces choses qui à présent restent indicibles, nous les trouverons peut-être dites quelque part[4].

Certains livres semblent être écrits pour nous, et ils le sont réellement lorsqu'on en fait ces textes sacrés *pour nous*, ces textes dont

4. Henry David Thoreau, *Walden and Other Writings*, New York, The Modern Library, 2000 [1965], p. 221.

on pense l'avant et l'après, selon la même datation qualitative des événements que celle qui suit une intervention messianique. Il existe donc un avant et un après *Walden*, un avant et un après *On the Road*, un avant et un après *Des larmes et des saints*, un avant et un après *L'alchimiste* ou *The Secret*, etc., que le texte fasse partie d'un canon ou non n'a aucune importance, sa valeur sacrée résulte simplement de qui le reçoit. Le texte sacralisé, dans la mesure où il transporte un sens plein et est la source d'une transformation existentielle, instaure une temporalité alternative. C'est justement parce qu'il est porteur d'un savoir qui résonne en nous (qui entre en relation avec notre psyché, nos affects) qu'il devient un texte sacré pour soi à partir duquel on mesure les pensées et les événements qui surviennent. Mais tous les textes ne deviennent pas sacrés ; c'est-à-dire que la lecture, en nous permettant de communier avec une pensée, un imaginaire et des affects étrangers, nous laisse aussi, paradoxalement, seuls avec nous-mêmes, seuls avec des émotions qui surgissent sans qu'on puisse les maîtriser et sans qu'on arrive toujours à les relier à un sacré *pour soi* ou un savoir *pour soi*. Ce processus par lequel la lecture se transforme en savoir est difficile à saisir et encore plus à théoriser parce qu'il se produit dans le for intérieur, parce que son intériorisation se passe souvent d'une extériorisation. L'espace littéraire est un espace d'exception précisément lorsqu'on considère que la littérature est aussi un espace de mise en relation ; un espace sacré en quelque sorte puisqu'il se trouve en dehors du quotidien et en dehors du divin. Cet espace du dehors est aussi, paradoxalement, un espace intérieur en tant qu'espace de communion entre les pensées et les affects mis en scène dans l'écriture et l'intériorité d'un lecteur qui déchiffre cette écriture et la fait parler en lui. La lecture forme une bulle à la fois protégée du monde et inscrite dans le monde ; elle est l'espace du nœud, de la question, de la quête et aussi l'espace du dénouement, dans la mesure où la communion peut produire du savoir, peut débloquer certaines apories subjectives, peut même, à l'occasion, mener à une forme ou une autre de conversion.

Bibliographie

Corpus

CIORAN, E. M, *Aveux et anathèmes*, dans *Œuvres*, Paris, Gallimard, coll. « Quarto », 1995, p. 1643-1724.

——, *Le bréviaire des vaincus*, dans *Œuvres*, Paris, Gallimard, coll. « Quarto », 1995, p. 511-571.

——, *La chute dans le temps*, dans *Œuvres*, Paris, Gallimard, coll. « Quarto », 1995, p. 1071-1158.

——, *Le crépuscule des pensées*, dans *Œuvres*, Paris, Gallimard, coll. « Quarto », 1995, p. 337-504.

——, *De l'inconvénient d'être né*, dans *Œuvres*, Paris, Gallimard, coll. « Quarto », 1995, p. 1271-1400.

——, *Des larmes et des saints*, dans *Œuvres*, Paris, Gallimard, coll. « Quarto », 1995, p. 288-330.

——, *Écartèlement*, dans *Œuvres*, Paris, Gallimard, coll. « Quarto », 1995, p. 1409-1504.

——, *Entretiens*, Paris, Gallimard, 1995.

——, *Exercices d'admiration. Essais et portraits*, dans *Œuvres*, Paris, Gallimard, coll. « Quarto », 1995, p. 1519-1630.

——, *Exercices négatifs. En marge du* Précis de décomposition, Paris, Gallimard, 2005.

——, *Histoire et utopie*, dans *Œuvres*, Paris, Gallimard, coll. « Quarto », 1995, p. 979-1061.

——, *Le livre des leurres*, dans *Œuvres*, Paris, Gallimard, coll. « Quarto », 1995, p. 113-277.

——, *Le mauvais démiurge*, dans *Œuvres*, Paris, Gallimard, coll. « Quarto », 1995, p. 1169-1259.
——, *Précis de décomposition*, dans *Œuvres*, Paris, Gallimard, coll. « Quarto », 1995, p. 581-737.
——, *Solitude et destin*, trad. Alain Paruit, Paris, Gallimard, 2004.
——, *Sur les cimes du désespoir*, dans *Œuvres*, Paris, Gallimard, coll. « Quarto », 1995, p. 17-102.
——, *Syllogismes de l'amertume*, dans *Œuvres*, Paris, Gallimard, coll. « Quarto », 1995, p. 745-813.
——, *La tentation d'exister*, dans *Œuvres*, Paris, Gallimard, coll. « Quarto », 1995, p. 821-970.
——, *Cahiers 1957-1972*, Paris, Gallimard, 1997.

Littérature secondaire

Balan, George, *Emil Cioran*, Paris, Josette Lyon, 2002.
Bollon, Patrice, *Cioran l'hérétique*, Paris, Gallimard, 1997 [1977].
Cavaillès, Nicolas, *Le corrupteur corrompu. Barbarie et méthode dans l'écriture de Cioran*, Paris, Éditions le Manuscrit « Université », 2005.
——, « Décomposition de la philosophie : l'écriture de Cioran », dans *Alkemie 1*, Falconara Marittima, L'Orecchio di Van Gogh, 2008.
——, *Cioran malgré lui. Écrire à l'encontre de soi*, Paris, CNRS Éditions, 2011.
David, Sylvain, *Cioran. Un héroïsme à rebours*, Montréal, Presses de l'Université de Montréal, 2006.
Demars, Aurélien, *Le pessimisme jubilatoire de Cioran*, thèses de l'Université Lyon 3, 2007, 27 mai 2011. http://thesesbrain.univ-lyon3.fr/sdx/theses/notice.xsp?id=lyon3.2007.demars_a-principal&id_doc=lyon3.2007.demars_a&isid=lyon3.2007.demars_a&base=documents&dn=1
Jaudeau, Sylvie, *Cioran ou le dernier homme*, Paris, José Corti, 2001 [1990].
——, *Entretiens. En lisant et en écrivant*, Paris, José Corti, 1990.
Laignel-Lavastine, Alexandra, *Cioran, Eliade, Ionesco. L'oubli du fascisme. Trois intellectuels roumains dans la tourmente du siècle*, Paris, Presses universitaires de France, 2002.
Liiceanu, Gabriel, *Itinéraires d'une vie. E. M. Cioran*, suivi de *Les continents de l'insomnie, un entretien avec E. M. Cioran*, Paris, Michalon, 1995.

Modreanu, Simona, *Cioran*, Paris, Oxus, 2003.
——, *Le Dieu paradoxal de Cioran*, Paris, Éditions du Rocher, 2003.
Parfait, Nicole, *Cioran ou le défi de l'être*, Paris, Desjonquères, 2001.
Porte, Yann, « Cioran, sceptique abîmé et cynique fragmenté », dans *Alkemie 6*, Falconara Marittima, L'Orecchio di Van Gogh, 2010.
Tiffreau, Philippe, *Cioran ou la dissection du gouffre*, Paris, H. Veyrier, 1991.
Turcan, Nicolae, « Cioran et le Dieu des paradoxes », dans *Alkemie 6*, Falconara Marittima, L'Orecchio di Van Gogh, 2010.

Textes théoriques

Alquié, Ferdinand, *La nostalgie de l'être*, Paris, Presses universitaires de France, 1973.
Agamben, Giorgio, *Bartleby ou la création*, trad. Carole Walter, Saulxures, Circé, 1995.
——, *Homo sacer. Le pouvoir souverain de la vie nue*, trad. Marilène Raiola, Paris, Seuil, 1997.
——, *Qu'est-ce qu'un dispositif?*, trad. Martin Rueff, Paris, Payot & Rivages, 2007.
——, *Nudités*, trad. Martin Rueff, Paris, Payot & Rivages, 2009.
Aristote, *Métaphysique*, tome 2, trad. J. Tricot, Paris, Librairie philosophique J. Vrin, 1991.
——, *Problème XXX*, trad. Andréa L. Carbone et Benjamin Fau, Paris, Allia, 2004.
Barthes, Roland, *Le bruissement de la langue*, Paris, Seuil, 1993 [1984].
Bataille, Georges, *L'expérience intérieure*, Paris, Gallimard, 2000 [1954].
——, *La littérature et le mal*, Paris, Gallimard, 1980 [1957].
——, *Le coupable*, suivi de *L'Alleluiah*, Paris, Gallimard, 2005 [1961].
——, *La part maudite*, Paris, Les Éditions de Minuit, 2000 [1967].
——, *Théorie de la religion*, Paris, Gallimard, 1995 [1973].
Benjamin, Walter, *Œuvres I, II et III*, trad. Maurice de Gandillac, Rainer Rochlitz et Pierre Rusch, Paris, Gallimard, 2001, 2002, 2003 [2000].
——, *Charles Baudelaire*, trad. Jean Lacoste, Paris, Petite Bibliothèque Payot, 2002.
Blanchot, Maurice, *L'espace littéraire*, Paris, Gallimard, 1973 [1955].
——, *Le livre à venir*, Paris, Gallimard, 1999 [1959].
——, *De Kafka à Kafka*, Paris, Gallimard, 1998 [1981].
Caillois, Roger, *L'homme et le sacré*, Paris, Gallimard, 1983.

CASEY, Michael, *Sacred Reading: The Ancient Art of Lectio Divina*, Liguori, Missouri, Liguori/Triumph, 1995.

CERTEAU, Michel de, *La fable mystique, I; XVI*e*-XVII*e *siècle*, Paris, Gallimard, 2007 [1982].

COCHRAN, Terry, *De Samson à Mohammed Atta. Foi, savoir et sacrifice humain*, Montréal, Fides, 2007.

——, *Plaidoyer pour une littérature comparée*, Québec, Nota bene, 2008.

CULIANU, Ioan Petru, *Les gnoses dualistes d'Occident. Histoires et mythes*, Paris, Plon, 1990.

DALAÏ-LAMA, Sa Sainteté le, *Tout l'Univers dans un atome*, trad. Hayet Dhifallah, Paris, Robert Laffont, 2005.

DELECROIX, Vincent, *Singulière philosophie. Essai sur Kierkegaard,* Paris, Éditions du Félin, 2006.

DELEUZE, Gilles, et Félix GUATTARI, *Qu'est-ce que la philosophie?*, Paris, Les Éditions de Minuit, 1991.

DERRIDA, Jacques, *L'écriture et la différence*, Paris, Seuil, 1979 [1967].

——, *La voix et le phénomène. Introduction au problème du signe dans la phénoménologie de Husserl*, Paris, Quadrige/Presses universitaires de France, 1998 [1967].

——, *La dissémination*, Paris, Seuil, 2001 [1972].

——, *Marges de la philosophie*, Paris, Éditions de Minuit, 1972.

——, *Foi et savoir*, suivi de *Le siècle et le pardon*, Paris, Seuil, 2001 [2000].

DUPUY, Jean-Pierre, *La marque du sacré*, Paris, Flammarion, 2010 [2008].

DÜRCKHEIM, Karlfried Graf, *L'expérience de la transcendance*, trad. M.-P. Schleimbach, Paris, Cerf, 1987.

EAGLETON, Terry, *Critique et théorie littéraire. Une introduction*, trad. Maryse Souchard, Paris, Presses universitaires de France, 1994.

ELIADE, Mircea, *Le sacré et le profane*, Paris, Gallimard, 2008 [1965].

FONDANE, Benjamin, *La conscience malheureuse*, Paris, Plasma, 1979.

——, *Au seuil de l'Inde*, Paris, Fata Morgana, 1994.

FREUD, Sigmund, *Inhibition, symptôme et angoisse*, trad. Michel Tort, Paris, Presses universitaires de France, 1968 [1951].

——, *Le malaise dans la culture*, trad. Pierre Cotet, René Lainé et Johanna Stute-Cadiot, Paris, Quadrige/PUF, 2007 [1995].

GADAMER, Hans-Georg, *Vérité et méthode. Les grandes lignes d'une herméneutique philosophique*, Éd. Pierre Fruchon, Jean Grondin et Gilbert Merliot, Paris, Seuil, 1976.

GAUCHET, Marcel, *Le désenchantement du monde ; une histoire politique de la religion*, Paris, Gallimard, 1985.

GIRARD, René, *La violence et le sacré*, Paris, Hachette Littératures, 1998 [1972].

HADOT, Pierre, *Exercices spirituels et philosophie antique*, Paris, Albin Michel, 2002.

——, *N'oublie pas de vivre. Goethe et la tradition des exercices spirituels*, Paris, Albin Michel, 2008.

HEIDEGGER, Martin, *Essais et conférences*, trad. André Préau, Paris, Gallimard, 2001 [1980].

INGARDEN, Roman, *L'œuvre d'art littéraire*, trad. Philibert Secretan, Lausanne, L'Âge d'homme, 1983.

ISER, Wolfgang, *L'acte de lecture. Théorie de l'effet esthétique*, trad. Evelyne Sznycer, Bruxelles, Pierre Mardaga, 1985.

——, *The Fictive and the Imaginary : Charting Literary Anthropology*, Baltimore et Londres, The Johns Hopkins University Press, 1993.

JAUSS, Hans Robert, *Pour une esthétique de la réception*, trad. Claude Maillard, Paris, Gallimard, 2001 [1978].

KANT, Emmanuel, *Vers la paix perpétuelle. Que signifie s'orienter dans la pensée ? Qu'est-ce que les Lumières ?*, trad. Jean-François Poirier et Françoise Proust, Paris, Flammarion, 1991.

KIERKEGAARD, Søren, *Post-scriptum aux Miettes philosophiques*, trad. Paul Petit, Paris, Gallimard, 2002 [1949].

——, *Miettes philosophiques. Le concept de l'angoisse. Traité du désespoir*, trad. Knud Ferlov et Jean-Jacques Gateau, Paris, Gallimard, 2003 [1990].

——, *La reprise*, trad. Nelly Viallaneix, Paris, Flammarion, 1990.

——, *Crainte et tremblement*, trad. Charles Le Blanc, Paris, Payot & Rivages, 2003 [2000].

——, *La dialectique de la communication*, trad. Else-Marie Jacquet-Tisseau, Paris, Payot & Rivages, 2004.

——, *La maladie à la mort*, trad. Paul-Henri Tisseau, Paris, Nathan, 2006.

KRISTEVA, Julia, *Soleil noir. Dépression et mélancolie*, Paris, Gallimard, 2005 [1987].

KLIBANSKY, Raymond, *Erwin Panofsky et Fritz Saxl, Saturne et la mélancolie*, trad. F. Durant-Bogaert et L. Évrart, Paris, Gallimard, 1989.

LUKÁCS, György, *L'âme et les formes*, Paris, Gallimard, 1974.

MACHIAVEL, *Œuvres*, Paris, Robert Laffont, 1996.

NIETZSCHE, Friedrich, *Humain, trop humain I*, trad. Robert Rovini, Paris, Gallimard, 2002 [1988].

——, *Le livre du philosophe*, trad. Angèle Kremer-Marietti, Paris, Flammarion, 1991.

——, *Le gai savoir*, trad. Henri Albert, revue par Marc Sautet, Paris, Le Livre de poche, 1993.

OTTO, Rudolf, *Le sacré. L'élément non rationnel dans l'idée du divin et sa relation avec le rationnel*, trad. André Jundt, Paris, Payot & Rivages, 2004 [2001].

PASCAL, *Pensées*, Paris, Gallimard, 2000 [1977].

PLATON, *La République*, trad. Pierre Pachet, Paris, Gallimard, 1999 [1993].

SLOTERDIJK, Peter, *Essai d'intoxication volontaire* suivi de *L'heure du crime et le temps de l'œuvre d'art*, trad. Olivier Mannoni, Paris, Hachette Littératures, 2000.

——, *Le penseur sur scène. Le Matérialisme de Nietzsche*, trad. Hans Hildenbrand, Paris, Christian Bourgois, 2000.

——, *Tu dois changer ta vie*, trad. Olivier Mannoni, Paris, Libella-Maren Sell Éditions, 2011.

THOREAU, Henry David, *Walden and Other Writings*, New York, The Modern Library, 2000 [1965].

——, *Walden ou la vie dans les bois. Walden or Life in the Woods*, trad. G. André-Augier, Paris, Aubier, 1967.

UNAMUNO, Miguel de, *Del sentimiento tragico de la vida*, Barcelone, Ediciones B, 1988.

WAHL, Jean, *Kierkegaard. L'Un devant l'Autre*, Paris, Hachette Littératures, 1998.

WITTGENSTEIN, Ludwig, *Tractatus logico-philosophicus* suivi de *Investigations philosophiques*, trad. Pierre Klossowski, Paris, Gallimard, 1995 [1961].

——, *De la certitude*, trad. Jacques Fauve, Paris, Gallimard, 2000 [1976].

WUNENBURGER, Jean-Jacques, *Le sacré*, Paris, Presses universitaires de France, 1981.

Journaux et écrits spirituels

AUGUSTIN, saint, évêque d'Hippone, *Les aveux*, trad. Frédéric Boyer, Paris, P.O.L., 2008.

FOLIGNO, Angèle de, *Le livre des visions et instructions*, trad. Ernest Hello, Paris, Seuil, 1991.

KAFKA, Franz, *Lettre au père*, trad. Marthe Robert, Paris, Gallimard, 2005 [1957].
——, *Journal intime*, trad. Pierre Klossowski, Paris, Payot & Rivages, 2008.
KEROUAC, Jack, *Windblown World. The Journals of Jack Kerouac 1947-1954*, Londres, Penguin Books, 2006 [2004].
LOYOLA, Ignace de, saint, *Exercices spirituels* précédés du *Testament*, trad. Eugène Thibaut, s. j., Paris, Arléa, 2002 [1991].
WEIL, Simone, *L'enracinement*, Paris, Gallimard, 2011 [1949].
——, *Lettres à un religieux*, Paris, Gallimard, 1974 [1951].
——, *Attente de Dieu*, Paris, Fayard, 1966, édition numérique établie par Gemma Paquet, Chicoutimi, 2007. (http://classiques.uqac.ca/classiques/weil_simone/attente_de_dieu/attente_de_dieu. html).
——, *La pesanteur et la grâce*, Paris, Plon, 2010 [1988].
WITTGENSTEIN, Ludwig, *Remarques mêlées*, trad. Gérard Granel, Paris, Flammarion, 2002.

Textes littéraires

ARTAUD, Antonin, *Héliogabale ou L'anarchiste couronné*, Paris, Gallimard, 1999 [1979].
BAUDELAIRE, Charles, *Les fleurs du mal*, Paris, Le Livre de poche, 1961.
BERNHARD, Thomas, *La plâtrière*, trad. Louise Servicen, Paris, Gallimard, 1989 [1974].
——, *Corrections*, trad. Albert Kohn, Paris, Gallimard, 2005 [1978].
——, *Récits 1971-1982*, trad. Claude Porcell, Albert Kohn, Éliane Kaufholz, Jean-Claude Hémery, Paris, Gallimard, 2007.
HUYSMANS, Joris-Karl, *À rebours*, Paris, Gallimard, 2006 [1977].
——, *Le roman de Durtal*, Paris, Bartillat, 1999.
MELVILLE, Herman, *Bartleby le scribe*, trad. Philippe Jaworski, Paris, Gallimard, 2000 [1996].
——, *Bartleby the Scrivener*, Hoboken, New Jersey, Melville House Publishing, 2008.
MICHAUX, Henri, *Œuvres complètes*, Paris, Gallimard, 2004.

Suivez-nous :

GARANT DES FORÊTS INTACTES

Achevé d'imprimer en mai deux mille treize
sur les presses de l'imprimerie Gauvin,
Gatineau, Québec